PROPERTY RIGHT RESEARCH
产权法治研究

第5卷第1辑（总第6辑）

李凤章　主编

上海大学出版社
·上海·

图书在版编目(CIP)数据

产权法治研究.第5卷.第1辑:总第6辑/李凤章主编.—上海:上海大学出版社,2019.9
ISBN 978-7-5671-3705-9

Ⅰ.①产… Ⅱ.①李… Ⅲ.①知识产权法-法治-研究-中国 Ⅳ.①D923.404

中国版本图书馆CIP数据核字(2019)第209069号

责任编辑 刘 强
封面设计 柯国富
技术编辑 金 鑫 钱宇坤

产权法治研究

第5卷第1辑(总第6辑)

李凤章 主编

上海大学出版社出版发行
(上海市上大路99号 邮政编码200444)
(http://www.shupress.cn 发行热线021-66135112)
出版人 戴骏豪
*
南京展望文化发展有限公司排版
句容市排印厂印刷 各地新华书店经销
开本 710mm×1000mm 1/16 印张17.25 字数255
2019年12月第1版 2019年12月第1次印刷
ISBN 978-7-5671-3705-9/D·219 定价 58.00元

《产权法治研究》编委会

编委会名誉主任 沈四宝
编委会主任 文学国
编委会委员 （按姓氏拼音字母次序排列）
　　　　　　　崔文玉　兰跃军　李　本　李凤章　李清伟
　　　　　　　李　智　刘俊敏　史长青　王勉青　许春明
　　　　　　　张秀全

主　编 李凤章
副主编、编辑部主任 陈敬根
本辑编辑 （按姓氏拼音字母次序排列）
　　　　　　陈吉栋　陈敬根　李凤章　李立新　刘　颖
　　　　　　刘志鸿　南天奇　汤　彬　赵　杰

出版资助单位 金茂凯德律师事务所　上海东方环发律师事务所

声　明

　　本书的各篇文章仅代表作者本人的观点和意见，不代表编委会、编辑部和出版资助单位的任何意见、观点或倾向。特此声明。

《产权法治研究》编委会

为什么是"产权法治研究"

之所以将本书聚焦于产权法治研究,首先是立足于上海大学法学院的学科研究方向。经过近几年的快速发展,上海大学法学院已经在产权领域,特别是在知识产权、土地产权、ADR 和新型产权保护等领域形成了较为明显的特色。更重要的是,产权法治建设仍然是目前中国法治建设的短板,也因此为法治研究所急需。《中共中央关于全面推进依法治国若干重大问题的决定》指出,社会主义市场经济本质上是法治经济。要使市场在资源配置中起决定性作用和更好发挥政府作用,必须以保护产权、维护契约、统一市场、平等交换、公平竞争、有效监管为基本导向,完善社会主义市场经济法律制度。要健全以公平为核心原则的产权保护制度,加强对各种所有制经济组织和自然人财产权的保护。始终是把产权建设放在第一位。更可喜的是,2016 年 11 月 4 日,中共中央、国务院通过了《关于完善产权保护制度依法保护产权的意见》,在执政党历史上第一次公开地、系统地出台专门的保护产权的政策,被评为执政理念的重大变革。随后,最高人民法院也发布了《最高人民法院关于充分发挥审判职能作用切实加强产权司法保护的意见》和《最高人民法院关于依法妥善处理历史形成的产权案件工作实施意见》。可以说,产权保护已成为国家改革的重要抓手。

产权法治建设,攸关经济发展。中国改革开放的巨大成就,归根结底依赖的就是产权激励,无论是农民的承包经营权,抑或是乡镇企业的经营权、国有企业的经营权以及后来公司制改革下的股权,乃至知识产权、网络虚拟产权、大数据背景下的信息财产权等,所有这些,构成了一条中国改革开放的主线:产权制度从无到有,从模糊到清晰,从封闭到开放,从管制到自由,从国内到国际,促进了中国市场经济的繁荣。而现在经济结构转型,从依赖资源到依赖创新,其挑战的也恰是滞后的产权制度。长期以来,中国的资源和环境,仍然处于产权模糊阶段,这一有意或无意的模糊,为国家权力不顾资源和环境的成本约束,为GDP透支资源和环境提供了方便。现在要建立生态文明,要实现经济转型,就必须使得资源和环境要素作为生产成本对生产者产生硬约束,并可通过市场实现优化配置,而这就依赖于对资源和环境的产权进行明晰,并为其市场配置建构交易规则。

产权法治建设,还是国家建设的根本。产权,特别是有体产权,本质上源于国家对资源的初始分配,代表着国家和社会的契约关系,代表着"风能进,雨能进,国王不能进"。当然,国家的分配,只能以占有形成的利益事实为基础。产权的保护力度和政府的自我约束是成正比的。对产权的破坏,削弱的是国家对契约精神的坚守,摧毁的是国家权力的边界。建立法治政府,必自产权制度始!

产权法治建设,还事关国民素质和文化建设,产权意味着成本和收益的内在化,从而形成对权利人的自我约束和自我激励,因此,产权培养着自律和责任,培养着契约精神和诚信观念,促进着秩序的稳定和对基本价值的坚守。"有恒产者有恒心,无恒产者无恒心。"(《孟子·滕文公上》)所谓恒心,就是这种自律、诚信以及在此基础上形成的对未来的稳定预期,它避免了无视规则的机会主义和短期行为。"苟无恒心,放辟邪侈,无不为己。"(《孟子·梁惠王上》)没有产权保护,大家都抱着"能捞一把是一把""过了这个村再没这个店""享乐了才是自己的"的观念,拜挥霍奢靡为时尚,视坑蒙拐骗为本领,则民心大坏矣,所谓企业家精神又从何谈起?

《产权法治研究》,虽名法治,其实需要经济学、社会学、政治学、历史学、法学等各学科的交叉研究。我们希望以本书为平台,汇集专家学者,通过对中国产权问题的交叉研究,打破学科藩篱,形成制度共识,共同推进中国的法治建设和经济转轨、社会转型。

主编谨识

2019年9月

目 录

[经典译丛]

财产与主权 …………………… Morris R. Cohen 著 龚思涵 李凤章 译 / 1

最高法院的作用
　　——承担协调个人与国家之间关系的特殊最终责任
　　………………………………………… Archibald Cox 著 张 琛 译 / 24

[土地、资源、环境产权国际论坛]（本栏目主持：李凤章、陈颖）

中国对澳大利亚农业用地投资相关法律问题研究 …………… 陈 颖 / 43
关于《土地管理法》的几点立法建议 ………………………… 李凤章 / 56
"区域"开发中担保国责任和赔偿制度研究 …… 裴兆斌 晏天妹 陈敬根 / 64
公海保护新选择：在符合 EBSAs 标准海域建立保护区 ………… 袁 曾 / 81

[人工智能产权研究]（本栏目主持：陈吉栋）

运用传统侵权法理论"迎接"机器人智能
　　……………… 柯蒂斯·E. A. 卡诺 著 陈吉栋 王冉冉 译 / 96
智能合约是合同吗？ ………………………………… 向梦涵 夏百顺 / 123

[产权保护与救济]

从章程到契约：论公司产权保护的扩强路径 ………………… 李立新 / 136
国际专利侵权诉讼风险控制宏观方法 ………………………… 黄清华 / 155
我国任意当事人变更程序的适用困境及出路
　　——兼论日本制度的借鉴意义 ………………………… 韩 靖 / 186

新时代中国刑事执行检察创新发展与规范完善
——基于刑事执行检察建议的思考 ········ 林 沂 刘 忠 王 芸 / 206

[案例分析]（本栏目主持：刘颖）

家庭自用车辆从事网约车营运导致"危险程度显著增加"的判定
——程春颖诉张涛、中国人民财产保险股份有限公司南京市
分公司机动车交通事故责任纠纷案评释 ········ 王 甜 于骥冲 / 224

顺风车模式下多方主体间法律关系分析
——以滴滴顺风车为例 ················ 张明泉 宣继安 / 245

工伤保险与第三人侵权赔偿责任竞合研究 ················ 张利余 / 255

[经典译丛]

财 产 与 主 权

Morris R. Cohen 著 龚思涵 李凤章 译*

摘 要：通过对财产与主权演变脉络的梳理，修正两者性质截然对立的观点，从实质内容属性的角度把握财产的实质是权力，其作为主权的表现形式兼具对物的支配与对人的统治的功能，即经济属性与政治属性的结合。基于对占有理论、劳动理论、人格理论和经济理论的探讨，奠定私人财产存在的正当性基础。同时，建立纳入公共政策考量的财产保护体系，打破私人财产绝对保护原则的壁垒，明确公共利益与个人财产的界限，确保个人权利的有序有效行使。

关键词：财产 权力 正当性基础 公共政策

众所周知，财产与主权分属于完全不同的法律部门：主权是一个政治上或公法上的概念，而财产则是民法或私法上的概念。公法和私法的区别是我们法学课程的一个重要特征，孟德斯鸠（Montesquieu）在 18 世纪就清楚而明晰地阐述了两者特征的差别，即公法赋予我们自由，而民法给予我们财产，这两个原则决不能混淆适用[①]。孟德斯鸠认为，公法不能以任何形式削减私人财产，因为维护私人财产高于公共利益，这一观点得到布莱克斯通（Blackstone）的赞同，并成为美国法律思想的基础。尽管奥斯丁（Austin）以其惯有的冗长且短视的真诚，对这一经典分类提出了严重怀疑[②]，但其仍然被视为法学领域不可辩驳的分类之一。博学的基尔克（Gierke）在他所著的

---

* 本文发表于 Cornell Law Review 1927 年第 13 卷第 1 期，第 8—30 页。文章原标题为 Property and Sovereignty。Morris R. Cohen，纽约城市学院哲学教授。

龚思涵，上海大学法学院硕士研究生；李凤章，上海大学法学院教授、博士研究生导师。

① L'ESPRIT DES LOIS, Bk. XXVI, c. 15.
② JURISPRUDENCE, Lect. 44.

Das Deutsche Genossenschaftsrecht 第二卷中，为我们提出了一些有趣的想法，即日耳曼人成为公法的奠基者，正如罗马人成为私法的奠基者。但是，在后来的几年中，他逐渐缓和了公法和私法之间泾渭分明的区别①。普通法系的学者也更倾向于认为，罗马法更关注的其实是公法而不是私法。

财产与主权之间的区别在罗马法中通常被认为是 dominium 和 imperium 的区别，前者是指个人对财产的支配，而后者是指国王对个人的统治。像罗马法中存在的其他区别一样，这一区别也被视为事物绝对存在的本质区别。在早期的日耳曼法、英国法、法国法以及西哥特、伦巴第等部落法中，这一区别是不存在的。长期以来，国家都是属于国王的财产，甚至在 18 世纪，海塞（Hesse）亲王仍然有权把他的臣民作为士兵卖给英格兰国王。封建法，这一制度不局限于中世纪的欧洲，其本质是土地保有和个人臣服之间的一种不可分割的结合，其内容包括封臣所承担的经常性的卑贱义务以及领主所享有的绝对主权。

例如，在封建制度下，对于受监护人来说，男爵有主婚权，同时也享有神父的提名权，在《大宪章》（*Magna Carta*）和《封地转让法》（*Statute Quia Emptores*）中，对前者作为不动产权利的重要性都有充分的说明。同样的，在男爵法院中，司法行政管理也属于土地所有权的内容。不像大革命之前的法国，英国并没有将法官这一职务视为一种可以产生收入的君主特权而在公开市场上进行售卖（就像格莱斯顿之前的军事委员会一样）。就法官这一职务来说，当地乡绅实际上一直扮演着治安法官的角色。土地所有权与地方政治主权联系密切，密不可分。

对此，我们是否应否定这一切，而简单地感慨说，这都是中世纪所存在

---

① HOLTZENDORF-KOHLER ENCYKLOPÄDIE 179 – 180. 大陆法学家普遍认为，相比较于日耳曼法，罗马法更加注重个人主义，社会性色彩较少。Cf. III JHERING GEIST 311；BESELER-DEUT, PRIVATRECHT §81；GIERKE, XII SCHMOLLER'S JAHRBUCH 875；MENGER, II ARCHIV FUR SOCIALE GESETZGEB 430；RAMBAUD, I CIVILISATION FRANCAISE 13；D'Arbois de Jubaniville in Acad. Inscriptions, Feb. 1887. 这似乎也是梅因的观点。ANCIENT LAW 228. 梅特兰认为英国的整部宪法史有时似乎只是不动产法的附录而已［MAITLAND, CONSTITUTIONAL HISTORY OF ENGLAND (1911) 536］，这也回应了法国所持的普遍态度，即民法典才是真正的宪法。

的现象，我们早已超越了这一时代了呢？

确实，眼前发生的是，1925年的财产法通过取消动产与不动产在继承上的区别，以及通过取消介于租赁使用权和绝对所有权之间的所有法定（尽管不是衡平的）地产，已经扫除了英国土地法中存在的大量复杂的封建制内容。然而，这些封建主义的内容不仅仅是历史陈迹，它们在英格兰国民生活中起着非常重要的作用。赫赫有名的梅特兰（Maitland）以其特有的智慧和学识指出其荒谬和无法证成之处，约什·威廉姆斯（Joshua Williams）也同样明智地如此认为。作为一名教师，他所撰写的第17版《不动产法》著作，对英国几代法律人产生了很大的影响。然而，这些努力并没有对实然法产生作用。这些人并没有充分地认识到，在复杂的有关居住、限嗣继承不动产、登记保有地产、法定继承、暂缓女性（权利）以及其他封建主义的法律背后，存在着一个理由充分的强烈担心，即英国不动产法的简化和现代化将使土地变得市场化，而一旦土地完全市场化，大地产的贵族家庭将不再掌握土地，这也意味着政治权力的转移以及其对大英帝国统治权的终结。对此，正如美国经验证明了的，贵族阶级的持续统治不能稳固地像它们过去那样，建立在土地之上。同样的才能，既能使杰伊·古尔德（Jay Gould）获得某些铁路的主权，也能让哈里曼（Harriman）从他儿子的手中将权力抢夺过来。因此，从已建制的土地经济视角来看，货币经济似乎是一种永久的战争状态，而不是父死子继的社会秩序。每个职业应向所有有才能之人开放的观点，似乎在为无政府主义找理由，就像对于那些习惯于父死子继的人来说，选举统治者（国王或神父）似乎也是一种无政府状态的混乱秩序。

梅特兰、约什·威廉姆斯以及其他著名学者所隐藏的观点，被一位威尔士（Welsh）律师揭示出来。在1910年预算案中，他提议对土地征税，并以此促进土地市场化。这一具有革命性质的提议在英国立即得到承认。这是一场英国贵族统治的苦战，当预算案最终得以通过时，对于那些珍视古老英国贵族统治遗迹的人来说，古老的不动产法的基础以及上议院的权力都一去不返了。因此，1925年6月的法案成为1910年在公法领域里抗争的私法革命之完成，特别是在税法和上议院权力领域。

随着"中世纪主义"和"封建主义"这两个词成为贬义词的代表，我们更加倾向于认为，直到最近还在阻挠英国土地法斩断中世纪的根基，阻挠其在纯粹的货币或商业经济海洋上扬帆起航的，只是落后的自私自利主义。然而，对最近最高法院关于最低工资法的判决稍加反思，我们就会清醒地认识到，对此判决的做出，如果仅仅基于对大多数人的支持，而缺乏合理性论证，其结果仍会被视为只是纯粹的货币或商业经济的鼎盛。根据这一判决，为了维持体面的生活水准，个人的经济利益应当优先于国家主权者的义务。

毫无疑问，国家有权禁止合同的内容违反公共道德和公共政策，但在这里变成了国家无权禁止那些报酬低于最低工资法的合同的签订，以至于如果他们不是令人羞愧的公共或私人慈善的帮助对象，他们将由于整体性的营养不良与生活水准的下降而陷入物质和精神败坏的旋涡。在此，我再次重申，我并不想讨论最低工资法的优缺点，也并不关心那些想要使英格兰回到中世纪的空想，但是，这两起事件共同表明，强有力的救济只是作为晚近自由主义的主要例外而发生的极端情形。根据大法官霍姆斯（Holmes）的观点，这一原则曾引导最高法院以赫伯特·斯宾塞（Herbert Spencer）极端个人主义的观点来解读第14条修正案，并将该隐（Cain）的名言"我难道是我兄弟的看护者吗"作为工业时代的最高法律。迪恩·庞德（Dean Pound）指出，以合同自由的方式创设财产权，最高法院已经将"财产"一词的含义进行了扩展，包括了任何一个文明国家的某种法律或法理从未规定的情形。但是，这个扩展是否合理，我们可能要从国家主权的角度过渡到支配劳工的私人雇主的角度考量。对于那些想要加入工会的劳动者，雇主有绝对的权利解雇他或者以解雇相威胁，同时，雇主还享有支付任意工资的绝对权利，而这对基本的社会利益是有害的。

虽然最高法院并不允许国家对此规定的直接移除，但是，经济的力量可能会自我修正对此权利的滥用。比如，经济力量将会使一些无法支付最低工资的寄生产业被淘汰，因为这样的产业并没有足够的经济效率和效益支撑其支付更高的报酬。同样，有人认为，由于经济效率低下，奴隶制必定会消失。然而，与此同时，国家的主权受到法院对联邦宪法第5条修正案、第14条修正案以及对我国宪法中人权法案对财产解释的限制,这使得我们必须要结合国家对于照料公共福利的权力来考虑私有财产的性质。对此科学冷静的研究要求我们必须探讨财产的本质、正当性理由和立基于其上的公共政策的含义。

一、财产的本质是权力

任何不囿于原始的唯物主义的人都能很容易认识到,财产作为一个法律术语,并不是指物质的东西,而是指某些权利。在或多或少有组织性的社会之外,在自然界中,有"物",但很显然没有"财产权"。

进一步的思考表明,财产权(property right)与财产的实际占有(physical possession)并不能画上等号。不管我们对财产如何进行技术性的定义,我们都必须认识到,财产权不是所有权人与物之间的关系,而是对于某一物,所有权人和其他个人之间的关系。一项权利总是可以对抗一个或多个个体,如果我们考虑到特许经营权、专利权、良好遗嘱等这些现代产权形式,这一点就变得非常清楚了,而这些财产权也是我们工商企业资本化财产中很大的一个组成部分。

传统的观点认为,财产权作为对物的权利,可以分解为多项权利,如使用权、处分权,但私有财产的本质始终是排除他人的权利,法律并不能担保我实际上拥有使用被称为我之物的那些东西的物理和社会能力,但通过公共法律,它可以移除一些普遍的障碍来间接地帮助我享有财产权,财产法直接地赋予我排除他人使用那些已经赋予我之物的权利。如果有人想要使用法律意义上归属于我的所有物,如食物、房子、土地或者犁等,他就必须获得我的同意。在一定程度上,这些物对于我邻居的生活亦属必要。至此,法律赋予我一种权利,有限而真实,我可以让他做我想让他做的事情。例如,如果拉班(Laban)对他的女儿和牲畜享有唯一的支配权,雅各布(Jacob)想要占有这些财产就必须服务于拉班。在以土地为获取生活主要来源的社会中,对土地享有合法权利的人有权从生活于其上的人那里获得效忠和服务。

财产作为一种主权而产生强制服务和服从的特性，在商业经济中，这被虚构的所谓谈判的劳动合同以及大量的通过支付金钱间接获取服务的现象所掩盖。但是实际上，需要工作的钢铁工人或矿工不仅几乎没有交易的自由，而且在某些情况下，当中世纪的臣民接受领主的主权时，他所具有的谈判能力也是有限的。如果我想生活在城市，并且有一个安身之所，我不是直接效忠我的领主（房东），但我必须通过为别人工作获得金钱给付租金，从而使房东能够从他人之处获得服务。购买东西所需要的金钱，对大多数人来讲，必须是通过为那些对生活必需品具有法律上的支配权的人提供辛苦的劳动和服务来换得的。

对于哲学家来说，这并不意味着反对私有财产。对于一个文明社会来说，经济、政治领域的强制性是其发展的必要条件。但是，我们绝对不能忽略这样一个事实，即对物的支配也意味着一种对人的统治。

法律在一定程度上赋予那些所有权人对他人生命的支配权，这遭到很大一部分人的反对，因为他们认为法律仅仅是保护所有权人对其财产的占有。然而，财产法的作用不限于此，它决定着每个人将会获得什么。因此，保护领主的财产权意味着赋予他收取租金的权利，保护铁路或其他公共服务公司的财产权意味着赋予其收取一定费用的权利。所以，土地和机械的所有权以及收取租金、利息的权利决定着未来产生之物的分配，也就是不同的个人获取的利益份额。商品，或者可消费，或者可用于生产其他商品，其平均寿命一般很短。因此，如果法律仅仅是保护个人对物品的占有而不对新产生之物进行详细的规定，那么，这个法律将毫无用处。

我们从一个案例中可以很清楚地看到这一点。某一法院规定天然气公司有权从它的投资额中获得6%的回报额，那么，这就不仅仅是保护已占有的财产，还意味着公司在一定条件下可以获得未来产生的社会产品的部分收益。实际上，不仅是中世纪的领主，还包括所有能产生收益的财产的所有权人，都被法律赋予对未来产生的社会产品征税的权力。征税的权力变大，使得我们对大量经济上不独立者的控制权也加大，此时我们就拥有了在历史上构成政治主权的那些本质要素。

虽然现代社会大财产权人的权力，与以前领主对土地的权力内容采取了不同的形式，但权力的真实性和广泛性并没有因此而减少。古代的君主通过直接立法来限制臣民花费和支出的方式，其作用是有限的；现代的工业和金融资本没有这样直接的权力，却通过直接或间接的方式对立法机关产生较大的影响。那些有权规范并宣传某些产品的人，确实决定着我们对产品的使用和购买。脱离了他们生产者规制的范围，我们将无衣可穿，而我们的食物也会变得越来越品牌化和标准化并受其制约。

对于伦理哲学家来说，这一现象极具研究意义，即现代资本所有者所拥有的刺激消费的力量，使我们感到非常有必要去购买更多的他生产的物质资料（经济地生产比经济地使用更有利可图）。同时，伦理哲学家还必须注意到的是，现代工业或金融大鳄通过其自身榜样所塑造的消费模式，在引领消费方面发挥着巨大作用。地主贵族与佃农之间，地位悬殊且难以打破，以至于后者对前者生活方式的模仿被认为是荒谬甚至是不道德的。在货币或商业经济中，收入和生活方式的差异更渐进或者更易隐藏，以至于有些人哪怕承担着巨大的压力也要进行奢侈的消费，即使他们的收入无法承担这一开支，但为了进入一个更高的阶层，他们愿意这样做。这样的消费甚至促进了商业信贷，其不仅带来了越来越多的消费压力，而且这已经从舒适性消费转变为炫耀式消费。虽然地主贵族为了狩猎而保留大片土地有些浪费，但保持权力的自律要求使得他们必须培养刚毅的品质，这也是现代社会的富人所忽视的。贵族们确信自己公认的优越地位，所以并不会不顾需要而铺张浪费。

除了这些财富并不能据以决定诸多方面生活模式的间接方式之外，还有很多直接方式。银行家和金融家们通过操纵资金的流动直接地影响各个方面，如他们通过抵押贷款的数量影响社会建设的进程。如果一个贫穷的国家不得不通过借贷海外资本来进行自我发展，那么权力的这种性质就更加明显了。

上文中我已经提到，承认私有财产是主权的一种表现形式，这并不是反对其本身的理由。我们必须建立某种形式的政府，因为在大多数情况下，人们更喜欢服从，让别人费尽脑筋去构想规则、规章和命令，这也是为什么我们需要建立一个权威机构，当我们走投无路时，我们就写信给报纸，让其作为最后的仲裁者。然而，尽管建立政府是必要的，但并不是所有政府的形式都具有同样的价值。不过，无论如何，对社会伦理和公共政策的考量应用到财产法中将是十分必要的，这也是任何一个具有公正形式的政府所应当讨论的。

为了做到这一点，我们必须首先考虑私人财产存在的正当理由。

二、财产存在的正当理由

(一) 占有理论

迄今为止，对私有财产最古老、最具影响力的理由是，最初的发现者和占有者有权处分归其所有的财产，其是财产天然的所有人。从格劳秀斯（Grotius）到康德（Kant），这一观点始终在罗马法学家和现代哲学家思想中占支配地位，以至于基于这一理论，劳动者被认为对于其生产的商品具有天然的所有权，因为物质材料从产生到成型为产品，劳动者对其始终"占有"。

其实非常容易能够找到这一观点存在的致命性问题。很少人能够轻易地累积起大量的财富，恰恰相反，他们都是通过很多人的劳动、征服、商业运作以及很多其他方式获取财富的。在当今社会显而易见的是，很少有人是通过发现和首次占有来获得经济商品的所有权的①，即使是在钓鱼、捕猎这样少数的情况下，我们也倾向于认为这里的劳动仅仅是获得财产的基础。的确，谚语"物归发现者所有"中并不存在伦理上的自我证明，在法律中规定被发现的宝藏应当属于国王或国家，而不是属于发现者，这似乎也没有什么不对。难道发现河流的人就有权得到河流中所有的水吗？

此外，即使我们承认最初的发现者或占有人有权排除他人的占有，这也并不意味着他可以任意地使用或者他的统治在他死后还可以得到无限的延续。其他人通过交易、继承或遗嘱处分的方式获得的财产权利，就不能取决于占

---

① 在授予专利权、著作权时，坚持奖励有用的工作和鼓励生产力的原则似乎更有意义，发现和先占原则此时作用甚微。

有原则。

然而，尽管有这么多的反对意见，但这一原则的核心还是具有积极价值的。保护发现者和首个占有者的权利，实际上也是占有应受保护这一原则的体现。除非有人提出比占有者更充分的理由，否则，这样做也无可厚非，因为这确实能促进人类经济发展。在法律不承认以有害于公共秩序的方式获得占有的前提下，这一原则保证了交易的确定性、安全性，以及公共秩序的和平。公正的原则意味着物质资料的合理分配以及对不公正行为的惩罚，但是，法律决不能忽视人类事务中所存在的惯性原则。持续的占有给财产权人和其他人带来了预期，只有那些道德败坏的人才会忽视阻断这一预期所会带来的困难，使得人际关系变得不安全，持续占有甚至修正了最初取得存在的瑕疵。假设在诺曼底威廉时期，你的祖先通过欺诈、抢劫、征服以及其他方式获得了你的财产权，将财产从一直善意地保有它的你和你的家人手中夺走是正义的吗？这一夺走程序将制造普遍的不安定。对此的反思将使我们认识到，习惯是个人生活的基础，而持续的实践则是社会程序的基础。因此，任何形式存在的财产都有要求保持现状的权利，除非能够证明改变现状是有价值的，频繁地变动财产法将会抑制企业家精神。

然而，认为法律不能修改财产分配制度，正如认为政治权利的分配永远不会改变的观点一样，都是荒谬的。正如哲学家亚里士多德（Aristotle）所说，他反对修改那些哪怕错误的法律，以免损害既有的遵守秩序的习惯。这一观点有一定的道理，但前提是我们仅仅处于机械的服从状态，当我们引入自由而理性服从这一概念时，亚里士多德的观点在政治领域就无法站稳脚跟，类似的理由也适用于财产法制度，因为它也需要获得理性存在的尊重。

（二）劳动价值论

社会主义者和保守主义者都一致认为，任何人都有权取得其通过劳动产生的一切成果，这一观点是不证自明的，因为他们认为资本是劳动力节省的结果。然而，由于经济产品从来不是任何一个人独立劳动的成果，这一理论在这里就完全无法适用了。我们如何确定一张桌子哪些部分的价值属于木匠、伐木工或运输工，而哪些部分又是属于在工作时保卫和平的警察以及其他很多参与必要协助的人员的呢？此外，就算我们可以分辨出某一物品的哪些部分分别归属于谁的劳动，那么，即使是在孤岛上长大与社会没有联系的鲁宾逊·克鲁索（Robinson Crusoe），当遭遇海难的水手需要他剩余的食物来填饱肚子时，也很难说清楚他对经过他劳动所获得的物品是否享有财产权。

在现实社会中，大家都会认为，对一个富有的老单身汉进行征税，从而保护别人孩子的利益，这是公正的；也同样认为，对某一疾病免疫的人也应该交税来支持医院的运作是公正的。我们之所以认为这类事情是公正的，是因为社会关系相互依存、密不可分，没有人可以理直气壮地说："这一财产完全是我独立努力的成果，绝对归属于我。"

当然，社会的紧密程度也是不一样的。我们很容易能够想象到19世纪初像密苏里州那样人烟稀少的地方，狩猎者和耕种者都会将他们劳动所获得的一切成果视为自己的财产。然而，一般来说，自人们需要从别人那里获得工具或信息的时候起，他们或多或少地都依赖于政府了，如需要政府保护自己免受外来侵略等。

然而，尽管存在众多批评，我们仍然不能忽视劳动价值论中所包含的实质性真理：一个根本性事实是，劳动必须得到鼓励，财产分配的方式必须有利于鼓励劳动者用更多的努力去提高生产力。

由于并非所有生产出来的东西最终都是好的，即使是好的东西，也可能以损害人类生命和价值的不合理代价生产出来。很明显，除了劳动或生产力原则，其他原则在财产法体系立足需要充足的基础和正当的理由。我们只能辩证地说，所有事物都是平等的，财产的分配应适当考虑到社会的生产需要。然而，我们必须认识到，许多财产是留给那些没有生产能力的人的①，而很多具有生产能力的人没有，或许也不应该接受财产的回报。就这一点而言，我们不得不想到犹太基督教（Hebrew-Christian）的观点，对财产的首要权利是由需要者提出的，而不是由创造者提出的。的确，要证明按劳动分配原则具

---

① 经济学家常称，不劳而获的增值是最大的财富来源（参观 Bull. of Am. Econ. Ass'n (4th ser., No. 2) 542 ff.）。

有正当性，唯一的方法就是说明它能够服务于更大的社会需要。

占有理论告诉我们占有安全的必要性，而劳动价值理论告诉我们积极鼓励生产的重要性。这两种需求是相互依存的，任何阻碍积极生产的因素都会降低占有的价值。很明显，如果占有不具有安全性，那么，在经济上积极创造就是不值得且不盈利的。然而，这两种需求之间也存在冲突。土地所有权人希望能够使其家族继续拥有土地权利，反对法律规定土地可以自由交易，或规定判决的债权人可以为了个人债务将土地从继承人手中夺走。在农业经济中，占有的安全性意味着不管马落入谁的手中，马的主人都能够随时收回它；但是，在市场经济中，让善意的购买者拥有所有权是十分必要的。德谟格（Demogue）认为，静态安全与动态安全之间的冲突具有巨大的意义，他的著作 *Les Nations fondementales du Droit prive* 对此做了详细的阐述。

（三）财产与人格

黑格尔（Hegel）、阿伦斯（Ahrens）、洛里默（Lorimer）和其他唯心主义者都试图从个人权利的自由人格出发来解释财产权。想要获得自由，一个人就必须在外在世界中有一个自我确定的空间，而私有财产恰好提供了这样的机会。

将形而上学自由的概念应用于实证的法律行为时，我们仍然可以反对说，人格的概念太过模糊，以至于我们无法仅仅通过它得出确切的法律后果。例如，人格原则如何帮助我们去认定铁路、矿山、天然气和其他公共必需品属于私有财产的范围而非公共财产呢？

即使是最极端的共产主义者也不能否认，为了保护个人隐私，像牙刷这样的个人财产必须由个人所有，且具有完全排除他人的权利。然而，如果我们回顾一下上文，就能想起来这一观点，即在土地、生产机械以及生产资料等方面的财产，其主要作用就是将所有人排除在他们的必需品产权之外，从而迫使他人为自己服务。作为人格理论的主要阐释者之一，阿伦斯认为："让人为了物质资料而依赖于他人，这无疑是违背人权的。"[①] 但如果是这样的话，

---

① COURS DE DROIT NATUREL (6th ed.) 108.

财产在很大程度上最主要的作用就是限制自由，因为财产法的目的不是保证每个人都享有最低生活保障或必要的生产工具，只要财产法不能达到后者的要求，它就会迫使人们放弃他们的自由。

人们很可能会反驳道，就像交通规则的限制最终会带给我们更大的行动自由一样，将财产的支配权交给个人所有，最终所有人也能在经济上享有更大的自由。这是一个强有力的论点，我们通过比较无法律和有法律的社会不同的经济自由程度就可以看出。然而，这是对法律秩序的论证，非对特定政府形式与私有财产的论证。它主张每个人的权利、义务都有明确的范围，但它没有告诉我们界限应当如何规定。如果在某种秩序中，少数人凭借其对必需品的法律垄断，就可以迫使其他人在有辱人格和残酷的条件下工作，人格自由原则也不能成为维护法律秩序的理由。政府限制大地主的权利，虽然一定程度上限制了财产权，却可能促进真正自由的发展。与其他个人一样，财产权人也是社会的一员，其必须服从于社会整体的利益。将个人利益与更大的生命利益等保持一致，财产权人将会获得精神上的补偿。

（四）经济理论

私有财产在经济上的合理性在于其可以最大限度地提高生产效率。经典的经济学观点认为，成功的商人之所以能创造最大的利润，是因为他最有能力预见有效的需求。如果他没有这种能力，他的事业就会失败。因此，商人实际上是经济活动的引领者。

毫无疑问，如果我们放眼于整个农业和工业的历史，或者将俄罗斯和美国的经济产出做一个比较，就会得出表面上很显然的结论，即密集耕作的土地生产效率更高，私人所有的企业更具竞争力。许多心理上的原因和经济原因都可以解释为什么是这样，为什么个人耕种者能更好地耕种土地而不会破坏它。然而，所有的这一切都太过熟悉，我们视为理所当然。我们转而把思考转向其他方面，去考虑社会需要的生产和个人获利要求之间的区别。

第一，我们应当注意到，许多事物供应的增加并不是通过使它们成为私有财产的方式来实现的，从城市土地和其他被垄断或者有限的商品中可以很容易地看到这一点。土地私有并没有增加降雨量，使土地更肥沃而采取的灌溉工作，更多的是由政府来做而不是私人。当法国、爱尔兰的地主在收取租金和行使其他特权方面所获得的财产减少甚至被取消时，他们的生产力也没有因此而下降。如今，我们经常看到种烟草、棉花或小麦的农民陷入困境，因为他们成功地种植了太多的作物，而那些消息灵通的制造商才知道什么时候产量下降能带来更大的利润。那些能够降低产品价格的专利通常被制造商买走，但从未被使用。耐用品对消费者来说更经济，却经常被劣质的商品挤出市场，因为劣质商品营业额巨大，生产起来有利可图。很多广告常常说服人们购买不经济的商品，并为不经济的建议买单。

第二，在私营企业和自由竞争的社会制度下，资源浪费是固有的。如果说生物学领域十分重视生存竞争，那么，经济学领域也同样存在适者生存原则，且这一原则在两个领域都会导致巨大的资源浪费。淘汰失败的竞争者对于幸存者来说也许是一件好事，但是，这种商业的失败对于社会来说却是巨大的损失。

第三，工业上的私有制度会使很多人为了眼前的经济利益而牺牲社会利益。工业总是快速地发展，以至于人们在相对较少的时间内就已将能源耗尽。然而，如果人们降低能源消耗的速度，就会延长其使用时间。同时，我们也可以看到，私有企业为了获得短期利润，浪费了美国大量的自然资源。即使现代工业企业的董事们看到眼前经济利润的背后是不经济的结果，但他们更看到股东们对于当前红利的需求[1]。他们深知，股东们可以随时丢弃企业，让别人来承担未来的损失，所有的因素都促使着资源的浪费和社会活动不具经济效益。童工也许就是最好的例子，通过降低工资来增加眼前的利润，但最终却浪费了国家最宝贵的财富，也就是国家未来成年男女的劳动力。

回顾迄今为止我们所提出的论点，我们已经看到财产植根于习俗和对经济生产力的需求，以及植根于个人对隐私的需求和对社会效用的需要。但是，我们也注意到，财产只是人类利益的一部分，追求财产利益以不损害人类生

---

[1] 因此，如果酿酒商龙头企业已经预见到禁酒令的到来，把他们的利益与酒厂的利益进行切割，本可以节省数百万美元的损失。但是，在这样的经营中所涉及的巨大的暂时性的损失，是股东们永远也无法同意的。

活为前提。因此，我们不能再支持孟德斯鸠的观点，即私有财产神圣不可侵犯，政府不能以任何方式干涉或限制私有财产的范围。所以，我们需要思考的问题不是维持还是废除私有财产，而是明确私有企业享有自由的范围，以及因为公共利益而必须限制的范围。

三、财产权的限制

如今仍然盛行的传统权利理论，形成于17、18世纪反对限制私有企业权利的斗争中。国王通过绝对、神圣的权力来强化对其给予臣民的特权利益的限制，正如所有的反叛一样，一方绝对的要求必然遭到另一方绝对的否认。因此，个人自然权利理论，其形式不仅是绝对的，也是消极的。人们拥有不可剥夺的权利，国家决不能干涉个人财产；然而国家必须加以干涉，才能使个人权利行之有效而不是堕落为社会的公害。允许任何人对自己的财产随心所欲地使用，如制造噪声、臭味甚至是火灾的危险，会使得财产失去一般意义上的价值。因此，要真正有效地行使财产权，必须以对所有权人的限制和要求其承担积极的义务为前提，并通过国家排除他人的权利，这才是财产权的本质。然而，不幸的是，因为黑格尔之后法哲学的衰落，也因为在对抗社会主义的过程中，捍卫财产权成为法律的主要兴趣，自然权利学说始终处于消极状态，从未发展成为一个具有积极权利内容的学说[1]。

从事民法或私法的律师总是坚持财产的绝对化概念，为了达到这一目的，他们忠实于18世纪伟大的法典，如法国、普鲁士、奥地利的法典，也忠实于19世纪意大利和德国的法典，这些法典最开始都将财产设定为绝对的、不受限制的定义，但之后他们都引入了有关资格和限制的规定[2]。

---

[1] 因此，我们的法院不愿承认反对不公平竞争的规则可能更符合一般公众的利益，而不是仅仅关系到那些直接受到财产利益影响的人的利益。Levy v. Walker, 10 Ch. D. 436 (1878); American Washboard Co. v. Saginaw Mfg. Co., 103 Fed. 281, 285 (C. C. A. 6th, 1900); Dickenson v. N. R. Co., 76 W. Va. 148, 151, 85 S. E. 71 (1915).

[2] French Civil Code, §544; Prussian Landrecht I, 8, §1; Austrian General Civil Code, 354; German Civil Code, §903; Italian Civil Code, §436. Cf. Markby El. of Law, §310; Aubry & Rann, §190.

然而，除非在公共的限制下，否则没有任何个人权利能在社会中有效地行使。一些公法学家①和一些对政治、宪法和行政法感兴趣的作者认为，之所以进行公共的限制，是基于私人财产的限制对公共安全、和平、健康和道德所具有的必要性，以及关于住房、教育、自然资源这方面的利益，应当由国家经营而不是私人。不过，事实上，美国法律的终裁权属于法官，而法官和大部分律师一样，都是接受的私法教育而非公法教育，这也是为什么传统的财产概念优先于国家利益，如组织工会的自由、维持一定生活水平的必要性以及防止国家未来的成年男女为某人个人利益或类似利益而牺牲。因此，学习财产法的学生应当牢记，自工业革命以来，不仅整个财产法对私有财产的限制呈稳定上升的趋势，而且绝对自由放任的理念实际上从未完全地实施过。

生活在自由土地经济中，我们已经完全意识不到，那种引导我们如何处理死后财产的绝对权利在人类历史上是如何的一种例外。在普通法的历史上，只是从亨利八世统治时期开始，才可以设立土地处置的遗嘱。在欧洲大陆，其仍然受到保留份制度的制约。在英国，由于限嗣继承和家产析分契约制度，对土地遗嘱的正式限制没有必要性。即使在美国，也有对永久所有权限制的规定，这无疑是一种对遗嘱处分绝对自由的限制。

历史表明，即使是当事人之间对土地一般权利的转让，其限制也是一直存在的。在我们个人主义经济中，女性的嫁妆权就是一个很好的例证。土地和家庭利益之间的联系太紧密，以至不能为了完全纯粹的个人利益而奉上前者。虽然商品和服务自由地交换利益从未如19世纪那样强大，但是政府为了从人民使用金钱的过程中收取利益，从未放弃过规制金钱使用中利率的权力，也没有放弃对事关一般公共利益的服务价格，如铁路、谷物升降机、谷仓等费率进行冻结的权力。这个理由只适用于涉及公共利益的企业吗？这是非常站不住脚的。试问有哪些商业领域不涉及公共利益？难道煤炭行业与天然气、电力行业相比，更不属于公共事务的范畴吗？法院和保守派的律师有时会说，

---

① 著名法学家耶林（Jhering）是个例外。财产的使用和财产的权利性质之间的区别是由奥地利法学A. 门格尔（A. Menger）提出并发展的，由德国经济学家阿尔德·阿尔特（Ad. Wagner）践行。

国家对工资的管制是一项疯狂的创新，因为其会扰乱经济秩序和法律传统。然而，对工资直接进行规制，在英国法上是非常正常的行为。实际上，我们通过限制工作时间、禁止随意支付、强制规定定期支付等间接的方式，已经对其进行了规定。根据《赔偿法案》（*Compensation Acts*）的规定，如果雇员由于工作事故而导致完全不能工作，雇主必须向雇员支付报酬。

比上述更重要的是对财产使用的限制。从现实的角度来看，很少有人会质疑霍尔兹沃斯（Holdsworth）言论的明智性，即"国家在任何时候都不能对所有权人对其财产的使用漠不关心"[①]。对财产的使用必须加以限制，不仅是为了其他财产所有权人的利益，更是为了整个社会的健康、安全、宗教信仰、道德和一般福利。因商业的贪婪性而带来的对穷人的剥削，任何社会都不能坐视不管。在人类生活愈加拥挤的社会条件下，对自己财产不顾后果、不合理的使用越来越危险，法学家们也找到了新的学说来限制对这一古老权利的滥用。法国的滥用权利学说、德国民法典的禁止欺诈原则以及在普通法系中对恶意的模糊使用，都是朝着这一方向所做出的努力[②]。

事实上，最重要的是，在所有文明的法律体系中，存在大量正当的征收或没收而没有任何直接补偿的现象。对于那些认为国家剥夺公民的财产是盗窃或抢劫甚至是背叛的人来说，这一观点，即国家的存在就是为了保护人们享有这种权利，也许听起来令人震惊。

作为自然权利的支持者，我认为国家可以且非常不幸的是，经常颁布不公正的法律。但是，我认为，那些认为国家对私人所有权人的权利并不比邻居对其的权利更好的观点，是基于错觉的一种绝对谬论。的确，没有人有勇气在这样混乱的环境中争辩说，国家无权剥夺个人的财产，因为个人对其财产如此依赖，以至于会拒绝任何金钱的购买。邻居没有这样的权利，但是国家却常常基于正当公共利益的需要，要求所有权人离开他的祖屋，哪怕这一祖屋维系着他的存在之根。

---

① HOLDSWORTH, A HISTORY OF ENGLISH LAW (1926), c. 4.
② ROUSSEL, L'ABUS DU DROIT. German Civil Code, § 226; Walton in 22 HARV. L. REV 501.

在剥夺个人的财产时，国家是否总是有义务支付直接的赔偿呢？我认为如果不是为了破坏普遍的安全感，不直接支付赔偿是可以的，没有任何正义的原则要求国家必须支付补偿。我在前文已经提到过，向一个老单身汉征税以用来作为教育别人孩子的支出，以及向一个对伤寒免疫的人征税以作为修建下水道和采取其他卫生措施的支出，这都是公平的。我们可以更进一步说，一个国家整体的运转取决于其有合法的权力通过税收的形式剥夺部分人的财产，并用它来资助其他人，如穷人、因服务于国家的战争与和平而伤残的人，以及那些虽然没有生产能力但需要人性关怀的人。毫无疑问，征税和没收可能是恶意的，可能会给某些个人或阶级带来不必要的和残酷的苦难。但是，这并不能否认征税和没收属于国家正当的权力范围，许多例子都可以很清楚地说明这一点。

　　一是奴隶制。当奴隶制被法律废除时，奴隶主的财产也就被剥夺了。从道德伦理的角度来说，国家是否有义务向奴隶主支付奴隶的全部市场价值呢？无疑，剥夺奴隶主的财产对社会来说是一个巨大的冲击，奴隶主拥有大量的奴隶，这些财富往往使其成为文化领袖，但是，他们的收入却突然地被剥夺了。同样也不得不承认，奴隶自己本身并不是非常愿意突然被带离奴隶主身边，而成为一个在自由的海洋上漂泊无依的人。然而，当我们读到有些奴隶是如何被暴力地从非洲家园带离且被无耻地剥夺人权时，这些可怕的行径让我们倾向于同意爱默生（Emerson）的观点，即首先应当向奴隶支付补偿。这种补偿不一定要采取政府直接支付的方式，它可以通过复原和教育自由的形式更有效地支付，而且对于这一费用的支付应当优先于对奴隶主请求的支持。毕竟，奴隶主的请求，恰如关税取消情况下需要受到保护的产业，如果国家认定某些进口关税是不合理的，并着手取消这些关税，比如对科学仪器和医疗用品征收的关税，许多制造商可能会因此遭受损失，那么，他们有权得到国家的赔偿吗？

　　毫无疑问，尽可能消除经济冲击对大多数人的影响对公共利益是有利的。日常生活因安全而更加繁荣。但是，当这种安全包含着大量的不公正因素时，依法的经济震荡就是必要的，在道德上也是正当的。

这能够使我们更好地处理其他类型的没收。

二是取消公职造成的财政损失。直到最近我们才逐渐习惯于忽视这样一个事实,即与其他职业一样,公职一直被视为一种收入的来源。因此,基于创建良好政府的目的,某些公职被取消,很多人的预期收入也因此被剥夺。不管是在旧的法律中,还是基于今天最普遍的公众判断,这似乎都是不公平的。但是,我们深入思考就会发现,当国家发现某些人的特定服务是不必要的,国家就没有对其支付补偿的义务。充其量,国家可以帮助这些人找到一份新的工作。

英格兰或苏格兰的领主拥有部分特权,即有权提名其所在地教区的牧师。取消对受俸牧师的推荐权,无疑是对财产权的一定的没收。我并不同意我的朋友拉斯基(Laski)先生的观点,即法院错误地坚持了教堂关于宗教的规定应让位于个人财产权的法律[①]。但对于立法机关应当改变这样的法律且无须向领主支付任何补偿的观点,我并没有听到从伦理的角度来进行反驳的声音。

三是在今天,我们可以看到,国家通过颁布禁令已经没收了数百万美元的财产。酿酒商和酿酒师是否有权对他们的损失主张赔偿呢?我们已经看到,财产在很大程度上就是一种权力,失去这一权力,对那些通常使用它的人来说也许是坏事,但对于社会来说却并不是坏事。事实上,相对于酒保和调酒师这样的职业,对酿酒商和酿酒师的冲击相对来说并不大,虽然前者只是雇员,虽然他们没有失去任何合法财产,但是他们会发现在晚年很难找到新的工作。

历史上有很多有价值的财产特权在被废除时并没有得到任何补偿,如贵族的税收豁免权,以及贵族在他人土地上打猎的权利。所以,认为这样的立法不公正的观点是荒谬的。

这些以及其他没有得到补偿的具有正当理由没收的例子,都与私有财产的绝对理论不相符。然而,一个妥当的私有财产理论应当使我们明确正当的没收与不正当的没收案件之间的界限。我不能在此处更多地阐述这一理论,

---

① LASKI, STUDIES IN SOVEREIGNTY, ch. On the Great Disruption.

尽管占有安全原则和避免不必要冲击的原则对我来说非常具有启发性。然而，巨大财产的所有权人，被视为——正如其应当被视为的那样——行使着其对同胞生活的权力，法律应该毫不犹豫地建立一种学说，使得这些人在公共利益范畴承担更多积极的责任。在现代城市中，公寓的所有权人实际上就是一名公务员，他需要承担各种各样积极的职责。他必须保持大厅灯火通明、保证屋顶不漏水、确保有火灾逃生设施、把那些损害公共道德的房客赶出去，同时他也有权得到房客的酬金，因为这是法律事先规定的。工厂所有权人的情况也与之类似，他必须安装各种各样的安全器械、卫生设施，以及为工人保障充足的采光和通风。

一般来说，法律没有权力要求人们必须按最经济的方式使用他们的财产。因为人们自己就有按最经济方式使用自己财产的动机，而强制执行某种机制的支出反倒会造成无益的浪费。当然，在有些时候，比如在战争中，国家可能就会要求人们必须集中地耕种土地或者进行其他的社会生产工作。

以上考量让我们越来越清晰地明白，禁止铁路公司张贴告示说，如果工人加入工会即将其解雇，这并非对铁路公司财产的不正当征收。当工厂必须向它的工人支付能够保障最低生活标准的报酬，而不是由一些私人或公共的慈善机构，或者是其他的一些社会组织来保障他们的基本生活时，也并没有财产未经合理或正当程序被征收。

四、政治主权与经济主权

只对私法感兴趣的关于财产的讨论，被批评缺乏现实性以及过分依赖此前模糊的"似乎有理"，对有关国家适当限制财产和经济企业的政治讨论，也是如此。因为国家承担了一些社会服务的责任，如建一座跨河大桥，就认为人们的主动权被掠夺了，这一观点是绝对不现实的。让夜晚的街道亮起灯，填上人行道上的大窟窿，消除其他可能对生命、身体造成的危险，为所有人提供受教育的机会，凡此种种，人们并没有被剥夺自力更生的机会。现代生活的条件太复杂，耗费着我们的心力，如果我们能通过国家行为来简化一些事情并减轻我们的压力，所有人都将成为受益者。在社会中某些事情必须要做，问题在于这些事情是交由以利润为导向的私营企业来做，还是交给以政治考量为导向的政府来做。这个问题不是人民与国家之间的问题，而是何种目的的组织和动机可以更好地完成这一工作的问题。不论是私营企业还是政府企业，都是由个人发起和实施的。从事政府工作的人或多或少都比那些在私营企业工作的人更聪明和高效，这一假设不具现实性。我们应当关注的是，什么样的人应当被选出来从事政府工作，以及相比于私营企业，从事政府服务的组织所持的态度是什么。这是需要关注的具体的实证考察问题，但是非常不幸的是，被我们忽略了。由于缺乏一定确切的知识，我只能大胆地做一些猜测。

政府官员大多因为他们的演讲能力、得体的举止以及政治上的可用性而被选择，很少因为他们处理问题的能力和知识而被选择。然而，通过财富继承的方式，一些没有能力的人可能会在一定的时间内控制私营企业。更严重的是，公职人员对于启动更多新项目的动力也随之减弱。政治领导人因为受到公众情绪的影响会变得保守，更喜欢放任自流，以避免麻烦。相较于企业高管，他们更为依赖其官僚下属，这些官僚下属往往过分强调繁文缛节，也就是政府程序的一致性，而不关心他们应当为了各种各样的需求做些什么。然而，所有的企业管理组织随着规模的增长，效率也在降低。另一方面，经验表明，集体控制对于所有文明社会的人来说都是必不可少的，以此防止私营企业权利的滥用。只有一般的政府才有能力处理像城市拥挤这样的问题，因为只有政府才能整合大量的活动，这些活动中有很多并无经济目的。私营企业更能节省开支，这在很大程度上是通过向多数人支付很少的工资而向高管支付更高的报酬来实现的。从社会的角度来看，这未必是一件好事。值得注意的是，很多有能力且有奉献精神的人往往更加愿意为政府工作，虽然他们获得的报酬低于在私营企业工作所获得的，在选择工作时，有很多因素比金钱更重要。人们更愿意追随那些具有敏锐意识的人，而不是那些高效的人，这并非完全不明智。因为商业效率，大量的广告破坏了乡村的风景，如果不受限制的话，它也会破坏尼亚加拉壮丽的景色。

一切事物都服从于单一的经济利益，这导致工业政府采用绝对君主制的政体。君主制具有简洁、便利的优点，但从长远的角度来看，它很少是最优的，甚至迟早会引起暴动。如果认为一个雇主不能随心所欲地雇佣或解雇雇员，那么他将不能很好地经营自己的生意，这样的观点显然是短视的。有趣的是，即使是一支现代化的军队，也没有给予将军雇佣或解雇的绝对权力。在这一点上，我想起了英国大使约翰·马尔科姆（John Malcolm）阁下与波斯国王的一段对话。当波斯国王得知英格兰国王不能随心所欲地斩首他的朝臣时，他感到十分惊讶，这样的国王还能叫"国王"吗？然而，当他又得知英格兰国王不必整日为自己的性命忧心忡忡时，他就看到了限制君主绝对权力的好处。民主且受到限制的依宪政府难道不比不受限制的君主政体更具有人性上的优势吗？①

然而，工业和金融政府面临的主要困难是，统治者不必为他所颁布的政策所造成的实际影响承担任何责任。以前，雇主会关心并对他的学徒的健康和道德享有利益。现在，除了少数人之外，企业的所有者和股东们已经失去了与为他们工作的人之间的所有个人联系。因此，人是完全服务于利益动机的。在某些情况下，这甚至会导致工业效率低下，因为铁路或者其他企业会由金融家们操控，他们会为了利益而操纵股票。通常来说，金融大鳄通过控制他人的资金来行使权利。比如从以下例证可以明显地看到，以数百万美元购买内在价值不高的股票，能使股票收购者控制一家大型寿险公司的资产。里普利（Ripley）教授最近指出，投资者或金融家以很少的投资在很大程度上控制了大型企业，这引起了华尔街的混乱。

因此我得出结论，毫无疑问的是，我们的财产法确实赋予了工业大亨至高无上的权利，甚至赋予了金融大亨更多。

现在，如果一位哲学家羞于面对由工业和金融巨头领导的政府，这是没有价值的。人类曾被牧师、士兵、世袭领主甚至是古物研究的学者所统治，

---

① 过去人们认为，如果债权人不能获得对违约债务人主体的统治权，就不可能有信用交易。然而，自债务监禁被废除以来，信贷的安全性并没有降低。

这些结果还不足以让我们满怀警惕地瞩目一个新型统治者的社会。但是，如果我们正在进入一个新型统治者的时代，我们最好认识到这一点并思考其中可能涉及的问题。

物质的生产者掌握了控制权，这是人类历史上的第一次，当然这不是实际物质的生产者，而是指导着生产方向的主宰性思想。如果这与柏拉图（Plato）以来的哲学传统相违背，我们很有可能被告知，我们的哲学需要修正。像已故的工业和金融巨头詹姆斯·J.希尔（James J. Hill），他所面临的需要解决的问题可能比凯撒（Caesar）和奥古斯都（Augustus）建立罗马帝国时还要困难。

然而，人们很可能担心，随着现代生活变得越来越复杂，把主权交给那些只处理过生活中简单经济关系的人会很危险。

我们当然可以说，现代工业的巨头不仅仅关心物质的创造，而且他的成功很大程度上在于他的判断力和管理构成其企业的大量雇员的能力。然而，与此相反的是，也有人持反对的观点，认为在工业和金融领域，赚钱就是唯一的能力考量标准，这是一种专业的能力。当商人担任公职时，显然他们是非常成功的，尽管节省纳税人的钱是一件令人钦佩的事情，但他们常常忘记一点——这并不是公共生活和政府的唯一目的。相对于单纯地省钱，明智地花钱是一个更为复杂的问题，这对于那些面临如何促进更好公共生活问题的人来说，也是一个非常重要的问题。要有效地做到这一点，我们需要对人类内心无形的欲望有更多的洞察力。事实上，当前对财产管理的成见并没有促进这种洞察力的提升。

生产的许多东西都极大地损害了消费者和生产者的健康和道德。这不仅是指那些天生有害的东西，或者是创造、使用它都会使人衰弱的东西。这还包括许多其他的东西，包括那些超过自己需求的东西，以及与心灵的平和、从容这一文化本质相违背的东西。

这当然是一种肤浅的哲学，它使人类的幸福与不分青红皂白的生产和消费物质产品等同起来。如果在宗教和哲学中有丝毫的智慧的话，那就是在人类历史的长河中，人们不仅仅是靠经济商品而活着的，人们同样需要远见和智慧来判定哪些东西是有价值的、哪些东西没有才是更好的。控制和减少我们消费的需求，是具有长远意义的人类需求，决不能将这一主导权交给那些只想刺激我们消费需求的人。

我们的哲学处于一个比较低水平的状态，其特点在于，个人主义者和社会主义者都只是从商品生产和分配的角度来论证资本主义的优势。从对生产者和消费者造成社会影响的角度来看，几乎没有人关注什么样的商品最终值得生产这一意义深远的问题。当然，这是一个需要集体智慧解决的问题，绝不能心存侥幸或者任由无政府的混乱状态摆布。

最高法院的作用

——承担协调个人与国家之间关系的特殊最终责任

Archibald Cox 著 张琛 译*

摘 要：美国特殊的历史背景及法治文化造就了最高法院在美国社会中的重要地位。由于最高法院的决策涉及一些最基本的社会公共问题，因此不可避免地需要对其决策在社会、经济以及政策方面的后果加以考量，这使得最高法院比其他政府部门更具有司法性，又比其他法院更具有政治性。最高法院在美国社会中发挥了调整政府架构、保护个人免受政府侵害以及保障公民权利的作用，这些作用体现于其针对系列种族歧视相关案件作出的判决之中，而且从长远来看注重本质上的实效，与美国的机构设置与制度设计真正保持了一致。

关键词：最高法院 个人自由 "静坐案" "黄狗合同"

130 年来，德·托克维尔指出的法律普遍存在于美国社会中的观点直到今天仍然适用①，但若我们是一个由法律和法学家统治的民族，同时也会是世界上最自由的民族。这两个事实联系在一起并非偶然。我们是自由的，因为我们将自己置于法治之下。

这个原因是，人类从野蛮走向文明仅仅是通过绥靖的形式将权力集中在国家之手得以实现的。然而无论是单纯的绥靖，还是权力集中，都无法确保

---

* 本文发表于 *Marquette Law Review* 1967 年第 50 卷第 576—593 页。文章原标题为 *The Role of the Supreme Court in American Society*，中文标题有所修改。Archibald Cox（1912—2004），哈佛大学法学院教授，1961—1965 年担任美国联邦副总检察长。

张琛，中山大学司法体制改革研究中心研究人员。

① ［法］德·托克维尔：《论美国的民主》，阿尔弗雷德·A. 克诺夫译，1945 年版，第 272—280 页。

每一代人都能够拥有个人自由以及改造社会的机会。如果可以确保，也不会有暴力革命的存在。为了实现这些目标，政府的权力必须受到限制，并且必须找到除政府权力以外的能够使人们凝聚在一起的方法，无论是物质的、经济的，甚至在某些情况下还是政治的，只要有理由表明它是公正的。换言之，没有权力的替代品，就没有实现自由与和平变革的机会。

我们寻找到的权力替代品是法治。我们的立宪主义建立在长达七八个世纪的对制度和对过程、标准、理想以及正义感之渴望的持续关注之上——这使我们以最少的力量和最强大的理由建立起了自由、文明的社会。法律是个人对抗君主的堡垒这一观点的萌芽体现于大宪章之中，布莱顿也重申了这一观点："主宰者并非人类，而是上帝和法律。"科克勋爵对詹姆斯国王说，国王也许可以找到十位依据皇室特权进行裁判的新法官，但永远无法找到十位这样的律师。由于我们拥有这样的权利法案，所以即便是美国的最终统治者——人民，也自愿让自己处于法律的约束之下，与此同时我们还建立了法庭，来帮助我们落实法律的禁令。我们的社会之所以是一个平等的社会，是因为法律平等地约束着所有人，包括管辖者与被管辖者、法官与当事人。

正是这种获得自由同意的能力，使法律成为权力的替代品。合法性的力量——以及与之相反的、自愿服从的习惯——是法律带来自由化与文明化影响的基础。在新千年之前，这个问题看起来别无选择。

法律在美国社会的普及程度和对法律的依赖性，都体现于最高法院在美国社会的作用之中。正如德·托克维尔所说："在美国，几乎所有未能解决的政治问题到最后迟早都会变成司法问题。"[①] 而这些政治问题最终都要由最高法院来解决。最高法院的部分案卷仅仅因为它的难度而显得不同寻常，但另一部分——更为重要的部分——完全不同于通常的在州和下级联邦法院提起的诉讼。其中许多案件永远不会被任何其他国家的司法机关审理。你还能找到哪一个法院会对是否要在学校里念祈祷文[②]或在每天开始之时朗读圣经、黑

---

① [法] 德·托克维尔：《论美国的民主》，阿尔弗雷德·A. 克诺夫译，1945 年版，第 280 页。
② Engel v. Vitale, 370 U. S. 421 (1962); Abington School District v. Schempp, 374 U. S. 203 (1963).

人是否有权享有与白人同等的公共设施①，或者如何分配州立法机构的席位②作出裁决？此外，还有一个例子是关于科罗拉多河水资源分配的诉讼，这个诉讼很有可能决定亚利桑那州与加利福尼亚州农业与工业发展的相对机会③。不同于世界上其他任何地方，在美国，我们养成了一种不同寻常的习惯，即把社会、经济、政治甚至哲学问题的关键问题，表现为法律框架下的公正形式，以便法院参与这些事项的处理。

由于不同时代背景之下的主要问题与分歧存在差异，因此，每个时代的宪法诉讼都有属于自己的典型案例。从政治和经济的角度来看，我们的时代是由亚洲和非洲人民所主导的，今天的许多重大宪法议题都是围绕种族关系而产生的，如废除学校内种族隔离案④、"静坐案"⑤以及其他许多挑战《民权法案》合宪性的案例⑥。你还可以联想到其他的许多最高法院审理我们国家生活中根深蒂固存在着的问题的案例。关于立法机构中席次重新分配的判例，如贝克诉卡尔案（Baker v. Carr）⑦，该案系因农村和城市与城郊选民之间的矛盾而产生的。其他的案例则起源于国家安全受到威胁之时，个人自由的理想与强迫服从的压力之间的矛盾⑧。在监管措施日益增多的年代，最高法院的大部分工作都涉及保护个人免受轻率、无能且时常压迫人民的政府官员之侵害。

---

① Bell v. Maryland, 378 U. S. 226 (1964).
② Baker v. Carr, 369 U. S. 186 (1962); Reynolds v. Sims, 377 U. S. 533 (1964).
③ Arizona v. California, 373 U. S. 546 (1963).
④ Brown v. Board of Education, 347 U. S. 483 (1954); Goss v. Board of Education, 373 U. S. 683 (1963); Griffin v. County School Board, 377 U. S. 218 (1964).
⑤ 例如：Garner v. Louisiana, 368 U. S. 157 (1961); Peterson v. Greenville, 373 U. S. 244 (1963); Lombard v. Louisiana, 373 U. S. 267 (1963); Bell v. Maryland, 378 U. S. 226 (1964); Hamm v. City of Rock Hill, 379 U. S. 306 (1964).
⑥ United States v. Raines, 362 U. S. 17 (1960); Alabama v. United States, 371 U. S. 37 (1965); Heart of Atlanta Motel v. United States, 379 U. S. 241 (1964); Katzenbach v. McClung, 379 U. S. 294 (1964); South Carolina v. Katzenbach, 383 U. S. 301 (1966).
⑦ 369 U. S. 186 (1962).
⑧ 例如：Watkins v. United States, 354 U. S. 178 (1957); Barenblatt v. United States, 360 U. S. 109 (1959); Yellin v. United States, 374 U. S. 109 (1963); Communist Party v. Subversive Activities' Control Board, 367 U. S. 1 (1961); Albertson v. Subversive Activities' Control Board, 382 U. S. 70 (1965).

这些案件因个人争议而产生，案件亦以这些案件当事人的名字命名。但这些议题往往超越了个人争议之范畴，而且裁决也将长期存在。这些问题还经常在国家范围内出现严重分歧，引发民众强烈的情绪。然而，我们把这些影响历史的决定权，至少经常将部分决定权交给了法院。

最高法院工作的特殊性质突出地体现在其机构设置上，这种特殊性质创造了最高法院本身特有的问题，并塑造了其在国家生活当中的作用。

因此，最能解释为何最高法院内部对某些问题存在着尖锐分歧的便是其工作的特殊性质。这种分歧就像表决时的五比四或六比三一样，不仅是不可避免的，也是十分必要的。只有任命九名具有同样想法和经验的大法官才能达成一致意见，然后在任何情况下都能得出一致的决定并划分明确的权威界限。对于那些确信自己知道所有问题的正确答案的人来说——如果法院一致认定的结论与他们认为的一致，这似乎是可取的。事实上，社会最根本、最具争议性的问题无法在一夜之间就得到解决，也无法在随着时间与事态的发展使对问题的分析变得成熟之前，以单一的某种干净利落的方式得到解决。正如一个人在一个陌生的沼泽中以自认为更安全、更快的方式前进，事实上不过是从一个山丘走到另一个山丘，从一个岛屿走到另一个岛屿，有时每前进两步就后退一步，甚至每前进一步就后退两步。

正是最高法院工作的性质使其在公开辩论之中陷入困境，并使得个别法官成为尖锐批评的对象。这并不是什么新鲜事。约翰·马歇尔（John Marshall）遭受过的谩骂甚至比现任首席大法官遭受的还要恶毒。恰当的批评，无论是来自外行还是律师，都是无可厚非的。至关紧要的是，由于法院所面临的公开问题紧迫且容易产生分歧，因此，法院在务实地发展新的司法程序过程中的每一步都应当经由公开辩论，最终使得解决对整个社会如此重要问题之方式不仅符合宪法，而且是以共识为基础形成的。

最高法院工作的性质也决定了其作出决定的过程。我们把宪法问题提交给法院，不是为了让所谓的智者委员会就什么是好的、公正的或明智的发表意见，而是为了让其根据法律作出决定。查尔斯·埃文斯·休斯（Charles Evans Hughes）在他就任美国首席大法官之前、担任司法部长之后的一系列演讲中说:"最高法院工作的成功……在很大程度上是由于法院有意将自己局限于司法任务之中。"①

然而一个很现实的问题是,由于最高法院的决策涉及一些最基本的社会公共问题,因此不可避免地需要其对决策的社会、经济以及政策后果加以考量。人们可能会像希望太阳一直在那里静止不动一样,期望法院对1965年《选举权法案》的合宪性作出裁决,而不考虑该决定对民权运动以及我们对政治体系之信心的影响。这当然是恰当的。法律从某些方面来说与政府一样,旨在提供满足人们需求的制度。民权运动考验了我们在国内政府和法律的框架之下,完成人类基本正义所需的革命性变革之能力,三大洲都在关注着我们,而他们正在选择是支持还是反对走民主宪政与法制的道路。同样,在废除学校内种族隔离案、"静坐案"以及其他许多挑战《民权法案》合宪性的案件中,在未认识到法院必须应对部分社会与政治动乱之情况下,法院不可能明智地作出决定,民众也不可能理解法院的工作。

因此,宪法诉讼呈现出一种进退两难的局面:最高法院比其他政府部门更具有司法性,又比其他法院更具有政治性(如更加关注政策)。

稍后我将回到这个两难的问题上进行讨论,但首先在考察了最高法院工作的特殊性质之后,似乎有必要问一问为什么我们要把这些问题提交给最高法院。用德·托克维尔的话来说,为什么几乎所有未能解决的政治问题到最后迟早都会变成司法问题?最终的答案是我已经提到过的对法律的信仰,而直接的答案便是最高法院担负的职责。

一

最高法院的一项特别职责是负责调整政府的架构。开国元勋们相信,任何政府机构都会对其实质性政策的制定产生重大影响,因此他们谨慎地将所有主权权力分配给了联邦政府与各州。然后在国家范围内,在三个坐标分支

---

① HUGHES, *"THE SUPREME COURT OF THE UNITED STATES"*, 40-41 (1963).

之间再次划分（译者注：即立法权、行政权与司法权的三权分立）。一个世纪后，阿克顿勋爵将这个选择理想化了：

> 如果向各州分配权力是对君主制最有效的约束的话，那么国家的权力资源的分别配置就是对民主的最好检验。它以增强政府的中心地位的形式，促进了政治知识的传播，维护了健康独立的舆论。它是少数族裔的保护国，是自治政府的神圣职责。①

在约翰·马歇尔的精神指引下，法院在这个异常复杂的体制框架中担任守护者与裁判者的角色。在一个世纪甚至是一个半世纪的时间里，它的工作是在联邦政府与各州政府的权力之间进行调节与分配，并使整个国家保持最符合社会长期需求的平衡。这个过程是十分复杂的，因为它不仅涉及州和联邦政府管理各自辖区和征税的权力，还涉及各州法院和联邦法院之间的相互关系，它们在对自己的法律法规负责的同时，也要负责执行其他享有独立主权的地区之法律。

从一开始，这种趋势就意味着倾向于将政府权力国有化。但我并不是说宪法原则足以使马歇尔在吉本斯诉奥格登案（Gibbons v. Ogden）中的观点发生改变：

> 整个政府的特点与秉承的精神似乎是，它只针对所有的国家外部事务，以及那些通常会影响到美国的内部事务展开行动；而不包括那些为了执行政府的一些基本权力，虽然不止涉及一个特定的州，但不影响到其他州，且其他州也没有必要干预的事务。②

然而现实情况改变了。经济以及科技革命使经济相互依存且关系紧密，

---

① Acton, "*The History of Freedom in Antiquity*", ESSAYS ON FREEDOM AND POWER, p. 72.
② 22 U.S. (9 Wheat.) 1 (1824).

很少有内部问题——几乎没有一个商业行动或商业人物——不像马歇尔所说的那样，"不影响到其他州"而不受国会的控制。如今的问题一般不在于国会有权监管什么，而在于考虑到监管权力集中的影响，实施多大程度的中央监管才是明智的做法。传统市场与一体化经济的发展已经将维持联邦体系平衡的最终责任从法院转移到了国会。

在投票领域，人们也感受到了国民自决意识觉醒的压力，从某种程度上来说，这是必要的。确定选民资格一直以来都是州的职能之一，不仅是因为长久以来维持的传统，而且宪法明文规定，联邦选举中选民的资格应符合各州立法机构中人数最多的部门对选举人的要求[1]。《第十五修正案》赋予了州在一定程度上通过种族或肤色限制公民投票权的特权，但历史清楚地表明，国会认为这一条款将使各州可以自由地建立起投票的读写能力测试。1965年的《选举权法案》废除了所有州设置的关于读写能力测试的规定，然而在将来的管理过程中，有证据证明过去带有歧视性的行政规范仍然被作为执行《第十五修正案》的一种手段[2]。只要这项立法中种族歧视的危险仍然存在，就将深刻改变州与联邦之间权力的分布，而且我怀疑，即便这场选举权运动业已结束，它对联邦制度的国有化影响仍将会持续很长时间。

《选举权法案》的合宪性还没有最终确定。《第十五修正案》第2款赋予了国会通过适当的立法来执行这一条款的权力[3]。在这起尚待最高法院审理的案件中，南卡罗来纳州法院将审理焦点大部分集中在了一个论点上，即适格的"执行"禁令立法应当是针对实际违法行为的，而不包括为减少违规风险而制定的监管法律。司法部长也提出了同样的问题，他根据先例与美国宪法第1章确定的国会权力，认为国会拥有为防止投票中的歧视行为而进行适当立法的权力，并且可以合理地采用与达成这一目标相关的所有措施。

由于我参与了投票权法案的起草并论证其合宪性，我的观点或许不够中

---

[1] 《美国联邦宪法》第1章第2条。
[2] Section 4 (a), P. L. 89-110, 79 Stat. 437 (1965)。
[3] 1966年3月7日，该法案的合宪性经由 South Carolina v. Katzenbach 383 U. S. 301 (1966) 得以确定。本文作于该决定作出之前，未作改动。

立，但需要重申这样一个问题，即最高法院在就重大的、会产生实际的政治后果之问题作出裁决时面临着困难。最高法院也不能忽视其行为的实际后果。与此同时，它的宪法功能是由历史与相关文献的记录所定义，也决定着这种国家权力的行使是否扰乱了 1789 年以来建立并由《第十四修正案》和《第十五修正案》修正而来的政府框架。如果如开国元勋们所认为的那样，政府深刻影响着实际政策的制定，那么政府职能的履行就具有不可估量的政治意义。无论另一个法案体现出多么强大的政策智慧，都不能取代长期负责权力分配的政府机关之观点。无论如何，最高法院都必须避免这种进退两难的局面。

二

对于最高法院来说，其还对个人与国家之间的关系承担了特殊和最终的责任。在关于前十项修正案的辩论中，麦迪逊说，如果它们被纳入宪法，独立的司法法庭将认为自己是一种特殊形式下的权利保护者；它们将会成为一道不可逾越的堡垒，抵挡立法机构或行政机构的每一项权力；它们也会自然地抵制对《权利宣言》明文规定的宪法权利的任何侵犯[①]。

司法职能的推进是在人类社会各部分的相互依存性与复杂性日益增长、精神活动急剧扩展的时代中进行的。直到 1922 年，法院才宣布，"无论是《第十四修正案》还是宪法的任何其他条款都不能对各州施加关于言论自由的限制"[②]。在不到半个世纪后，宪法诉讼的一个主要部分涉及各州为限制言论自由及结社自由而可能采取的措施。公民自由诉讼与政府活动的增长并行至少有以下两个原因：一是公共监管的巨大增长使政府与个人自由之间发生冲突的频率增加；二是政府对人们日常生活越来越多方面的干预，使我们更加意识到有必要划定一个禁止政府干预的私人精神领域。

在我们的制度之下，所谓保护个人以对抗政府的侵略，通常意味着保障

---

① Annals of Congress, 1st Cong., 1st and 2nd Sess., 439.
② Prudential Ins. Co. v. Cheek, 259 U. S. 530, 543.

个人不受大多数人意志的侵犯,这种观点经常与法院行使包括立法权与司法权的分离在内的维持政府架构的特殊职能相冲突。司法审查要求法院提交给国会和州议会审查的必须是特殊的社会、政治和经济问题,然而其几乎无法做到这一点。这是宪法裁决的第三个基本难题。

这点可以通过之前关于限制前往古巴旅行的诉讼案件予以说明[①]。如果为法令所明文禁止,立法者将不得不考虑美国公民在其他地区旅行都能受到保护的情况下,无法保护在古巴旅行的公民之后果,美国公民在古巴遭受攻击将使得美国面临卷入外交风险甚至战争的风险、与卡斯特罗统治的古巴断交的压力,此外还要防止卡斯特罗借此破坏美国与泛美地区的关系,煽动拉丁美洲其他国家暴动与革命。在这种考量之下,立法者将权衡前述代价与个人自由之间的关系,暂时性限制公民的旅行自由,并在美国与共产主义国家之间竖起一道墙,防止反对思想的衍生。总之,提议的禁令的广度可能会影响一个人的思想。

当国会中的多数和总统打破了禁止性法令与其合宪性之间的平衡时,最高法院如何能够在裁决该案的同时避免其判决替代国会的判断?

这个问题难以有令人满意的答案。一种方法是问《权利法案》是否特别保障出国旅行的自由,以及是否支持任何不限制宪法中明确提到的权利的立法,其理由是立法机关不受正当程序条款的限制,除非它包含具体的宪法保障[②]。而宪法中没有明确的关于保障旅行自由的规定。

或许有人可能会说,出国旅行是获取有关社会、经济和政治条件的信息的必要方式,而这些知识在政治辩论中的自由讨论层面,或仅仅是从扩展人类知识方面来看,都是必不可少的,因此在宪法保障中,旅行自由被置于言论自由之下[③]。根据这一推论,可以认为,既然《第一修正案》已规定了国会不得限制言论自由,那么与此同时,它也不能制定限制旅行自由的法律。

---

① Zemel v. Rusk,381 U. S. 1 (1965). 文中使用的例子与实际情况有很大的不同,实际情况涉及行政机关根据现行法律扣留意图前往古巴人员的护照。

② 参见 Black 法官与 Stewart 法官关于 Griswold v. Connecticut,381 U. S. 479,507 - 531 (1965) 的不同观点。

③ Zemel v. Rusk,381 U. S. 1,25 - 26 (1965). Douglas 法官对此持不同观点。

但是，最高法院似乎否定了这种说法，它赞成《第五修正案》所保障的包括旅行自由在内的权利，然而认为自由并非绝对的[①]。举一个简单的例子，为了维护健康与公共秩序，去一个遭受饥荒、洪水或疾病蹂躏的地区旅行可能会受到限制。这个例子也适用于我们对前往古巴旅行的假设限制，这一方法似乎要求最高法院对立法机构所涵盖的相同领域进行审查，进而审查其判决。最高法院在没有对权利及限制权利的必要性进行评估的情况下就确定了立法限制是否违反正当程序？如果最高法院这样做，毋宁是在篡夺国会的职能，破坏三权分立原则；反之，如果它不这样做，是否又是在怠于实施宪法限制之功能？

传统的摆脱这一困境的方法是支持国会所作的结论，除非该结论是非常错误的，以任何国家的标准来看都是非理性的、任意或反复无常的，根本不公平的，或者说是对于任何有良心的自由人士来说都是令人难以接受的。这个方案具有实际的指导意义，但说一项重要的法律是愚蠢的与说它是任意的或违反基本权利之区别主要在于讲话者的说服力。立法机构对相同利益的平衡与权衡，都无可避免地唤起个人对于不可抗力因素的相对重要性之判断。

无论这些问题的答案是什么，最高法院对政府工作框架的责任与其说是对影响个人自由的法律进行审查，毋宁说是对规范商业和经济行为的法规的审查。这项工作在宪政历史上就有很强的根基。《权利法案》是宪法层面上对于立法权的明确限制。它关心的不是人身安全、就业或经济活动的安全——这些在社会建设中的"砖块"与"水泥"，而是精神领域。制定者们梦想着如果他们所希望的公民自由能够以法典化的形式呈现，那么人们在思维与精神上的能量将得到释放并蓬勃发展，而不再束缚于恐惧之中。同时他们也知道，社会对于一个人自由朝着其认为最好的方向发展的尊重，必须建立在保护隐私的、公正并人道的刑事程序之基础上。对于经济活动的监管与财产的支配似乎属于不同的话语领域，尽管为实现管理和劳动这两项不同的经济目的所

[①] Zemel v. Rusk, 381 U. S. 1, 13-17 (1965).

使用的言论之分界线是模糊的①。首席大法官斯通的建议也具有说服力，他认为代议制政府的性质要求对限制政治进程的立法进行更严格的审查，而这种做法通常会导致那些不良法案，或针对少数人的立法被废除，这一群体的问题因此难以通过政治途径得以解决②。

三

直到最近，最高法院对于个人与政府之间关系的责任还一直集中在保护个人免受政府侵害。而我认为，在今日这个责任应当延伸到第二个方面，即政府对其公民的坚定义务。这两个方面的不同在于，前者是阻止政府以立法的方式攻击公民自由，后者则注重于保护公民权利。这一推动力来自对种族平等的需求，同时也对我们基本法律的其他方面产生了深远的影响。宪法消极的一面已经开始与国家推进基本人权保障之责任相匹配，这种新发展使最高法院的作用大大复杂化。

这种责任发展的根源可以追溯到内战后的重建。《权利法案》存在两个重要的局限性：首先，它只适用于联邦政府。州政府和公民之间的关系完全取决于当地的规定③。其次，《权利法案》是一项消极的规定。我的同事马克·德·沃尔夫·豪（Mark De Wolfe Howe）指出，它应当被称为"豁免计划"，因为它在本质上属于"政府不得擅自闯入其不享有管辖权的精神世界"。

内战后通过的宪法修正案消除了这两个局限性。《第十四修正案》规定，任何州都不得在没有正当法律程序作为依据的情况下剥夺任何人的生命、自由或财产，这使得《权利法案》关于公民自由、隐私权以及公正刑事程序的规定至少在一定程度上适用于各州政府。国家政府也采取相应措施保证地方的担保有效。这一保证使得政府在保护自由的过程中起到了重要作用，公民

---

① 对比 Thornhill v. Alabama，310 U.S. 88 (1940) 与之后的 Teamsters Union v. Vogt, Inc., 354 U.S. 284 (1957)，同样可参见 NLRB v. Virginia Electric & Power Co., 314 U.S. 469 (1941).
② United States v. Carolene Products Co., 304 U.S. 144, 152, note 4 (1938).
③ Barron v. Baltimore, 32 U.S. (7 Pet.) 243 (1833).

享有上述权利的事实也不能再以隐喻性的方式表达，因为它是一个人的特权，而非政府的管辖权。

事实上，《第十四修正案》和《第十五修正案》虽然普遍是否定性的言论，却明确向政府说明了个人对公民权利，而非仅仅是公民自由的主张，并要求将其表达于宪法之中。在《第十五修正案》颁布之后不久，在美国诉克鲁克香克案 (United States v. Cruikshank)① 中，布拉德利法官指出《第十五修正案》"采用独特的、双重否定的语句来指明那些以前不存在的积极权利。如权利不可否认，也就是说，应该享有权利"②。

《第十四修正案》的平等保护条款似乎也是如此。抽象地说，一个国家可以通过不给予任何人法律保护来避免违法行为，但在事实上，禁止歧视意味着有义务将法律和其他国家利益平等地扩展到所有种族。学校废除种族隔离就是最简单的例证。布朗诉教育委员会案 (Brown v. Board of Education)③ 考虑向黑人开放公共教育领域，而非将所有公立学校关闭。虽然没有确切的先例，但值得注意的是，试图关闭一个法律明令要求废除种族隔离的县的所有学校，显然具有逃避遵循法律的企图④。此外，采用将公共设施的运营权外包⑤或者辞去作为市政公园管理受托人⑥的方式，同样也是不可取的。

认为国家对公民负有宪法上的积极义务这一观点更符合《第十四修正案》通过后的时代特征。当代政治理论承认，政府有责任提供就业、社会保障和医疗保障，以及对不同阶层进行广泛的监管和保护。这一宪法权利始于种族平等，但由于这些词不限于种族，因此从逻辑上讲，尽管在地位与继承方面有所差异，它们仍可以被解读为平等的宪法权利。一旦有所放松，平均主义

---

① 25 Fed. Cas. 707 (1875)，aff'd 92 U. S. 542 (1876)。
② Id. at 712。
③ 347 U. S. 483 (1954)。
④ Griffin v. County School Board，377 U. S. 218 (1964)。
⑤ Muir v. Louisville Park Theatrical Association，347 U. S. 971 (1954) 支持并采纳了 202 F. 2d 275 (6th Cir. 1953) 的观点，Aaron v. Cooper，261 F. 2d 97 (8th Cir. 1958)；City of Greensboro v. Simkins，246 F. 2d 425 (4th Cir. 1957)；Tate v. Department of Conservation & Development，133 F. Supp. 53 (E. D. Va. 1955)，aff'd 231 F. 2d 615 (4th Cir. 1956)，均否认了 352 U. S. 838 (1956) 的观点。
⑥ Evans v. Newton，382 U. S. 296 (1966)。

就不容易被约束。各式各样的平等正在成为我国宪法中越来越重要的主题。在关于立法机构中席次重新分配的案件中,原告主张州政府的责任不仅是不干涉他们的私人行动,而且还应当不附条件地赋予每个公民平等的就政府决议发表言论的权利①。在关于投票税的案件中,最高法院认为,穷人与富人的投票权利应当是平等的,然而2—3美元的投票税的设置使得穷人行使投票权比富人困难,因此,征收投票税是违宪的②。同样,国家有时还要担负起消除财富不平等的责任,这一责任体现于在刑事案件中为穷人提供律师与证据记录③。平等观念传播之广远超出了我的预测。

将重点从对国家监管的宪法限制转移到执行宪法赋予国家的平权义务,将给宪法裁决带来重大的新难题。以下将通过介绍从餐馆、慈善机构到公共工程等各种各样的场所和机构为打破种族隔离进行的努力来更好地说明这一点。

首先说到的是"静坐案",它们出现于1961—1964年期间,即联邦平等公共设施法颁布之前④。许多商店和餐馆拒绝为黑人提供服务,或者要求他们使用隔离设施。年轻的黑人们抗议这种侮辱,并走到午餐柜台坐下来重新要求店家提供服务,要求遭到拒绝后他们拒绝离开。而后这些示威者被逮捕,法院依据州法律判了他们侵入罪或其他类似的刑事罪名。示威者辩称,这些判决违反了《第十四修正案》之规定,即任何州都不得阻碍任何人受到法律的保护。他们说,州政府官员逮捕了他们,州法院判处他们罚款或监禁是因为州政府否认平等。而控方认为,州政府仅仅承认私有财产所有者自行决定邀请谁进入他的处所的权利不受侵犯,并且有权拒绝侵入者入内。在这种情况下,可以实事求是地说,州法律实际上与理论上一样是个"色盲"。国家惩罚任何所有者希望的将之排除于其财产之外的人,任何指控都是从所有者个人的角度出发,而非政府。

---

① 例如:Baker v. Carr, 369 U.S. 186 (1962); Reynolds v. Sims, 377 U.S. 533 (1964).
② Harper v. Virginia State Board of Elections, 383 U.S. 663 (1966).
③ Griffin v. Illinois, 351 U.S. 12 (1956); Draper v. Washington, 372 U.S. 487 (1963); Douglas v. California, 372 U.S. 353 (1963).
④ 例如:Garner v. Louisiana, 368 U.S. 157 (1961); Peterson v. Greenville, 373 U.S. 244 (1963); Lombard v. Louisiana, 373 U.S. 267 (1963); Bell v. Maryland, 378 U.S. 226 (1964); Hamm v. City of Rock Hill, 379 U.S. 306 (1964).

在许多人看来，这些案件存在一个令人苦恼的难题，健全的政策与良好的法律之间，即在智者委员会确定的权利与法院判决适用的决策之间产生了尖锐的分歧。在公共场所，种族间的相互指责应当被禁止。反对静坐示威者可能会损害整个民权运动，并且肯定会损害黑人对于我们法律体系以及人类正义之信心。另一方面，一项依法作出的决策的本质特征是，它是可以在宪法、司法判例、宪法惯例和其他类似法源中找到依据的持续的原则共同体。在这里，宪法传统似乎站在控方一边，这并非因为它赞成种族歧视，而是因为一个公民的歧视行为从来没有被视为国家层面的行为，而且，在公认的观念中，《第十四修正案》并不适用于个人。此外，宪法决议应当是建立在能够使人普遍接受的基础上。很少有人会质疑根除公共场所犯罪的正当性，但是持这一结论的主要宪法原则是站不住脚的。当公民诉诸法律时，根据《第十四修正案》的规定，私人决定上升为国家行动，那么只要法律支持其个人选择，就会消除私人行动和官方行动之间的任何区别，并使两者都受到宪法的限制，而在以往宪法的限制只适用于官方。对于文明社会，个人享有自由选择权之前提是对于违法行为将进行法律制裁。因此，"静坐案"让法院陷入了两难的境地，"什么样的结果对当前情况下的国家最有利"与"撇开政策不谈，哪个决定是更符合法律的"这两个问题的答案之间发生了冲突。

也许有人会认为法院仅应关注法律，至于政策，应当留给立法机构，进而否认这种两难困境的存在。然而，在法院就政府对公民的积极义务予以声明和保障时，要比其关心立法行为限制个人自由的合宪性时更值得称赞。在前一种情况下，立法机构可以填补法院留下的空白。但我想要说的是，在所有案件中都严格遵守这样的规则，意味着无论是对于法律的功能还是最高法院的作用之看法都过于狭隘。法律必须根据社会的需要而发展和改变。最高法院的介入远远超出了法令正式允许的范围。如果法庭否认了静坐示威者的宪法主张，律师可能会准确地说，这个决定无关道德与政策，但代表了宪法法院只具有有限的职能。然而，对于门外汉和立法者来说，法院的判决将不可否认地使罪名成立，甚至致使种族歧视合法化。这种合法化的力量会对国家意识及立法问题的争论产生影响。简言之，无论法律概念为何，对静坐示威者进行定罪的行为都会为种族歧视的拥护者立威。

"静坐案"也说明了宪法权利诉讼的第二个特征。与处理对官方行动的限制相比,这个问题不太可能存在于政府和个人之间。一个群体所主张的公民权利很有可能与另一个群体所主张的公民自由相冲突——这就要求法院在其间寻求微妙的平衡。

"静坐案"涉及的这一重要问题,在之后的试图将《第十四修正案》应用于私人慈善机构建立的公园、医院与教育机构的案件中更为明显。上述案件都涉及是否根据《第十四修正案》采取了"国家行动"这一法律问题,但每次为公平作出的概念扩张都包含了对个人自由的放弃和各种社会机会的牺牲。一个人或许会为自己的选择而后悔,但却拥有无论愚蠢的还是智慧的,错误的抑或正确的选择之权利;的确,自由的第一要义在于它要求人们行使其最高尚的品质,即在善与恶之间作出选择的力量。此外,任何种族问题之外的定义国家行动的宪法规则都很可能需要泛化。关于种族问题,可以通过立法来维持平衡,并通过代议制政府程序设定必要的界限,这种做法更加务实,也可以通过折中来作出调整,因此可以提供比法院裁决更可接受的解决方法。

第三点,也是最让人苦恼的一点:最高法院在民权领域应当承担多大程度上的领导责任。宪政的运作是受政府控制的。法院所作的判决不同于法令,它不是从人民的利益出发的。判决的效力部分来自这样一种信念,即司法判决的基础是约束法官与诉讼当事人的基本原则。"静坐案"中一个存在争议的问题是,法院判决是否支持了这样一项主张,即《第十四修正案》本身就要求取消午餐柜台和餐馆的种族隔离,无须再行立法即可得到民众自愿接受,进而有效地禁止歧视。然而,对学校废除种族隔离决定的回应则就该问题给出了一个否定的答案。此外,回过头来看,显而易见,在最高法院的判决维护了 1964 年《民权法案》(*Civil Rights Act of 1964*)中的公共设施条款的合宪性之后[①],该条款在全国范围内得到了比最高法院判决更为广泛与深入的认

---

① Heart of Atlanta Motel v. United States, 379 U. S. 241 (1964); Katzenbach v. McClung, 379 U. S. 294 (1964).

可。同样，最高法院禁止在公共教育中实行种族隔离的判决也是在 1964 年《民权法案》第 6 章通过之后才在我国宪法体系中得到更深刻的体现。

这并不意味着最高法院若要解决这个宪法难题，就必须对"静坐案"中的示威者定罪①。幸运的是，法院可以在不违反先前法律且所作判决也能作为未来普遍规则适用的基础上，作出对静坐示威者有利的判决。同时，国会在最终问题不可避免地摆在最高法院面前时就采取了行动。

我也并不是说，考虑到上述因素，律师在确认立宪政府对个人的责任方面所起的司法作用不如法院积极。他们提出了在保护公民自由不受立法权和司法权侵害方面尚未考虑到的问题。由于行使权力的工作往往由行政与立法部门负责，因此动用司法力量解决问题的必要性较小。但也不尽然。最高法院在我们国家生活中所起的作用使它的裁决具有比其命令更为广泛、强大、持久的影响——需要强调的是，这种影响不是继承下来的规则，而是正确、公正和明智的规则。法院对自治进程的知识贡献有助于塑造我们对自己国家的理解。尤其是在公民自由领域，我的同事保罗·弗洛因德（Paul Freund）提醒我们，英国人拥护弥尔顿和密尔，我们也会想起福尔摩斯、布兰代斯和休斯的话②。法院的意见往往如同圣灵的声音，它不是采用规制我们行为的方式，而是让我们用愿望来引导自己。

在贝克诉卡尔案③的口头辩论中，弗兰克·弗特法官提到，与政府其他部门相比，法官的权力有限，同时他也对布朗诉教育委员会案中令人沮丧的不遵守学校种族隔离规定的记录，是否能够完全回应那些认为法院应该进入立法分配领域的人所存的疑惑，因为在那个领域，法院裁决面对的阻力可能会大上许多倍。不幸的是，这场争论逐渐演变成了对这种阻力是大是小——这样一个相对次要问题的讨论。一个更好的答案应该是，布朗案的裁决具有影

---

① 作者曾担任美国的副总检察长，指出最高法院不断地以"静坐案"并未触及最终宪法问题为由，督促撤销对示威者的定罪。此外，即便是在不可避免的情况下，也坚持认为国家支持种族隔离并逮捕起诉示威者的做法是违反宪法《第十四修正案》的。参见 Supplemental Brief for the United States in Griffin v. Maryland and companion cases, Nos. 6, 9, 10, 12 and 60, October Term 1963.

② Freund THE SUPERME COURT OF THE UNITED STATES p. 89.

③ 369 U. S. 186 (1962).

响力，相反的裁决则将是一场不能也不应付诸实际执行来衡量的悲剧。布朗案的裁决为黑人点燃了希望的灯塔，并在世界上其他地区的声音被政府压制之时，重申了美国的精神。它得到了立法部门的支持，并需要更有力的行政行为以使宪法原则成为现实，但毫无疑问，没有人会认为，在没有"法院的非司法权"这一条件下，这些在20世纪60年代就能得以实现。

最初的贝克诉卡尔案就是这种两难境地的缩影。虽然我当时没有察觉到这一差别，但现在看来很明显，这一问题无关于官方对个人自由的侵犯，而与一个民主政府应当给予公民的份额有关。关于立法分配问题如何作出裁决的标准很难确定、存在引起分歧与争议的风险、没有相关先例、国会长期不作为的历史，以及关于法院是否有能力督促强势的立法机构重新分配权力份额的不确定性，所有这些因素都建议法院不要对该问题进行干涉。然而，与之相对的却是一个严峻的事实：除非最高法院介入，否则分配不公的罪恶将继续存在，已经没有其他的补救方式。无论法院如何以不享有管辖权等说辞来解释，它拒绝介入的行为都会导致罪恶合法化的效果。最高法院虽然无法做所有的事情，但至少可以做一部分事情，而且我们有理由希望，其裁决或许会因行为本身即具有合法性和道义力量，加之适当的制裁性而产生效力。事实证明（远远超出律师的期望）法院的权力代表了一个国家的共识。

四

人们有时说，最高法院近年来在推翻判例方面太过自由，并且过分放大了法官的自由，却很少关注判例的清晰性、连续性以及稳定性的价值。根据过去的经验来判断，最高法院当前的步伐确实是迅速的，但我想知道的是，批评者是否对当今推动法律迅速变革的各种力量之汇合给予了足够的关注。

在这里我们几乎没必要提及改革所需要的社会和经济条件：至少就美国社会而言，即便在人口增长的情况下，大多数人也已无须将他们几乎所有的时间用来解决自己及受赡养者的温饱与住所这种基本生存问题。科学革命与随之而来的技术革命以及民权运动带来的变化如此迅速，已深入社会之根本，因此，法律也应当普遍地应时而变，正如随着国民经济的变化，有必要对国会监管州际贸易权力的规则进行重新解释。

我想，其他领域的革命性发展同时也影响了法官工作的知识氛围。当物理学家们正在推翻旧的物理定律时，化学家与社会学家给我们提供了关于人类本质的新见解，法官也自然而然地开始仔细审视其一直遵循的规则。而这种关系又是直接因果关系之一。刑法中所有规定——以及宪法决定着变化最频繁也是最具争议的领域——部分源于社会学家对意志自由、犯罪原因和惩罚效果的深入探究。

最高法院通过宪法裁决制定新的法律的做法也与政府其他部门的作为或不作为有关。毫无疑问，国会本应主动要求学校废除种族隔离，但立法行动却被南方国会议员的权力和阻挠议事的行为所阻碍。从理论上来讲，行政机关本可以发挥更大的领导作用。但是，为了实现国家理想而采取分步行动的任务，作为一个实际问题落在了法院身上；则法院要么采取行动，要么什么也不做。同样，如果各州自己改革其刑事程序，以财政费用为所有贫穷的被告提供律师，那么情况将得到很大改善。然而一个简单的事实是，少数州尽管长期受到警告，但始终没有采取行动。在最高法院首次介入的贝克诉卡尔案中，田纳西州的立法机构是由少数人选举产生，而它以这种违反本州宪法的方式存在并运作了60年。从记录中可以看出，最高法院必须采取宪法补救措施，否则就只能什么都不做。

法兰克福特法官（Mr. Justice Frankfurter）经常强调，存在错误的证据并不足以作为证明案件事实的正当理由，更不用说与宪法互相抵触的证据了[①]。在理想情况下，他的说法是正确的。但并非所有的政府事务都是宪法所规定的，大多数的错误必须寻找其他补救方法。联邦司法部门不应该扩大自己的管辖范围，因为国会和州政府未能解决交托给它们的问题。补救方法是对违法者进行改造，但政府比理想主义者更加务实。在现实世界中存在很多处于部门权力交接地带的问题。如果一个政府部门不能或不愿解决一个艰难

---

① 如 Baker v. Carr, 369 U. S. 186, 269-270 (1962), 对此持相反观点。

的问题，压力就落到了另一个部门身上。仔细研究一下就会发现，如今的最高法院在法律领域是最为"活跃"的，然而这个问题在政治进程中却被政客忽视了。

只有历史才能知道目前的法院是否避免了其工作中隐含的两难境地。而在今天这个问题尚有待讨论。就我的观点而言，我相信历史学家会记录道：20世纪50年代到60年代最高法院的判决是符合美国历史的主流趋势的——有进步但温和，人性化但不感性，有点理想主义的色彩但并非教条主义，从长远来看注重本质上的实效——简而言之，与我国的机构设置和制度设计真正保持了一致。

但也许我这种观点是存有偏见的。一个每天都坐在最高法院门口等待口头辩论或者发表意见的人，会赢得人们对最高法院及所有大法官的钦佩和爱戴。他们处理的问题是如此之难，案件的数目与种类是如此之多，其影响是如此之深远，因此人们认可其所作的裁决。宪法裁决制度总体上运作良好，这不仅证明了该制度本身的优越性，而且还印证了个别法官的智慧与勇气。

[土地、资源、环境产权国际论坛]（本栏目主持：李凤章、陈颖）

中国对澳大利亚农业用地投资相关法律问题研究

陈 颖*

摘 要：2015年中澳自由贸易协定的实施为中国资本进入澳大利亚市场起到了积极的推进作用。在过去几年里，中国对澳投资增长迅猛，直接投资规模总量庞大。与此同时，投资领域也逐步拓宽，呈现出多元化的趋势。除了传统的矿业、房地产、医疗服务等热门投资项目，中国企业对农业领域，尤其是农业用地方面的投资也表现出极大的兴趣和关注。重点研究中国对澳农业用地投资方面的相关法律问题，主要从投资审核、农地登记与使用、粮食安全以及生态环境保护四个方面进行详细分析。

关键词：对澳农地投资 投资审核 农地登记与使用 粮食安全 生态环境保护

2015年中澳自由贸易协定的实施为中国资本进入澳大利亚市场起到了积极的推进作用。在过去的几年里，中国对澳投资增长迅猛，直接投资规模总量庞大。与此同时，投资的领域也逐步拓宽，呈现出多元化的趋势。除了传统的矿业、房地产、医疗服务等热门投资项目，中国企业对农业领域，尤其是农业用地方面的投资也表现出极大的兴趣和关注。本文将重点研究中国对澳农业用地投资方面的相关法律问题，主要从投资审核、农地登记与使用、粮食安全以及生态环境保护四个方面进行详细分析。

---

* 陈颖，博士，澳大利亚新英格兰大学法学院讲师，主要研究领域为农业法、食品安全法、国际贸易法、国际投资法等。

一、中国对澳农业用地投资的原因及现状

(一) 扩大对澳农业用地投资的原因

对澳农业用地投资快速增长的主要原因在于中国市场对高品质农产品需求的大幅度攀升。一方面,中国可耕地面积不断减少,水资源压力日益增加,农业和农村环境污染愈加严峻,国内农产品市场供求压力持续上升。另一方面,中国经济逐渐步入成熟化,中等收入群体日益壮大,整体消费水平稳步提升,消费结构快速升级,广大群众的消费理念也随之发生根本性转变[①]。为吃饱肚子而生存的时代已经一去不复返,当今中国消费者更多的是追求"营养""安全"与"健康"。然而,近年来中国食品安全问题频发,相当一部分消费者对本土产品缺乏信心,而对优质进口农产品颇为青睐。在上述双重压力下,利用市场手段来扩大农产品进口成为满足国人对高品质生活追求的重要手段。与此同时,海外农业投资也成为中国自然而然的选择。

海外农业投资不仅有利于中国企业优化配置全球农业资源,更有利于构建国际性的生产和流通网络,确保有源源不断的高品质农产品运回国内市场以满足日益增长的消费需求。其中,海外农地投资最大限度地弥补了我国土地资源紧张的短板,对于解决资源与生产需求的矛盾有重大的现实意义。对农地的海外投资符合现阶段中国经济战略利益的需要,政府鼓励中国企业积极扩大互惠互利的对外农地投资合作。对于符合条件的投资项目,政府给予政策上和资源上的双重支持,如提供专项资金和产业基金、创造良好的信贷融资环境、实施税收优惠政策等。

(二) 对澳农业用地投资现状

澳大利亚丰富的农业资源、先进的农业科学技术和管理方式使其在众多农产品生产国中脱颖而出,吸引了众多中国投资者的目光。2015年底中澳自

---

① Lisa:《KMPG之中国对澳农业投资:小荷才露尖尖角》,http://www.acbnewsonline.com.au/html/2013/azjujiao_1029/8955.html。

贸协定的实施也为中国资本进入澳大利亚市场提供了强有力的政策上的保证。总体来看，中国企业开展对澳农业投资，面临良好机遇。

实际上，在过去的几年里，中国对澳农业投资规模逐步扩大。值得强调的是，中国投资者对澳农业用地的兴趣空前高涨。预计未来几年内，这一趋势还将持续下去。首先，从投资比例来看，相比较 2015 年自贸协定实施之前的 3%，截至 2018 年，中国对澳农业方面的投资总额在短短三年时间内增长了五个百分点①。据毕马威与悉尼大学联合出版的《2018 揭密中国对澳投资》(*Demystifying Chinese Investment in Australia*) 报告指出，在 2017—2018 年间，农业投资已占中国对澳投资总额的 8%，一跃成为继矿业 (35%)、房地产 (33%)、医疗卫生保健 (12%) 之后的第四大投资项目②。其中，农地投资在农业投资总额中占相当大的比重。

其次，中国投资者在澳大利亚农业用地持有量骤增。2017 年，澳大利亚税务局 (Australian Taxation Office) 对外资持有的农业用地进行统计，并发布《农业用地登记的外国所有权》报告 (*Register of Foreign Ownership of Agricultural Land*)。报告显示，2015—2016 年间，中国在澳仅涉及 146.3 万公顷农地的投资，但在 2016—2017 年间，中方投资已飙升至 1 442.2 万公顷③。短短一年时间内，农地投资增加了近 1 300 万公顷，增幅高达 880%④。2018 年 5 月 29 日，澳大利亚外国投资审查委员会 (Foreign Investment Review Board) 发布的年度报告显示，截至 2017 年财年末，英国仍是持有澳农业土地量最大的外资国家，占澳农业用地总量的 2.6%，但中国以 2.5% 的占地比紧追其后，成为澳农业用地的第二大投资国，大大超过了位居第三的

---

① 毕马威：《揭密中国企业对澳投资——新常态下的新主题：健康、幸福、生活方式和服务》，https://home.kpmg.com/content/dam/kpmg/pdf/2016/05/demystifying-chinese-investment-in-australia-april-2016-chinese.pdf。

② KPMG and the University of Sydney, *Demystifying Chinese Investment in Australia*, June 2018, http://demystifyingchina.com.au/reports/demystifying-chinese-investment-2018-June.pdf.

③ Australian Taxation Office, *Register of Foreign Ownership of Agricultural Land: Report of registrations as at 30 June 2017*, p. 8, https://cdn.tspace.gov.au/uploads/sites/79/2017/09/Register_of_Foreign_ownership_of_Agricultural_Land_2017.pdf.

④ Id.

美国（0.7%）①。

再次，中国对澳农业用地投资的地域也逐步扩大。现阶段农地投资主要集中在新南威尔士、西澳、南澳和维多利亚州，但相当一部分中资也逐步向澳大利亚的北部和西北部例如北领地等经济相对欠发达地区推进。

二、对澳农业用地投资面临的一系列实际法律问题

显而易见，中国庞大的市场需求以及澳大利亚高度发达的农业生产体系决定了两国在农地投资方面的合作是互惠互利的。但近年来，因对澳大利亚法律不了解而导致投资者利益受损害的情况屡有发生。对中国企业来讲，投资过程中以及后期农场运营与管理所面临的一系列相关法律问题是不容忽视的。全面了解和熟悉澳相关农地投资法律以及农业生产法律，有利于中国企业优化投资结构和投资方案，在最大限度上规避投资的法律风险，确保投资者利益的最大化。

（一）投资审核、农地的登记与使用

依据澳大利亚法律的规定，外商对农地的投资主要分为两个步骤。对农地进行投资前，根据投资金额、投资主体等的不同，外商有可能需要通过澳大利亚外国投资审查委员会（简称审查委员会）的"国家利益测评"；获得投资批准后，方可对农地进行投资②。在农地购买手续完成后，外商必须在购买之日起30天内向澳大利亚税务局进行登记③。现阶段，农业用地的投资审核与登记主要由两部法律来规范，分别为《新外商投资法》和《农地与水权外资登记法案》。此外，澳大利亚各州和各领地也分别有专门的法规政策对其境内土地的开发与使用进行综合管理。

---

① Australian Trade and Investment Commission, *A look at the Foreign Investment Review Board 2016 - 17 Annual Report*, 18 June 2018, https://www.austrade.gov.au/international/invest/investor-updates/2018/a-look-at-the-foreign-investment-review-board-2016 - 17 - annual-report.

② Australian Taxation Office, *Agricultural Investment*, https://www.ato.gov.au/General/Foreign-investment-in-Australia/Agricultural-Investment/.

③ Id.

1. 2015《外商收购与兼并法案》与"国家利益测评"

农业作为澳大利亚的五大经济支柱之一，需要大量的外资补给①。为优化投资环境，加强投资管理，规范投资秩序，澳大利亚国会于 2015 年底通过了《外商收购与兼并法案》(*Foreign Acquisitions and Takeovers Legislation Amendment Act 2015*)，以取代之前的外商投资法②。新法致力于简化投资程序，提高投资透明度，进一步提升投资服务水平③。与此同时，为避免外国投资者非正规操作或违法投资而扰乱澳大利亚资本市场，新法强调外商对澳投资不得违反国家利益，对于违背国家利益的投资项目，政府有权进行干预④。2018 年，澳国库部发布《外国投资政策》(*Australia's Foreign Investment Policy*) 明确规定澳大利亚外国投资审查委员会必须对敏感的投资项目进行国家利益测评（National Interest Test)⑤。

在农业用地投资方面，新法以投资主体和投资金额为标准对投资项目进行分类规范。对于外国政府投资的农地项目，无论价值大小，必须经过审查委员会的审核批准。对于外国私人企业投资的农地项目，新法将免审门槛设为 1 500 万澳元。对于总价值低于此额度的项目，无须经过委员会的审核；而对于总价值超过此额度的项目，必须首先通过委员会的国家利益测评，外商只有在获得批准后方可对农地进行投资⑥。审查委员会采用个案审核的方式对投资项目逐一评估。审核主要考量以下几个方面的因素：第一，是否符合澳大利亚的国家利益；第二，是否与澳政府政策相一致；第三，对澳经济和社会

---

① Australian Government, *Agricultural Competitiveness White Paper*, July 2015, p. 5, http://agwhitepaper.agriculture.gov.au/Pages/white-paper0702 - 124.aspx.

② 澳大利亚驻华大使馆:《更为健全的外资政策生效》, 2015 年 12 月 1 日, http://china.embassy.gov.au/bjngchinese/CHFOREIGNINVESTMENT.html.

③ Id.

④ The Parliament of Australia, *Foreign Acquisitions and Takeovers Legislation Amendment Act 2015*, No. 150, 2015, https://www.legislation.gov.au/Details/C2015A00150/Download.

⑤ Australian Government Foreign Investment Review Board, *Policy Documents — Australia's Foreign Investment Policy*, http://firb.gov.au/resources/policy-documents/.

⑥ Australian Government Foreign Investment Review Board, *Agricultural Land Investments*, https://firb.gov.au/resources/guidance/gn17/.

产生怎样的影响；第四，外国投资者本身的特点等①。中国企业在对澳进行农地投资之前，如果能够从审核委员会的角度出发，依据上述的考量标准，结合实际情况来制定符合自身发展战略需要的投资策略，其投资方案的审核通过率以及未来农地投资的成功率将会大大提升。相应的，其面临的法律风险也将随之降低。

2. 2015《农地与水权外资登记法案》：登记与使用

为提高农业投资的透明度，澳大利亚国会于 2015 年通过《农地与水权外资登记法案》(Register of Foreign Ownership of Water or Agricultural Land Act 2015)。此外，《农地与水权外资登记条例》(Register of Foreign Ownership of Water or Agricultural Land Rules 2017) 也于 2017 年正式颁布实施。依据法案规定，水资源和农业用地的外国所有权必须进行登记②。登记制度的实施，一方面有利于政府更好地监测全国农地及水资源的分配与使用，有效促进农业资源的优化配置；另一方面也再次肯定了澳政府对当地农地资源和水资源的保护③。

一般来讲，中国投资者对澳《农地与水权外资登记法案》有基本的了解，在购买农地之后，通常会按照相关规定向当地税务局进行登记。但相当一部分农地投资者对该法案的认识仍然存在一定的误区：一是投资者认为初始登记完成后，只有在再次出售或转让时才需要做变更登记；二是投资的农地可以自行开发作其他用途，包括从事非农业建设等。上述两个误区的存在不可避免地导致日后农场运营和管理上出现违反当地法律法规或政策的情形。举例来说，近年来，中国旅游业迅猛发展，越来越多的国人走出国门，澳大利亚旅游在中国不断升温，许多投资者不约而同看好澳大利亚农场，尤其是著名风景区附近的农场，投资者希望先购买农地然后逐步开发休闲农场或兴建旅

---

① 中国国际经济合作学会：《澳大利亚新外商投资法对中国投资者的影响》，http://cafiec.mofcom.gov.cn/article/zcfg/201601/20160101226177.shtml。

② The Parliament of Australia, *Register of Foreign Ownership of Water or Agricultural Land Act 2015*, 1.1 governance, https://www.legislation.gov.au/Details/C2016C01145。

③ 澳大利亚驻华大使馆：《更为健全的外资政策生效》，http://china.embassy.gov.au/bjngchinese/CHFOREIGNINVESTMENT.html。

游小镇等。这些看似前景大好的投资项目，若未经过相关部门的批准或未按规定登记，则是违法或违规的。值得注意的是，2015《新外商投资法》加大了对相关违法行为的处罚力度，违法者面临更加严格的民事和刑事处罚等[1]。而地方政府也有权在自己管辖范围内对违规行为进行行政处罚。

从本质上看，出现上述两大误区的一个主要原因是中国投资者对澳"土地功能分区"（zoning）的相关法律政策认识不足。"土地功能分区"是澳大利亚城市规划中用来控制土地开发的最基本的手段。功能分区的管辖权隶属于各州及各领地，而并非联邦政府。因此，各州及各领地有权制定符合自身经济发展等需求的土地功能分区法律、法规及政策等。以澳大利亚首都领地（ACT，堪培拉地区）为例，"为确保领地的规划与发展能为领地内人民提供一个有吸引力、安全和高效的生活、工作及娱乐环境"[2]，政府制定《领土规划2008》（*Territory Plan 2008*）[3]，按照功能的不同将境内的土地进行详细的分类，主要包括居民区（residential zones）、商业区（commercial zones）、工业区（industrial zones）、社区服务设施区（community facility zones）、公园和娱乐区（parks and recreation zones）、运输和服务区（transport and service zones）以及非城市用地区（non-urban zones）。其中农业用地（rural zone）属于非城市用地区的一种。相类似的，澳其他各州各领地地方政府也都禁止随意的土地功能变更；若需做出变更，农地持有人必须向负责的市政（council）申请批准。另外，对于市政已经批准的土地功能变更，依据2015《农地与水权外资登记法案》的规定，海外的农地持有人必须对此变更进行登记[4]。

从地契的角度来看，澳大利亚的每个农场一般至少有一个地契。一个地契原则上允许盖一套住宅。若农地持有人希望在一个地契上盖多套住宅，也

---

[1] 中国国际经济合作学会：《澳大利亚新外商投资法对中国投资者的影响》，http://cafiec.mofcom.gov.cn/article/zcfg/201601/20160101226177.shtml.

[2] ACT Legislation Register，*Territory Plan 2008*，https://www.legislation.act.gov.au/ni/2008-27/Current.

[3] Id.

[4] Australian Taxation Office，*Agricultural Investment*，https://www.ato.gov.au/General/Foreign-investment-in-Australia/Agricultural-Investment/.

必须向当地政府提出申请。批准与否主要取决于当地政府的土地和经济发展规划。若未经批准将一块地契的土地分成多个地块开发住宅，农地持有人将会面临严格的行政处罚。

虽然难以统计确切的数据，但从目前来看，因缺乏被投资国法律知识而导致中国农地投资者做出错误决策的案例并不少见。这些错误决策造成了不必要的经济损失甚至其他更为严重的后果。因此，了解并熟悉澳农地投资的法律环境并严格遵守当地的法律法规，不仅仅是对被投资国澳大利亚的尊重，也是保障和提高中国投资者利益的根本所在。

（二）粮食安全与生态环境污染问题

过去几年里，中国投资者对澳房地产兴趣骤增，大量资本涌入地产领域，导致诸如悉尼、墨尔本等各大城市的房价飙升，当地居民苦不堪言。但自2017年下半年以来，中国政府对海外投资进行宏观调整，国家发改委、商务部、人民银行、外交部联合发布了《关于进一步引导和规范境外投资方向指导意见的通知》①，一方面加强对海外房地产投资的整顿与规范，引导中国企业逐步向理性投资转变；另一方面积极鼓励互惠互利的国际农业合作。在此大背景下，中国买家对澳房地产市场的热情逐步消退，而越来越多的投资者则把目光转向了农场。短时间内，中国资本大量进入澳大利亚农业领域，投资者对澳农场的收购快速扩张。这一举动再次引发当地居民的恐慌，担心房价飙升的历史会在农地领域重演。当地居民甚至担心中国资本控制澳大利亚的农业生产甚至农业经济，损害当地的粮食安全，对澳"国家利益"造成威胁。此外，大规模农业生产对当地生态环境可能造成的恶性影响也是广大民众最担心的问题之一。

不可否认，农业本身具有较高的特殊性与敏感性。对于被投资国来讲，不仅仅涉及土地使用，还包括粮食安全以及生态环境等诸多方面的问题。澳当地民众的担心不无道理。长远来看，为实现投资回报的最大化，中国投资

---

① 《关于进一步引导和规范境外投资方向的指导意见》，http://www.gov.cn/zhengce/content/2017-08/18/content_5218665.htm。

者需要认真地面对这些问题，并积极寻找有效的解决方案。

1. 粮食安全问题

澳大利亚当地居民对中国投资者大规模收购澳农场存在诸多疑虑与担心。这并不是个别现象，在其他被投资农业国中也是普遍存在的。一个典型案例为韩国大宇集团（Daewoo）的马达加斯加农田租赁协议。大宇集团于2008年与马达加斯加政府达成130万公顷农田的租赁协议，租期为99年。而130万公顷农田已占马达加斯加可耕农地的近一半。这一协议一经公布便遭到马达加斯加公众的强烈反对，甚至一度升级为骚乱。重重压力下，马达加斯加政府不得不取消与大宇集团的这笔交易①。与大宇集团的租赁协议不同，中国对澳农地主要采取收购的形式，而且农地占有份额也是相当小的（2.5%）。尽管如此，澳当地居民仍然顾虑重重，担心主要体现在两个方面。第一，民众担心中国控制过多农地，会对澳经济、政治、社会等造成负面影响。这一顾虑的出现与农地本身的政治敏感性是密不可分的。尤其是近年来随着"中国威胁论"和"中国影响力"的时隐时现，澳政界及部分社区对中资大量涌入农业领域的"真实目的"忧心忡忡。第二，民众担心中国掌握澳大利亚农产品的生产与供应。一方面，中国企业可能在澳本土对农产品进行垄断经营；另一方面，若大部分农产品运回中国销售，将在一定程度上扰乱澳国内的农产品市场秩序。无论是垄断或外销均有可能威胁到澳本国的粮食安全。

对中国企业来说，解决澳民众担忧，既存在可控因素，也存在不可控因素。可控因素着重体现在如何努力改变澳大利亚民众对中资大手笔购进农地的看法，而不可控因素主要体现在投资的外交风险上。

（1）可控因素。

获得当地社区的认可与支持是消除澳民众误解与疑虑的关键所在。

首先，中国企业应积极了解澳大利亚文化及社会环境，尊重当地的习俗，避免采取在中国做生意的模式。这是投资者与被投资地人民和谐相处、实现

---

① Anders Riel Muller, *South Korea's global food ambitions: Rural farming and land grabs*, 19 March 2011, https://www.farmlandgrab.org/post/view/18325-south-koreas-global-food-ambitions-rural-farming-and-land-grabs.

共赢的最基本原则。就农地投资来讲，中国企业需要认识到仅仅获得政府的行政批准是远远不够的，而与当地居民进行有效沟通，获得当地社区的认可与支持是投资能否成功的重要因素之一。

其次，与当地社区、居民的沟通不仅仅体现在投资前，也体现在投资后。具体的沟通内容应当包括以下几个方面。

第一，企业的价值观、投资理念以及社会责任。第二，为什么要在澳大利亚投资农地，为什么要选择某社区。第三，对农地的投资会对当地经济、政治、文化、社会及环境等产生哪些积极影响。第四，对农地的投资可能产生哪些负面影响，中国投资者打算采取什么样的态度和策略解决这些问题。坦白来讲，农地投资不可避免地会对农业资源、生态环境等方面产生一定程度的负面影响。澳社区及广大民众更希望中国投资者意识到这些可能产生的问题，并针对这些问题采取积极有效的应对措施。如果无视当地社区广大民众的感受，长远来看，农场经营注定会失败。

(2) 不可控因素。

近年来，澳某些社区及居民误以为中国的投资者，无论是国有企业还是私营企业，都在某种程度上受到中国政府的控制，大规模对农地投资的背后也一定隐藏着某种不可告人的政治企图。出现这一民间误解的主要原因在于中澳两国近年来的外交风波。2018年，中澳外交关系处于建交以来的历史最低潮。年初，时任副总理巴纳比·乔伊斯（Barnaby Joyce）和时任国防部部长玛丽斯·佩恩（Marise Payne）先后表达了对中国"日益增长的威胁"的担忧[①]。借此，澳媒煽风点火，不负责任地炒作所谓的"中国威胁论"以及中国对澳大利亚的"渗透"。这些炒作不可避免地误导澳普通民众，使其对中国及中国投资者在澳投资的真实目的产生怀疑。从投资者角度来看，外交风险是超出个体能力控制范围的。

---

① Primrose Riordan, Russia, *China no military threat to Australia*, *Julie Bishop says*, The Australian, 29 January 2018, https://www.theaustralian.com.au/national-affairs/foreign-affairs/russia-china-no-military-threat-to-australia-julie-bishop-says/news-story/e0fdccd4a263bee7783e98033c1c9183.

在农地投资领域，如前文所述，澳大利亚外国投资审查委员会对外国政府的农地投资和 1 500 万澳元以上的外国私人农地投资进行"国家利益测评"。但"国家利益测评"的问题在于，法律明文规定不对"国家利益"进行定义，而只是列举了测试的基本考虑因素，如国家安全、竞争力、对经济与社会的影响以及投资者本身的情况等①。对"国家利益"的不定义为审查委员会提供了极大的自由裁量权。虽然避免了对项目申请"一刀切"可能造成的问题；但如果中澳两国外交、政治关系恶化到一定程度，委员会可以随时以危害"国家利益"为由拒绝投资申请。例如，前文所提到的澳民众对中国企业大规模收购澳农地的担心，是一个可大可小的问题。若两国关系良好，农地投资便是利国利民的好项目；反之，若两国关系紧张，农地投资便有可能威胁到"粮食安全"，是影响"国家利益"的大问题。因此，中国企业对澳农地投资，某种程度上受两国政治、外交等外在因素的影响。2019 年，中澳外交关系逐步升温。现阶段来看，对澳投资的外交风险降低。虽然上述情况发生的概率是微乎其微的，但中国投资者也有必要对澳大利亚法律中"国家利益测评"可能带来的投资风险有基本的了解。

2. 农业资源问题及生态环境污染

农业生产，无论是种植业还是畜牧业，均消耗大量的水资源、土地资源、气候资源和生物资源等。除了资源消耗，农业生产对生态环境的负面影响也是不可否认的。种植业对化肥、农药、农膜的过度依赖不可避免地会造成土壤污染、水污染等。畜牧业也会对生态环境造成威胁，如温室气体及牲畜污染物的过度排放等。虽然近年来现代农业意识到保护资源与生态环境的重要性，也积极开发先进的科学技术，如轮耕技术、农业生物学技术、生态物质循环技术等，大大提高了农业资源的利用效率并有效降低了生产对生态环境造成的消极影响，但大规模的农业投资或多或少地给澳当地居民带来了烦恼与忧虑。不少澳人担心中国投资者会对其收购的农地管理不善，如过度耕种，

---

① Australian Treasurer, *Australia's Foreign Investment Policy*, pp. 8 - 9, http: //firb. gov. au/resources/policy-documents/.

滥用化肥、农药,牲畜排泄物处理不当,浪费水资源等。

实际上,事实证明,是否重视对生态环境的保护是影响中国对澳农地投资项目能否顺利进行的一个重要因素。2015年,宁波乳业集团在维多利亚州农场扩张投资计划的搁浅,应引起众多中国投资者的注意。2012—2015年间,宁波乳业集团在维州南部先后购进五个农场。随着中国国内市场对乳制品需求的增加,宁波乳业集团计划进一步扩大农场规模,但其申请遭到当地政府的拒绝。拒绝的原因之一是当地居民担心畜群规模的翻倍对当地环境尤其是水资源的污染[1]以及对自然景观的破坏[2]。此外,当地居民也表达了对动物福利的关注。随着近年来中国资本大量涌入澳农业领域,如果中国企业不重视农业投资对当地自然资源、生态环境及社区的影响,类似的矛盾将越来越严重。

针对上述问题,首先,中国投资者必须认识到农业生产不可避免地会对当地的自然资源和生态环境等造成一定程度的负面影响。全面的尽职调查是至关重要的。其中,投资者必须对当地具体情况有深层次的了解。针对敏感问题,重视公关顾问的专业指导,这对提高企业的投资形象有事半功倍的效果。其次,对于可能出现的资源、生态环境等问题,中国投资者必须积极面对并采取有效的应对措施。农场经营过程中,必然出现如施肥打药、水资源利用、农地保护、防水防火、动物检疫及污染物处理等实际问题。农场投资者应认真听取当地农业专家包括农地管理咨询师的意见和建议,了解当地农民是如何处理类似问题的。一方面,这是对自然、对生态环境等负责任的表现,有利于避免投资过程中可能出现的"环境风险";另一方面,这也是对当地人民生活环境的尊重,有利于减少当地居民的恐慌与不安,避免投资过程中可能出现的"社会风险"。

---

[1] 《牛奶直输中国引郡府不满 宁波乳业扩张计划受阻》,http://www.myactimes.com/actimes/plus/view.php?aid=970612。

[2] Dylan Welch and Jeanavive McGregor, *China free trade agreement expected to tip billions into Australian farms, dairy industry to be popular with investors*, 1 September 2015, http://www.abc.net.au/news/2015-09-01/china-fta-deal-tipped-to-transform-australian-farming-sector/6741560.

三、结语

对澳农地投资，一方面，有利于中国企业优化农业资源的全球配置，掌握农产品的生产与供应，大大满足中国消费者对高品质农产品日益增长的需求；另一方面，大量资本注入澳农地市场，进一步促进了澳农业经济的繁荣。毋庸置疑，两国在农业方面的合作是互惠互利的。但是，对投资者来说，投资过程中以及后期农场运营和管理所面临的一系列相关法律问题也是不容忽视的。投资者需了解澳农地投资相关的法律，积极面对可能出现的问题，努力寻找解决方案，针对这些问题作出及时、有效的回应。针对澳民众普遍担心的话题，如大规模农业生产对当地土地资源、生态环境、粮食安全等方面的影响，投资者有必要对其投资的农地项目进行特别的解释和说明，并提供可靠的事实依据。类似的举措将大大提高当地人民对其投资项目及管理理念的认识，为农场日后的经营建立良好的群众基础。放眼未来，对澳农地投资依然是机遇与挑战并存，但总体上来看，农业领域的合作是符合两国人民根本利益的，对澳农地投资在未来几年内发展势头良好。

关于《土地管理法》的几点立法建议

李凤章[*]

摘　要：针对《土地管理法》的几个重大问题，以立法条文的形式提出了自己的建议，并且对相关的立法理由做了简要论证。这几个问题主要包括：集体对建设用地使用权的出让；宅基地资格权、宅基地使用权、宅基地使用权的转让、宅基地使用费的收取、宅基地的收回等。

关键词：《土地管理法》　立法建议　集体土地

《土地管理法》修改正在征求意见，本建议主要针对集体建设用地使用权出让、宅基地资格权等规定进行，以供参考。

第　条　农民集体可以依法出让建设用地使用权，出让的土地使用权的用途、期限，出让的方式等，参照国有土地使用权的有关规定。土地使用人取得集体出让的建设用地使用权，应向集体缴纳土地出让金。土地出让金的收益、分配和使用，由法律和行政法规规定。

建议理由：2014年1号文件《关于全面深化农村改革加快推进农业现代化的若干意见》强调，要"引导和规范农村集体经营性建设用地入市。在符合规划和用途管制的前提下，允许农村集体经营性建设用地出让、租赁、入股，实行与国有土地同等入市、同权同价，加快建立农村集体经营性建设用地产权流转和增值收益分配制度。有关部门要尽快提出具体指导意见，并推动修订相关法律法规"。2016年1号文件《关于落实发展新理念加快农业现代化实现全面小康目标的若干意见》规定，要推进集体经营性建设用地入市试点，"总结农村集体经营性建设用地入市改革试点经验，适当提高农民集体和

---

[*] 李凤章，上海大学法学院教授、博士研究生导师。

个人分享的增值收益,抓紧出台土地增值收益调节金征管办法"。可见,允许集体出让建设用地使用权,已经是中央的明确方针,目前主要是出让制度的构建。

一是出让土地的范围。除了宅基地和公益用地之外,应该都属于经营性建设用地,这本身是出让时土地规划所确定的。即使是原有宅基地,在规划改变后,也可以成为集体经营性建设用地。换句话说,宅基地的范围和公益用地的范围是明确的,剩余的都是经营性建设用地。法律要界定的是宅基地和公益用地,而非经营性建设用地。

二是出让的使用权的类型、用途和出让的方式等。目前实践中主流的做法就是将国有土地使用权出让的制度体系适用于集体土地,这有利于实现城乡土地权利的并轨。

三是国家是否可以分享集体土地的出让收益。允许集体出让建设用地使用权,实际上是承认了集体对其所有的土地享有开发权,相比过去国家垄断开发权,必须国家征收集体土地后,再把使用权和开发权出让给使用人,国家按照农地用途对集体土地进行补偿,然后按照建设用地获取出让金的做法,允许集体直接将土地使用权按照不同的用途,出让给土地使用人,集体获得了较大的土地增值收益。但这部分收益,很大部分确实是国家投资公共设施建设所产生的,国家可以将全部收益留给集体建设地方,当然也有权力分享集体土地的出让金收益。财政部、国土资源部2015年联合印发的《农村集体经营性建设用地土地增值收益调节金征收使用管理暂行办法》规定了调节金制度,即农村集体经济组织通过出让、租赁、作价出资(入股)等方式取得农村集体经营性建设用地入市收益,以及入市后的农村集体经营性建设用地土地使用权人,以出售、交换、赠与、出租、作价出资(入股)或其他视同转让等方式取得再转让收益时,向国家缴纳调节金。调节金分别按入市或再转让农村集体经营性建设用地土地增值收益的20%—50%征收。这种调节金的性质,本质上属于税收,按照税收法定,必须有专门立法。因此,建议只规定:"土地出让金的收益分配和使用,由法律和行政法规规定。"

最后,本建议强调出让的主体是集体,而非集体经济组织,因为法律上集体而非集体经济组织才是集体土地所有权人。集体经济组织只是作为集体的受托人行使所有权。

第　条　集体成员具有宅基地资格权，有权请求集体分配宅基地并使用。农民一户只能请求分配一处宅基地，宅基地的面积标准由市县人民政府或者市县人民政府授权乡镇人民政府规定。

建议理由：本条规定了宅基地资格权。按照中央三权分置的要求，宅基地资格权与宅基地使用权应予区分，宅基地资格权是成员针对集体的权利，是成员权，以成员的身份为依归。资格权人，一是有权按照法定面积标准要求集体分配宅基地；二是在获得该宅基地之后，无偿或者优惠使用。宅基地资格权和宅基地使用权的这一区别，强调资格权是要求分配宅基地的权利，被《德清县农村宅基地管理办法（试行）》等地方规范性文件所明确规定，可资借鉴。

宅基地分配的面积，实践中较多的是省市规定宅基地面积的最高标准。但考虑到宅基地的情况千差万别，应该更多由地方因地制宜。因此，建议由县级政府规定。同时，考虑到乡镇既是基层政权单位，又是集体土地所有权人，可以兼行土地管理权和土地所有权，乡镇管理宅基地不但更能掌握实际情况，而且更有利于取得村民共识。很多地方的宅基地改革，实践中以乡镇管理宅基地为主，也取得了良好的效果，因此，建议在县级政府规定的同时，其也可以授权乡镇政府规定。

第　条　宅基地资格权不得转让。因户籍变化不再具备集体成员身份的，宅基地资格权消灭。

建议理由：本条同时规定了宅基地资格权的禁止转让，因为资格权属于成员权，是成员对于集体的请求权，该成员权的行使，本质上以具备成员身份为前提。一旦因为户籍等变化，其丧失了集体成员身份，资格权当然消灭。而且，也因为其身份性，因此资格权不得转让。

第　条　宅基地资格权，因取得宅基地使用权或者其他替代补偿而消灭。

宅基地资格权人转让或者出租宅基地的，不得再要求集体分配宅基地。

集体无法向宅基地资格权人分配宅基地的，可以采取货币补偿、股权补偿等其他方式保障集体成员宅基地资格权的实现。

宅基地资格权人无法以上述方式实现资格权的，上级人民政府应采取提供经济适用房、廉租房等住房安置或者发放住房补贴等形式，保障村民的居住权。

建议理由：本条规定宅基地资格权的实现和消灭。宅基地资格权实现的主要方式就是成员取得了集体按照一定面积标准分配的宅基地。一旦成员取得宅基地，其享有了宅基地使用权，其资格权就已经实现，成员不得再要求集体分配宅基地。因此规定，如果宅基地资格权人转让或者出租宅基地的，不得再要求集体分配宅基地。

纵然宅基地资格权人享有资格权，有权要求集体分配宅基地，但由于很多地方宅基地资源极为紧张，事实上已经无法分配宅基地，则此时宅基地资格权就无法正常实现，而只能采取其他的替代实现形式。其可以将应分配的宅基地使用权折合成一定的货币价值，给予资格权人货币补偿。当然，如果集体资金紧张，无法给予货币补偿，其也可以和资格权人协商后，将之转化成对集体经济组织的股权，每年分得相应的红利。

之所以强调宅基地资格权的多元化实现形式，主要是为了适应现实宅基地管理的需要，很多地方，新增宅基地分配已经极为困难。例如，上海已有十余年不再审批单宗宅基地。大部分村民居住的保障，要依赖于进城购房集中居住。村民进城集中居住的愿望也很强烈。如果将宅基地资格权货币化，宅基地资格权人就可以根据自己的需要，选择货币补偿进城购房居住。即使在内地农村，宅基地资源丰富，允许货币化补偿作为宅基地资格权实现的替代方式，也有利于其放弃宅基地分配，减少那些虽然工作生活在城市，但依然在农村保留宅基地建房所形成的无效占用。

在集体经济组织财力有限，且无宅基地分配的背景下，集体经济组织的上级人民政府，也有义务通过提供经济适用房、廉租房或者发放住房补贴等形式保障村民的基本居住条件。如此规定的目的，是要打通集体宅基地的居住保障和城市居民的居住保障，实现城乡并轨。目前的居住保障，在农村依靠的是宅基地制度，在城市则是廉租房、经济适用房或者住房补贴等制度。这种二元双轨制人为阻碍了资源在城乡间的自由流动。而且，实践中国家在征收集体土地对村民房屋实行动迁时，特别是在住房安置时，也会保障人均的基本居住面积，而不仅仅考虑现有房屋和宅基地的价值。这本质上是国家以国有土地上住房安置的方式，实现了未曾分配宅基地村民的宅基地资格权。但因为城乡居住保障的二元隔离，未曾参与分配宅基地的上述村民，理论上仍然可以宣称其有理由继续要求集体分配宅基地。因此有必要从法律上规定城市住房保障也作为宅基地资格权的实现方式，避免村民双重得利。

第　　条　不具备宅基地资格权的人占有使用宅基地或者宅基地资格权人占有使用的宅基地超过规定面积标准的部分，集体可以按年度征收有偿使用费或者一次性征收土地出让金。有偿使用费或者出让金应专款用于集体范围内道路、环境等公共设施的建设或其他集体公益事业。

建议理由：宅基地资格权人取得宅基地后在法定的面积内可以无偿使用。但是，实践中村民房屋出租甚至非法转让的现象并不少见，中央也提出了允许以三权分置的方式实现宅基地的流转。非集体成员的第三人取得宅基地权利，已经是不可阻挡的趋势。问题在于，非资格权人居住在村庄，集体要为其提供很多配套的公共设施，包括道路、环境和垃圾处理等，在集体征税权尚未被承认的情况下，集体只能借助土地有偿使用制度。土地的有偿使用费，包括一次性缴纳即出让金和逐年缴纳两种方式。在允许宅基地使用权的流转，实现资源在城乡间的自由流动的同时，规定上述有偿使用制度，是解决集体公共资金来源、保障集体分享土地收益、实现乡村振兴的重要制度保障。

第　　条　宅基地使用权不得单独转让，村民转让房屋所有权的，宅基地使用权可以随之转让。宅基地使用权转让时，应由集体、转让人、受让人三方签订建设用地使用权出让协议，受让人向集体缴纳土地出让金，取得一定年限的集体建设用地使用权。集体建设用地使用权的期限及其续期，参照物权法关于国有出让住宅建设用地使用权的有关规定。受让人取得上述建设用地使用权的，应依法办理集体建设用地使用权设定登记。

第三人的集体建设用地使用权因期限届满消灭的，原宅基地使用权人可以要求返还土地，但合同另有约定或者作为原宅基地使用权人的户成员均已不再具备宅基地资格的除外。

建议理由：本条规定了宅基地使用权的流转。在将宅基地资格权和宅基地使用权分离之后，宅基地使用权摆脱了身份的限制。但是，另一个问题在于，宅基地使用权是成员从集体无偿获得的，如果转让时全部的土地收益均由宅基地使用权人取得，而集体其他成员甚至可能还没有分得宅基地，这对于集体和其他成员都是不公平的。因此，在允许宅基地使用权人流转宅基地使用权的同时，必须建立集体对土地流转收益的分享机制。这种分享，理论上可以有两种模式：一种是年度缴纳土地使用费，另一种是将一定年限内的土地使用费一次性缴纳，后者也可以被称为出让金。目前，国有土地的物业税制度尚未建立，集体征收使用费或者物业税的制度更是需要一定的时间。在这种情况下，采取出让金模式分享土地转让收益相对来说较为稳妥。而且，从理论上来说，宅基地使用权本身就是集体的划拨土地使用权，因此，其流转完全可以移植国有划拨土地使用权转让的程序，即所谓集体划拨土地使用权的转让，本质上是划拨土地使用权的消灭和集体出让土地使用权的产生，因此，完全可以参照国有土地使用权出让的有关规定，由宅基地使用权人、集体和受让人三方签订协议，使受让人取得一定期限的集体出让土地使用权。相应的，受让人要向集体补缴出让金。当然，土地出让金缴纳的比例和方式，需要考虑农民集体的特殊情况，由地方根据自身情况，另外制定专门规则，不宜一刀切。

相应的，第三人取得的一定期限的土地使用权，也就不再是宅基地使用权，而可能是根据不同的土地用途规定不同年限的土地使用权。因此，应办理相应的变更登记。

由于第三人取得的是一定年期的建设用地使用权，随之而来的问题就是，第三人的权利到期消灭后，是回到集体手中还是回到原宅基地使用权人手中？

理论上说，应该是宅基地使用权人，但是，由于宅基地使用权本身要求主体必须是集体经济组织成员，如果在第三人的权利届期消灭前，原来的宅基地使用权人主体消灭或者丧失权利资格，如农户的全部成员均已死亡，或者全部成员均已不再是集体经济组织成员，此时，自然没办法要求宅基地回到自己手中，相反，应由集体恢复对土地的占有。当然，为了减少纠纷，最好的方式是在宅基地使用权人、集体和第三人签订宅基地使用权转让合同时，三方就此明确约定。

第 条 具备集中建房条件的集体，可以集中建房并分配或出售给村民居住。村民取得分配或受让房屋的所有权。

上述集中建设的房屋，满足村民居住需要有剩余的，集体可以出租、出售给集体外的第三人。第三人取得房屋所有权的，在房屋存续期间享有使用集体土地的权利。

房屋所有权人不拥有土地使用权的，在房屋存续期间可以利用房屋规划建设占用范围内的土地，但无权将房屋拆除后翻建和重建。

房屋因不可抗力或者其他自然原因消灭的，受让人的权利消灭。

建议理由：随着城镇化进程的加快，原来一户一宅的做法已经不适应现实的需要，为了节省土地资源，地方政府也鼓励集体兴建住宅，供村民集中居住。这就涉及如何确定村民土地权利的问题。由于并非单门独户，也就难以说村民户拥有自己独立的宅基地使用权。但是，在逻辑上也无法证明是宅基地使用权的共有，因为这里的共有户和集体组织的成员是同一的，全部成员构成了集体，集体作为所有权人当然也有权利用自己的土地，如果硬要强调此时集体建设的小区土地乃是宅基地使用权的共有，就会导致全体成员作为集体从全体成员作为集体手中取得使用权。这在逻辑上是混乱的。因此，此时在理论上应解释为集体以所有权为基础为村民建设住宅，村民专有的只是自己独占房屋部分的所有权，对于土地，则依然是集体所有和集体使用，并不存在所谓的宅基地使用权。但集体集中建设住宅，势必会出现多余房屋的出租和转让，以及村民自己房屋的转让。此时，因为不存在宅基地使用权，村民将自己的房屋转让时，实际上并不包括土地权利的转让。受让人只是在房屋存续期间，因为使用房屋而必须有权使用土地，但其有权使用土地，并非意味着其拥有独立的作为物权的土地权利，相反，受让人并无物权性的土地权利。因此，一旦房屋因不可抗力等灭失，受让人的房屋所有权消灭，但由于受让人并无土地权利，其无权在原有土地上重建和翻建。

第　条　集体为集中建房、土地整治等公共利益的需要，可以收回村民的宅基地，并对被收回宅基地上的房屋根据房屋的市场价值进行补偿。补偿的方式包括货币补偿和房屋等实物补偿。

建议理由：本条规定了集体对宅基地的收回和补偿。首先是收回。集体基于本集体公共利益的需要收回村民已经取得的宅基地使用权，本质上和国家征收是相似的，也体现了集体本身的公法人特征。实践中，继续采取国家征收集体土地，拆迁安置的做法，受制于地方财政，难度越来越大，地方政府越来越倾向于推动集体自身通过收回宅基地的方式，为村民集中建房居住。因此，集体收回宅基地是集体集中建房的重要手段。《土地管理法》也赋予了集体基于集体公共利益的需要收回宅基地的权力。至于补偿，实践中常见房屋实物安置，但不同地段的房屋价值差异巨大，将村民从偏远的村庄搬迁到镇区集中居住，如果不考虑房地产本身因区位不同而产生的价值差异，简单采取等面积住房安置的做法，集体将承担巨大的安置成本，也滋长了村民要求更多利益的欲望，不符合市场等价交换的基本原则。因此，集体在收回宅基地时，应考虑不同土地区位的不同价值，对被收回的宅基地和房屋估算出市场价值，并在等价而不是等面积的基础上为其提供安置房屋。

"区域"开发中担保国责任和赔偿制度研究

裴兆斌　晏天妹　陈敬根*

摘　要："区域"开发出现的事故,担保国责任属于违反注意义务应要承担的责任。《联合国海洋法公约》对于注意义务有相关规定但比较模糊,对于赔偿制度的规定更不明确。国际海洋法法庭海底争端分庭发表的咨询意见明确提到,做好国内法律、行政法规和规章的制定与执行工作是担保国履行方式与免责的关键。我国制定的《深海海底区域资源勘探开发法》是概念性的立法,在实施过程当中要配合具体的规章制度来执行,在制定规章制度和具体执行措施时应充分考虑担保国责任的特点,将担保国要承担的责任和承包者应承担的责任区分开,以利于我国"区域"开发战略的发展和实施。

关键词："区域"开发　担保国　《深海海底区域资源勘探开发法》

"区域"内具有多种多样的多金属结核矿物质和生物资源,是大多数国家获取开发产能和科研资源的重要来源地,是一笔非常宝贵的财富,更是人类的共同继承财产。国际海底区域开发活动分为探矿、勘探和开发三个阶段。海底资源开发风险高,如果在开发过程中出现意外,极易导致不可估量的损害。当开发者是个人或者实体的时候,承担风险的能力有限,此时亟需确定一个担保国制度,以避免出现损害结果过大,承包者无力赔偿,进而导致人类共同利益受损的局面。故此,明确"区域"开发中担保国责任和赔偿等相

---

* 基金项目：中国大洋矿产资源研究开发协会办公室2018年度研究课题"人类共同继承财产问题研究"；教育部备案2017年度国别与区域研究中心项目"海洋法律与政策东北亚研究中心"(GQ17091)。

裴兆斌,法学博士,大连海洋大学法学院/海警学院院长、教授；晏天妹,大连海洋大学法学院/海警学院硕士研究生；陈敬根,法学博士,上海大学法学院副教授。

关问题成为当务之急，并且担保国制度是"区域"开发制度的重点和主要内容。研究"区域"开发中担保国责任和赔偿制度，有利于"区域"内活动更快进入开发阶段，有利于"区域"开发制度的完善，更有利于保护人类的共同继承财产。

一、"'区域'内活动"：概念界定与开发争议

《联合国海洋法公约》（UNCLOS）规定国际海底区域是人类的共同继承财产，对其进行的所有勘探和开发活动，都是为了全人类的利益而进行的，并不是某一些国家的专属权益。UNCLOS 的表述与"'区域'内活动"的概念界定和开发争议紧密相关。

(一)"'区域'内活动"的概念界定

UNCLOS 第 1 条把国家管辖范围以外的海床和洋底及其底土范围称为"区域"，把勘探和开发"区域"资源的一切活动称为"'区域'内活动"。

"探矿"是对"区域"海底资源的研究和调查，是初步的资源开发活动，通过采集样品，分析海底矿产储存量，最后制定出是否可以进行开采的可行或不可行性报告。

到勘探活动阶段时，需要勘探活动的承包者在进行勘探活动前向国际海底管理局（简称"海管局"）申请勘探合同，才能开始探测和分析矿藏的位置和规模，并且开始大规模地使用较大的设备机器（《"区域"内多金属结核探矿和勘探规章》第 1 条）。要在一个地方大规模地使用设备和机器，就排除了他人在此处进行勘探和开发的可能性，这就涉及特定范围矿产资源的专属勘探权和优先开发权，这也是为何在勘探活动开始前需要向海管局申请勘探合同的原因。

到了开发阶段，"区域"资源开发的难度非常高，且环境复杂，未知因素多，不可预测的风险也多，复杂性远远高于探矿活动和探勘活动。开发者以营利为目的开采矿物，建造一条以销售为目的的开采、加工、运输矿物的生产线，矿产资源经过采矿和加工等程序，最终变成了蕴含经济价值的生产资料。

由于探矿活动本身的技术难度不如勘探和开发活动高，并且探矿技术已相对成熟，达到了比较高的安全系数，探矿者如果要对"区域"内的海底资源进行探测，不需要向海管局申请合同，此时不存在担保国的问题。在进行"区域"内活动时，从事勘探活动的承包者可以是国家政府，也可以是其他非政府实体，但在非政府实体作为承包者时需要由担保国担保。勘探阶段的担保责任和赔偿问题不在本文的研究范围之内，本文着重研究"区域"开发阶段的担保国责任和赔偿问题。

（二）"区域"开发争议的历史发展过程

1982 年通过的 UNCLOS 规定了国际海底区域开发的制度，但没有获得所有国家的认可和支持，1994 年又通过了《关于执行〈联合国海洋法公约〉第十一部分的协定》（简称《执行协定》）①，对 UNCLOS 的"区域"开发部分规定进行补充。《执行协定》主要对"区域"开发部分的政策、费用、技术、审查等方面的问题作出了规定，解决了 UNCLOS 的第十一部分应该如何具体实施的问题，当年 11 月 UNCLOS 正式生效。1996 年，我国全国人大常委会通过了关于批准 UNCLOS 的决定。

由于"区域"资源开发争议愈演愈烈，根据海管局的请求，国际海洋法法庭海底争端分庭在 2011 年 2 月发表了咨询意见，虽然澄清了担保国责任的一部分问题，但并不明确，留下了很多讨论空间②。2016 年起，海管局批准的首批"区域"内勘探合同陆续到期，再加上科学技术的迅猛发展，深海采矿技术取得了突破性发展，"区域"内活动开始从资源勘探向资源开发的阶段发展。但由于法律的滞后性，从勘探阶段向开发阶段的这一发展必然会引发一系列的现实问题。此时，以前制定的《"区域"内多金属结核探矿和勘探规章》《"区域"内多金属硫化物探矿和勘探规章》和《"区域"内富钴铁锰结壳探矿和勘探规章》等一系列勘探规章将不再适用于开发阶段。但是，海管局有先见之明，早已开始着手制定适用于开发阶段的法律文件，于 2017 年发布

---

① 屈广清主编：《海洋法》，中国人民大学出版社 2005 年版，第 171—172 页。
② 高之国、贾宇、密晨曦：《浅析国际海洋法法庭首例咨询意见案》，《环境保护》2012 年第 16 期。

了《"区域"内矿产资源开发规章草案》(简称《开发规章》),就"区域"开发的问题进行了探讨,但对于担保国责任问题没有进行深入剖析,尚处于初步探讨阶段。

(三)区域开发的现状

国际海底事务正从勘探向开发过渡,海管局已经把制定《开发规章》当成了优先工作事项,这是备受各方关注的一个立法活动,也是现阶段国际海洋法领域最重要的国际立法之一[①]。2018年3月,海管局第24届会议第一期理事会会议落下了帷幕,这标志着正式开启了制定《开发规章》的国际谈判。中国是海洋大国,正积极贯彻落实"海洋强国"战略,积极参与国际海底事务。会前我国向海管局提交了《中华人民共和国政府关于〈"区域"内矿产资源开发规章草案〉的评论意见》[②]。

目前,国际上并没有统一的规则来规定"区域"资源开采活动应该如何担保。各个国家按照UNCLOS和《执行协定》来进行"区域"内活动,同时也会借鉴国际海洋法法庭海底争端分庭(简称"海底分庭")的咨询意见,但UNCLOS和《执行协定》的规定比较模糊笼统,咨询意见又并没有法律约束力,只是作为一个参考,所以当务之急是制定"区域"内活动的担保规则,这样才能提高国际海底区域资源开发的效率。

二、区域开发各方主体及其法律关系

"区域"内活动一般涉及三方主体:开发者、国际海底管理局和担保国。开发者是进行"区域"开发的主体,根据UNCLOS第153条第2款的规定,开发者可以是海管局的企业部或者是缔约国,也可以是所属缔约国的个人或者实体。本文研究的是"区域"开发中担保国责任和赔偿制度,即是表明涉

---

① 赵忆怡:《国际海底区域开发阶段的担保国责任问题》,《中南大学学报(社会科学版)》2018年第3期。

② 《中华人民共和国政府关于〈"区域"内矿产资源开发规章草案〉的评论意见》,http://www.hainu.edu.cn/stm/lawsfzc/201842/10504044.shtml。

及担保国的问题,所以本文提到的开发者是指第三种情况。当所属缔约国的自然人或者法人是开发主体的时候,开发者也可以称为承包者。承包者是在"区域"内进行资源开发活动的国有企业或具有缔约国国籍的自然人或法人,需要缔约国对其开发活动进行担保。海管局是一个由 UNCLOS 缔约国作为成员组成的行政机构,主要是负责管理国际海底区域资源开发的活动,制定"区域"开发的法规,审查承包者提交的工作计划,监督缔约国成员的行为,做到平等对待各缔约国并且平等维护其权益。在"区域"开发活动中,海管局要负责制定具体的勘探和开发海底资源的行政法规,制定相关的标准,审查"区域"开发活动的进度,并监督缔约国成员在进行"区域"内活动时的行为,不得违反 UNCLOS 和《执行协定》的规定,建立具体的勘探开发资源的制度,保障国际海底区域开发活动有序进行。"区域"内活动中的担保国是对"区域"资源进行开发活动的承包者的担保国。担保国必须是缔约国,是进行"区域"开发的承包者的所属国家,对于开发者在"区域"内的活动承担担保责任。

(一)承包者和海管局的法律关系

承包者和国际海底管理局之间的关系是合同关系。不同于民法中的两个平等主体之间的合同关系,承包者和管理局不是同一层面的平等主体,承包者是所属缔约国的自然人或者法人,而缔约国是组成管理局的成员之一。承包者和管理局之间的合同由于双方主体地位的特殊性而被认为是特殊合同。根据 UNCLOS 第 153 条第 2 款的规定,承包者作为开发的主体和国际海底管理局以协作的方式进行"区域"内活动。承包者如果想要获得开发的资格,需要经过以下流程:首先要向海管局提交已经获得缔约国担保的担保书,然后向海管局提出勘探和开发的申请,并且要提交工作计划,最后还要承包者提交的工作计划通过审核,海管局才会与承包者签订合同[①]。合同中对于海管局和承包者的权利和义务会作出明确规定,承包者会获得在特定区域按照被核准的工作计划内容进行开发活动的权利,海管局有对开发工作的进度和成果

---

① 王岚:《国际海底区域开发中的国家担保制度研究》,《学术界》2016 年第 12 期。

进行检查的权利,还有对承包者的行为进行监督的权利;承包者有遵守UNCLOS、海管局规定、国内法规定和合同约定的义务,海管局有确保承包者的专属特定区域开发权得以实现的义务。

(二)承包者和担保国的法律关系

承包者是属于担保国的个人或者实体,承包者和担保国类似于监督与被监督的关系,担保国监督承包者是否有严格遵守相关规章和规定。担保国要向海管局承担担保责任,保证承包者在进行"区域"开发的过程中遵守UNCLOS的规定,遵守海管局的规定,同时还要遵守担保国国家的深海海底资源开发法律法规。担保国有义务制定相关的法律和行政法规来规范承包者在"区域"开发中的行为和法律责任,承包者有义务遵守法律法规来尽可能确保"区域"开发过程中的安全性,避免造成开发事故而导致损害结果的发生。在"区域"开发的过程中,承包者和担保国是两个独立的个体,各自的权利义务并不相同,应与民法中的"债的担保"区别开来。民法中保证人要承担责任是由于债务人的违约行为,保证人和债务人对同一个行为承担责任,"区域"开发中担保国承担责任的基础并不是承包者的违约行为,而是自身没有履行合理注意义务[①]。海底资源开发活动是一项技术要求很高的活动,同时也需要大量的资金支持再加上高性能的设备,才能尽可能地提高深海资源开发活动的安全性。深海海底区域的环境复杂多变,不可预测的风险较多,若出现损害,不仅是经济损失,更难以弥补的是对海洋环境造成的损害,担保国的存在是为了对承包者的行为多一层监督和保障,避免出现损害过大而无人弥补的局面。由于承包者在进行"区域"开发过程中有可能会出现事故,造成对海洋环境污染的同时也会有造成人身和财产损害的风险,承包者需要获得缔约国的担保,在损害结果发生时缔约国对承包者承担担保责任。

(三)担保国和海管局的法律关系

在进行国际海底区域开发的过程中,担保国和海管局的法律关系不是双方都互相享有权利、承担义务的关系。在承包者进行开发的过程中,担保国

---

① 张辉:《论国际海底区域开发担保国责任制度》,《人民论坛·学术前沿》2017年第18期。

是负有义务的一方，海管局是享有权利的一方。担保国对海管局有保证承包者在开发活动中遵守 UNCLOS 和海管局规定的义务，有完善本国的国际海底区域开发相关法律法规的义务，还有规范承包者在开发活动中的行为的义务。海管局享有在担保国没有尽到合理注意义务而导致承包者造成损害后果无力赔偿时，要求担保国依照 UNCLOS 规定和合同约定承担担保责任的权利。

三、区域开发中担保国责任

（一）担保国责任的性质

UNCLOS 第 153 条规定，在缔约国的担保下，具有缔约国国籍的自然人或法人可以进行"区域"开发。这里提到的缔约国的担保与民法中的债的担保虽有相似之处，但性质不同。民法中的担保责任的产生是由于被担保人不履行法律规定或合同约定的义务而引起的；而"区域"内活动中的担保国责任是由于其自身违反了合理注意义务而引起的，并不是因为承包者违反规定或约定的某种义务。UNCLOS 第 139 条、附件三第 4 条对于担保国在哪些情况下不需要承担责任有所规定，如果担保国已经采取了"一切必要和适当的措施"，则对于承包者由于不遵守海管局规定所造成的损失不用承担责任，这是担保国的免责条款。

UNCLOS 没有明确规定担保国责任是哪种责任，一般的观点是连带责任或者补充责任，在这个问题上，缔约国和非政府组织的观点出现了分歧[①]。缔约国不认为这种担保责任是连带责任，因为连带责任是由于同一个违约事项而导致的责任。在"区域"开发过程当中，承包者会由于没有遵守 UNCLOS、海管局的规定或者合同约定的义务而承担责任，担保国是由于没有履行"确保承包者遵守 UNCLOS、海管局的规定或者合同约定"的义务而承担责任，两者违反的不是同一种义务，所以不存在连带责任的说法。而非政府组织明确要求担保国承担连带和补充赔偿责任，原因是深海海底资源开发是危险系

---

① 张辉：《论国际海底区域开发担保国责任制度》，《人民论坛·学术前沿》2017 年第 18 期。

数很高的活动,如果出现意外,损害结果不可估量,如果国家不承担连带责任和补充责任,有可能会出现承包者无法承担起损害赔偿就无人弥补损失的局面。海底争端分庭的观点是,根据 UNCLOS 第 139 条第 3 款所确立的责任制度,担保国在"采取了一切必要和适当措施,以确保被担保人切实遵守规定"的情况下,对由于承包者自身不遵守规定所造成的损害不承担责任[①]。担保国没有履行确保义务应承担的责任和承包者没有遵守管理局规定而造成损害后果应承担的责任是两种责任,没有连带关系。担保国要承担责任是因为其违反了确保义务,并且由于担保国没有尽到确保义务的行为,导致了承包者的过错,造成了损害后果;承包者要承担责任是因为没有遵守规定,造成了损害结果的发生。所以,担保国承担的责任属于违反注意义务要承担的责任,担保国对承包者所造成的损害后果不承担连带责任和补充责任。

(二)担保国责任的归责原则

UNCLOS 在开头中提出,本公约没有规定的事项,应继续以一般国际法的规则和原则为依据。在担保国责任的归责原则还没有确定说法之前,可以采用一般国际法的规定。归责原则多出现在《侵权责任法》中,是确定行为人是否要承担责任的理由、标准或者根据。常见的归责原则有过错责任和无过错责任。过错责任是指承担责任的前提条件是有过错行为,而没有过错行为即使有损害后果也不需要承担责任;无过错责任是指不需要把过错行为作为承担责任的前提条件,即使没有过错行为,但只要发生了损害后果,行为人就需要对损害后果承担责任。担保国责任的归责原则和民法中的归责原则有所不同,此时是一个国家作为法律关系中的主体,国家是否要承担责任是国际法中的国家责任制度的内容,在判断国家是否要对自己的行为承担责任的问题上,一般依照习惯法的规定,即通常不考虑国家主观是否具有过错。但是,担保国责任是担保国对承包者的行为要承担的责任,是国家对个人行为承担责任的问题,在判断国家是否要对私人的行为承担国际责任时,对国家施加了合理注意义务,如果国家履行了合理注意义务,则不需要对个人的

---

① 付玉:《浅析国际海洋法法庭第 17 号案》,《中国海洋报》2011 年 9 月 2 日。

行为承担责任，这是过错责任的一种表现。我国《侵权责任法》中的过错责任原则规定，只有在侵权者有过错的时候，才承担损害赔偿责任。承包者不遵守 UNCLOS 和海管局的规定造成损害后果，是私人的行为，在判断担保国是否需要承担责任的情况下，要先判断国家有没有主观上的过错，有没有履行合理注意义务。所以，对于担保国责任的归责原则一般认为是担保国承担过错责任原则，履行了合理注意义务即可以免责。

在国际海底区域开发的活动中，国家承担国际责任的情形一般有两种：国家行为（担保国没有履行确保义务）直接导致损害结果的发生；私人行为（承包者违反 UNCLOS 和海管局的规定）直接导致损害结果的发生。其中后者是由于国家没有履行应尽义务，间接导致了损害结果的发生。目前学术界主要有两种理论：责任归属理论和合理注意义务理论。在第一种情形中，国家需要对自己的行为导致的损害结果负责，这适用责任归属理论；在第二种情形中，就不能再适用责任归属理论，因为承包者的行为不能被认为是国家行为，应该适用合理注意义务理论[①]。在联合国国际法委员会《国家责任条款草案》第 4 条规定中，国家机关或者个人的行为都可以看成是国际法中的国家的行为，这体现了责任归属理论。在合理注意义务理论中，国家是否对自然人、法人的行为承担责任，则要看具体情况，在国家负有合理注意义务的情况下，不一定会把自然人或者法人的行为责任归属到国家。在合理地履行了注意义务的情况下，国家不承担自然人或者法人造成的损害。但是，如果国家违反了该注意义务，则需要对自然人或者法人造成的损害后果承担责任。在担保国责任的问题中，承包者是个人或者实体，并不是政府或政府机构，承包者的行为是个人行为，国家不对其行为负责，所以不能将责任归属理论运用到解决担保国的责任的问题当中，而应该适用合理注意义务理论。

（三）担保国责任的构成要件

担保国的归责原则类似于我国民法中的过错责任原则，在国家违反了合理注意义务的前提下才对承包者在违反管理局规定的情况下造成的损害承担

[①] 张辉：《论国际海底区域开发担保国责任制度》，《人民论坛·学术前沿》2017 年第 18 期。

责任。担保国责任的构成要件有三个：没有履行确保义务的行为、损害后果、行为与损害后果之间的因果关系。担保国责任是国家对私人行为导致的损害后果要承担的责任，那就表示担保国的主观态度不可以被忽略。判断一个国家的主观状态可以从其违反义务的行为角度进行考察①，如果担保国未制定相关的法律和行政法规来约束承包者在"区域"开发中的活动，则很难说在发生损害的情况下担保国是无过错的主观状态，所以可以从担保国的行为来推断其主观状态。

1. 担保国违反确保义务

确保义务是指担保国需要采取一切必要和适当的措施来保证承包者在进行"区域"开发的过程中切实遵守规定，这其中的必要和适当的措施是何种措施，并没有明确规定，可以视情况而定。一般是指担保国制定国际海底区域相关的法律，成立管理国际海底区域开发的组织，制定规范国际海底区域开发活动的行政法规等。

在"区域"开发的过程中，担保国有确保承包者遵守 UNCLOS 和海管局的规定以及合同的约定的义务，如果担保国违反此种确保义务，则满足了需要承担担保责任的条件之一。但是，如果担保国已经依据 UNCLOS 第 153 条第 4 款和附件三第 4 条第 4 款"采取了一切必要和适当的措施，来确保承包者切实遵守规定"，此时担保国对于承包者由于没有遵守规定造成的损害后果不需要承担责任。

2. 损害后果

根据 UNCLOS 第 139 条第 2 款规定，未履行义务的担保国仅于存在损害后果的情况下承担责任。这一条款表明，损害后果是构成担保国责任的要件之一。但是，UNCLOS 和海管局的规章都没有明确规定哪些损害后果需要赔偿。海底争端分庭发表了一些看法，认为 UNCLOS 中所指的损害应包括对"区域"内储存的矿产资源和生物资源的损害，还应该包括对海洋环境的损害。也不是所有违反了确保义务的担保国都需要承担担保责任，在没有损害

---

① 张辉：《论国际海底区域开发担保国责任制度》，《人民论坛·学术前沿》2017 年第 18 期。

后果发生的情况下，即使担保国没有履行确保义务，也不需要承担责任；反之，如果担保国已经履行了确保义务，那么即使损害结果发生了，担保国也不需要承担责任①。损害后果是担保国承担责任的必要条件而不是充分条件。

UNCLOS 第 139 条第 2 款的规定与国际法中关于国家责任规定的习惯法不一致。在习惯国际法中，即使国家违反注意义务的行为没有造成具体的损害，国家依旧需要承担责任。在《国家责任条款草案》中，不仅仅是国家机关或者个人的行为被认为是国家行为，造成损害需要国家承担后果，同时国家承担责任也不以造成实际损害为必要条件。

UNCLOS 在第 139 条第 2 款明确指出，"在不妨害国际法规则……的情形下"，这说明 UNCLOS 的规定和国际法可以试着相互协调②，在 UNCLOS 规定不明确、事实有争议的情况下，可以在一定程度上适用国际法。所以，在国际海底区域开发中，有 UNCLOS 规定不明确的地方，可以适当适用国际法的一般规定，达到约束担保国承担责任的目的。

3. 行为与损害后果之间的因果关系

行为是指担保国不履行确保义务的行为，损害后果是指承包者在"区域"开发中不遵守 UNCLOS 和海管局的规定以及合同约定所造成的损害后果。担保国违反确保义务的行为与损害后果之间的因果关系需要证明，确定有因果关系之后担保国才对承包者在"区域"活动中造成的损害承担担保责任。UNCLOS 虽然没有明确要求担保国承担担保责任需要满足不履行确保义务的行为与损害后果之间存在因果关系这个条件，但在第 139 条第 2 款中使用了"造成"一词，这间接说明了未履行义务的行为与损害后果之间存在一定的联系③，即由于未履行确保义务的行为造成了损害后果的发生，这表明因果关系也应当作为认定担保国责任的构成要素之一。中国认为，担保国未履行义务的行为和损害后果之间应存在因果关系，担保国的责任与该因果关系的紧密

---

① 高健军：《国际海底区域内活动的担保国的赔偿责任》，《国际安全研究》2013 年第 5 期。
② 张辉：《论国际海底区域开发担保国责任制度》，《人民论坛·学术前沿》2017 年第 18 期。
③ 张辉：《论国际海底区域开发担保国责任制度》，《人民论坛·学术前沿》2017 年第 18 期。

程度成正比①。海底争端分庭也强调，应该确认因果关系作为担保国责任构成要件之一的地位，如果要使担保国承担责任，必须要证明担保国未履行确保义务的行为与损害后果之间存在因果关系。

四、担保国赔偿制度

UNCLOS 没有对"区域"开发活动中担保国的赔偿制度进行明确规定，但既然担保国要承担担保责任，就一定要承担赔偿责任。所以，确立一个担保国的赔偿制度是必不可少的，只是目前并没有可行或者已经取得多方一致认可的赔偿制度。可以从担保国赔偿责任的范围和赔偿方式两个方面进行探讨，尝试确立一个可行的担保国赔偿制度。

(一) 担保国承担赔偿责任的范围

在"区域"开发中造成损害的，要根据具体情况来确定担保国的赔偿责任。在"区域"内活动过程中，如果由于承包者不遵守管理局的规定而造成损害结果，并且担保国并没有尽到确保义务，采取一切必要且适当的措施确保担保国遵守管理局的规定，那么担保国要承担责任，作出赔偿。UNCLOS 没有明确规定担保国赔偿的范围，但规定了承包者的赔偿范围。UNCLOS 规定承包者的赔偿范围应与实际损害相等，这一规定能否适用到担保国的赔偿范围，存在疑问。

对于"区域"开发中担保国承担赔偿责任的范围应如何规定，有许多不同的看法。一些缔约国认为，担保国的赔偿范围应与开发活动造成的实际损害相等；绿色和平组织则认为，在"实际损害"的范围内进行赔偿无法达到理想的赔偿效果，为了达到更好的环保效果，担保国赔偿责任的范围应该涵盖"区域"开发全过程的全部损害，不仅包括在勘探和开采过程中造成的损害，也包括在矿产运输和处理过程中造成的损害，不仅要赔偿经济损失，也要赔偿环境损害；海底争端分庭认为，由于"霍茹夫工厂"案的判决得到了

---

① Statement of the People's Republic of China, pp. 8 – 10.

《国家责任条款草案》的认可①，可以把"恢复原状"作为处理担保国赔偿范围问题的原则。《国家责任条款草案》第31条第1款规定："责任国有义务对国际不法行为所造成的伤害提供充分赔偿。"分庭认为，UNCLOS附件三规定的"承包者的赔偿范围应与实际损害相等"应同等适用于担保国赔偿范围。海管局制定的《探矿和勘探规章》附件四对实际损害的含义作出过详细规定：承包者应对其本身及其工作人员、分包者、代理人及所有相关人员的不法行为或不行为所造成的损害后果承担责任，包括对海洋环境的损害负赔偿责任，其中还包括为保护海洋环境而采取合理措施所花费的费用。

"实际损害"是担保国承担赔偿责任的最大数额，在实际情况中，管理局、其他担保国或者其他参与者都有可能需要对损害后果承担赔偿责任。首先，如果管理局的行为也是造成损害后果的原因之一，则需要对损害后果承担责任。不论是作为还是不作为，或是没有及时尽到应尽义务导致损害扩大，管理局都要承担部分责任，并且不要求管理局的行为属于不法行为，只要对损害后果起到了"辅助作用"，即使管理局的行为是合法的，也要承担责任。其次，UNCLOS还规定当担保国不止一个时，所有担保国需要对损害后果承担连带责任。当需要承担赔偿责任的担保国有多个时，实际损害的范围由这多个担保国共同承担。最后，在实际开发活动中，有可能会涉及一些分包商或者其他参与国家（比如要对相关活动进行管辖的非担保国），当这些参与者由于没有履行义务而导致损害结果发生时，都需要对实际损害的范围承担赔偿责任。因此，实际损害是担保国承担赔偿责任的最大数额。此外，在多重担保的情况下，部分担保国终止担保的行为无法导致合同终止，该国的担保责任依然存在，这些国家若不继续履行其义务而导致损害后果发生，也要承担责任，担保国只需对其应承担的部分负赔偿责任。

（二）担保国承担赔偿责任的方式

在"区域"开发的实际情况中，如果发生意外，可能会出现承包者造成

---

① 国际常设法院在本案中提出"恢复原状"原则，并认为这个原则是国际实践特别是国际仲裁法庭的实践所创造的。国际常设法院在本案中所表述的恢复原状原则，在国际司法实践中常常被认为是确定不法行为所造成的损害赔偿责任的指导性原则。

的损害后果太严重而无法全部赔偿的情况,这时候需要担保国承担责任,以避免发生损害结果却无人赔偿和弥补的情况。虽然担保国承担的不是连带责任和补充责任,但如果担保国满足了承担担保责任的构成要件,则需要对损害后果承担赔偿责任。

对此问题,可以借鉴国内法中存在的有关环境保护的强制责任保险和赔偿基金制度。承包者向担保国交一笔担保费用,在担保国需要承担担保责任时用该担保费进行赔偿,或者要求担保国在承包者开始进行"区域"开发活动之前成立赔偿基金,并把这一项要求纳入承包者资格审查的过程当中。

UNCLOS 第 235 条第 3 款也有关于设立强制保险或补偿基金的规定,为了让一切对海洋环境污染所造成的损害得到迅速而适当的补充,各国应进行合作,便于就赔偿的范围和责任等问题进行讨论,解决有关争端有利于国际法的实施。就当前的法律规范来看,建立一个合适的强制保险或补偿基金制度,是解决担保国赔偿责任的方式问题的可靠手段。

五、我国的应对

目前,"区域"内活动即将进入开发阶段,中国是爱好和平的海洋大国,在"海洋强国"战略的指导下更应该积极参与国际海底事务,加强国内"区域"资源开发方面的立法和执法。中国坚决支持"区域"及其资源是全人类共同继承财产的原则,反对少数大国霸占"区域"内矿产资源[①]。人类的共同继承财产不是"共有物",共有是指两个以上的人分享同一财产所有权的现象,共有物中的所有权可以转让,可以"量化",还可以依照所有权份额的大小对所有权进行处分,但人类共同继承财产是不允许任何国家和个人以任何方式据为己有的,也就是说,人类共同继承财产的所有权是一个整体,不可以"量化",更不可以分割。每个国家都拥有对人类共同继承财产的所有权,

---

① 王超:《国际海底区域资源开发与海洋环境保护制度的新发展——〈"区域"内矿产资源开采规章草案〉评析》,《外交评论》2018 年第 4 期。

但不可以被一个或几个国家所有。在"区域"开发活动的现阶段，为了更好地参与"区域"内活动，国内立法和执法两方面要同时入手，积极立法是为了让"区域"开发活动有法可依，也是履行担保国义务的行为之一。同时，执法方面也不能忽视，执法是为了保障法律的实施，必须做到严格执法，完善执法措施，才能让法律发挥应有的价值。

（一）积极参与国际海底事务

中国在参与国际海底事务时，应海管局之邀参加制定《"区域"内矿产资源开采规章》（简称《开采规章》）的讨论大会，在海管局的号召下积极发表了本国意见。中国表示，《开采规章》鼓励资源开发的同时不能忽略环保主张，做到与实际开发水平相适应，与现有国际法律法规相衔接，统筹考虑找到各方利益的平衡点，让人类共同继承财产真正惠及全人类[①]。积极表明中国观点，既可以维护中国海洋权益，又能提升国际海洋规则制定的话语权，这符合中国作为海洋大国的国际形象。

《开采规章草案》公布以后，中国政府积极响应，向海管局提交了评论意见，指出草案应该本着充分保障承包者开发活动顺利进行的原则对"区域"开发活动进行规制，明确开发活动中各方主体的权利、义务和责任，但草案对这方面的内容规定得不够清晰和详细。在"区域"开发的过程中，承包者的权益容易被忽视，海管局应明确要求成员国在"区域"活动中合理顾及承包者的合法权益。草案在规定承包者和担保国义务的同时，也不能忽视管理局的监管责任和义务，同时也要强调承包者和担保国享有的权利。海管局在制定《开发规章》时，既要注重"区域"开发的经济效益，也要注重海底环境保护效益。综合考虑经济效益和环境效益带来的利弊，制定恰当的环境保护规则，从成本、效益和代际正义等多方面思考，争取让"区域"开发在兼顾环境保护的前提下最大限度地发挥它应有的经济价值，避免过严的环保措施使"区域"开发受到不合理的限制。

[①] 《中国代表团在国际海底管理局第 23 届会议理事会"开发规章草案"议题下的发言》，http://china-isa.jm.china-embassy.org/chn/hdxx/t1487167.htm。

(二）积极制定"区域"开发国内法

我国应该抓住现阶段"区域"开发发展机遇，积极制定关于"区域"开发的国内法律、法规和规章，如 2016 年通过的《中国深海海底区域资源勘探开发法》（简称《深海法》），同时也要完善管理"区域"资源开发的承包者行为的规章和制度。对于"区域"环境保护问题，中国支持海管局以加强深海环境研究为目的，与各国和承包者进一步开展合作，平衡深海环境保护与"区域"资源开发利用的关系，保持国际海底区域工作的活力，为全人类的利益建立一个公平正义的国际经济环境。

为了促进"区域"资源的开发，完善国内相关立法是首要措施，这也是 UNCLOS 中提到的一切必要和适当的措施之一。首先要完善相关法律，《深海法》是国内第一部为顺利进行"区域"开发活动而制定的法律，是实施"区域"开发战略的重要基础性立法，开创了国内"区域"开发立法的先河。由于在制定《深海法》时缺乏"区域"开发的实践经验，所以《深海法》并不是一部相当完善的法律，需要行政部门进一步制定细化的法规帮助其便于实施。立法活动不仅包括制定法律，还包括制定助促法律实施的配套行政法规和规章。我国目前与"区域"开发相关的行政法规较少，要加快法规和规章的制定进度，这有利于国家对承包者进行"区域"开发活动的监督和管理。立法过程要注意明确担保国和承包者的责任界限，平衡两者之间的权利和义务，避免出现任何一方的义务过重而另一方权利过大的局面。建立完善的担保国监督管理体系，是进行国内"区域"开发立法的主要目的，是在"区域"开发中有效保障担保国和承包者利益的一道屏障。

（三）积极制定执法措施

法律执行是法律发挥作用的主要途径，为了"区域"开发相关法律能更好地实施，在实践中发挥应有的作用，在立法的同时要积极制定保障法律实施的执法措施。《深海法》解决了我国"区域"开发立法的空白，让"区域"开发活动有法可依，为了让法律能更好地实施，除了立法方面的措施，还有执法方面的措施要跟进，建立"区域"活动监督执法机制是切实保障《深海法》实施的前提。

制定与"区域"开发相关法的执法措施与普通的执法措施不同,要考虑"区域"的实际地理情况和国际法律地位,可以采取类似专属经济区和大陆架范围内的执法行动①。在执法过程中依然要坚持依法行政、讲求效能、公平合理的原则,不能因"区域"是国际海底区域的特殊地理位置而有所改变。"区域"内矿产资源的开发不同于普通的矿产资源开发,"区域"开发是高难度、高技术要求的开发活动,若要更好地监督"区域"开发活动,需要建立全新的特殊的监督管理机制,运用专门的手段和技能来监督承包者在开发过程中的行为。制定"区域"执法措施应当根据"区域"开发的实际特点,同时要满足UNCLOS和咨询意见的要求。建立完善的深海海底区域开发法律体系和专门的执法监督制度,是我国顺利实施"区域"战略的重要保障。

---

① 张辉:《论国际海底区域开发担保国责任制度》,《人民论坛·学术前沿》2017年第18期。

公海保护新选择：在符合 EBSAs 标准海域建立保护区

袁 曾*

摘 要："公海自由"原则在现实社会中容易造成"公地悲剧"，以《联合国海洋法公约》为代表的现行海洋保护体系无法全面有效地保护海洋生态。对此，《生物多样性公约》提出建立公海保护区以维护海洋生态，公海保护区的设立拥有法理依据，而设立公海保护区的重要标准是该区域符合"具备重要的生物或生态意义"（EBSAs）的要求。美国、加拿大等国在领海外设立的相关海洋保护区以及国际社会对南极的保护为设立公海保护区提供了有益借鉴。我国应加速对符合 EBSAs 标准海域的科研，联合相关利益方，尽快在上述海域设立公海保护区。

关键词：《生物多样性公约》 公海保护区 EBSAs 标准

海洋生物多样性为地球的生态平衡贡献着极大的力量，为有效开发和利用海洋，国际法、国内法均对利用海洋作出了多种限制，但目前的法律保护体系弊端明显、覆盖狭小，无法真正实现保护海洋生物多样性等目标。以公海为例，公海自由原则在海洋法中长期占统治地位，而随着人类活动的广度与深度逐步扩大，大批海洋生物赖以生存的环境遭到了不同程度的破坏。影响海洋生态保护的因素较多，包括国际关系、国家海洋意识形态、海洋经济依存度以及海洋文化等多种要素。即便是包括联合国在内的多方主体通过立法、经济、政治等多种手段做出努力，但海洋生物多样性保护依然阻碍重重。

---

* 基金项目：2019 年上海交通大学凯原法学院前沿交叉研究基金项目"新科技生态下的法律工程学应用研究"（项目编号：WF118119003/001/042）阶段性研究成果。

袁曾，上海交通大学凯原法学院博士后在站研究人员，主要从事民商法与海商法研究。

生物多样性①意义重大，人类社会与自然世界发展面临的诸多矛盾能够从生物多样性中获得突破路径。传统的公海自由原则已经无法满足海洋物种可持续发展的需要，有必要通过国际法的修改与发展，创设更为新颖与高效的管理措施以满足生态保护的急迫现实需求。

以《生物多样性公约》签订为代表的国际立法正通过法律体系的重新梳理，力图为保护公海生物多样性提供有力的法律支撑。《生物多样性公约》第七届缔约方大会明确指出，海洋保护区是尝试生物多样性保护的新方式，在国家管辖范围以外的区域，限制人类不合理活动，以促进海洋的可持续发展。而公海保护区制度则是将海洋保护区制度扩展到国家主权范围以外的公海区域②。公海保护区将本不属于国家管辖的公海大面积地划为海洋保护区，并按照国际以及本国标准，制定本国与其他国家或经济体需要共同遵守的捕鱼、开采、利用海洋资源的规定，通过有效的管理手段，确保海洋生物多样性得到保护。但建立公海保护区的法律依据是什么？建立公海保护区的标准是什么？建立公海保护区又对维护中国海洋权益有何启示？目前，现行国际法并没有规定各国不能拥有建立公海保护区的相关权利，也没有规定各国可以建立公海保护区。从现实效果和设定目的的层面上分析，公海保护区实际确立了对于部分公海海域的排他管辖权，通过实际的控制手段达到保护海洋生态环境的目的，对公海自由原则造成一定的冲突与妨碍，与现行海洋法律体系存在矛盾。但现实的海洋保护的困境必然需要通过新的尝试以满足人类未来发展的需要，重构海洋生物多样性并促进海洋生态的平衡③。

---

① 联合国《生物多样性公约》将生物多样性定义为："所有来源的形形色色生物体，这些来源除其他外包括陆地、海洋和其他水生生态系统及其所构成的生态综合体；这包括物种内部、物种之间和生态系统的多样性。"

② 姜丽、桂静、罗婷婷等：《公海保护区问题初探》，《海洋开发与管理》2013年第9期。

③ 2003年1月，在西班牙的马拉加举办的"国际自然与自然资源保护联合会（IUCN）、世界保护区委员会（WCPA）以及世界野生动物基金会（WWF）关于公海保护区专家研讨会"上，专家工作组讨论后确定了六个比较具体的自然条件适合且具有政治可行性的公海保护区候选区。2008年的《生物多样性公约》缔约方第九次大会通过了《确定公海水域和深海环境中需要加以保护的具有重要生态或生物意义的海域的科学准则》和《建立包括公海和深海环境在内的代表性的海洋保护区网的选址的科学指导意见》，促使国际社会对公海保护区理论与实际研究进一步加快。

一、UNCLOS 等法规存在缺陷无法满足生物多样性保护

海洋是人类文明能够得到发展的源泉，所有国家享有平等开发利用公海的权利。但理论平权并不能为公海生物多样性保护带来实际的作用，并非所有的沿岸国均可履行保护公海的义务。目前海洋生物多样性减少的速度与广度有目共睹，对于这种各国均享有权利但资源却并没有得到较好保护的现象，美国教授哈丁先生提出了"公地悲剧"的理论①。当所有人均有权使用资源或财产却缺乏限制或者阻止时，经常会造成枯竭的结果。这种现实在目前国际法规制下的多国接壤地区极为常见，如中蒙边境地区草场的过度放牧、中韩两国渔民在黄海海域展开的竞争性捕捞造成的渔业产量衰减等，均是"公地悲剧"的典型事例。

在海洋生物多样性中，渔业是供给优质动物蛋白的主要行业，支持着整个人类的生存与发展。国际法领域已为海洋渔业资源养护建立了初步的法律体系。1958 年《捕鱼及养护公海生物资源公约》以及联合国环境规划署于 1974 年发起的"区域海洋项目"成为 20 世纪 70 年代以来应对海洋污染比较突出的国际性努力，但缺乏自上而下具有普适约束力的国际法文件，生物多样性依然遭到破坏。例如，过度捕捞带来的海洋生物链破坏，虽然《关于禁止在公海使用大型流网的决议》《负责任渔业行为守则》等关于渔业中限制捕捞的规定性文件已生效多年，但约束力颇弱。往往仅是缔约国渔民或渔业组织遵守规定，而非缔约国国民却无视管理和约束。一些缔约国拥有的渔船，为了规避规定而悬挂"方便旗"，其他缔约国既无法执法，也无法有效管理。早期的旨在保护单一物种的公约则被现实证明影响力较弱，如 1946 年《国际管制捕鲸公约》、1966 年《养护大西洋金枪鱼国际公约》等旨在保护某一类物种的规范，而现实海洋世界是普遍联系的，对某种物种的特殊保护并不能有

---

① 魏德才：《〈联合国海洋法公约〉海洋渔业资源养护制度评析》，《中国海洋大学学报（社会科学版）》2015 年第 6 期。

效地保护生物多样性。

UNCLOS同样未能对公海起到全方位的保护。例如，虽然UNCLOS第61条第2款明确了沿岸国养护义务，要求沿岸国必须依据科学证据进行适当管理，确保专属经济区（Exclusive Economic Zone，EEZ）的生物资源得到妥善保护，但现有EEZ制度并不能满足沿岸国的日常生产生活需要。为协调解决渔业产量和过度捕捞的问题，UNCLOS将海洋划分成不同法律地位的带状区域，通过建立总可捕量（TAC）制度与最高持续产量（MSY）制度将渔业资源养护纳入规制范围，通过建立全球或者区域性渔业组织来落实共同的养护义务。根据UNCLOS对于总可捕量制度的规定，沿岸国根据自身能力确定EEZ范围内的渔获能力，当其缺乏能力完成确定的总可捕量时，应将总可捕量剩余的部分转让给其他需要捕鱼的国家，但EEZ范围内的渔获量由沿岸国决定。决定沿岸国总可捕量的前提是充分的调查研究，这对于大部分发展中国家都极其不现实。确定总可捕量的理论基础是一国的整体渔业资源仅受该沿岸国影响，但这种割裂海洋生物普遍联系性的规定显然与现实不符。例如，公海的溯游产卵鱼类种群也会在沿岸国的专属经济区范围内被过度捕捞，从而影响到生物多样性，加之EEZ划界所面临的现实纷争，造成生物多样性更难受到保护。在考虑总可捕量的依据上，从科学分析生物多样性的角度出发，有必要考虑限制、管理沿岸国管辖权范围外的渔业活动，但遗憾的是，包括UNCLOS在内的大多数国际法规范均缺乏这样的规定。即便有国际组织愿意承担制定沿岸国总可捕数量的分配任务，也只能给予科学意义上的理论数值，捕捞标准内作业以及超捕捞标准的作业缺乏强有力的监督和执行。这些现实因素导致履行UNCLOS制度下的捕捞总量限制不切实际，甚至加剧沿岸国在渔业资源乃至海洋资源上的冲突。出于同样的角度考虑，MSY制度的现实合理性和可执行性同样存在先天弊病。在海洋生物资源的保护利用中，将事物割裂开来忽视海洋生物族群的联系而确定单一物种的最大可持续产量是违背自然客观规律的。TAC和MSY制度只是UNCLOS框架下生物多样性保护的一个方面，但足以印证现行UNCLOS体系下的渔业资源保护乃至生物多样性的保护存在不足。根据UNCLOS第117条、第118条的规定，参与区域性渔业组织是沿岸国履行生物多样性保护义务的方式之一。联合国大会应当借鉴《粮农条约》和《名古屋议定书》第 10 条的经验，建立一种"多边模式"，确保产生的惠益能够惠及国家管辖范围外海域生物多样性保护和可持续利用①。对于实践证明卓有成效的公海保护区的相关规定，UNCLOS 仅宏观地作了规定，要求各国在保护海洋环境立法中应考虑区域特点，在全球或区域基础上进行合作。UNCLOS 第 194 条第 5 款提及，采取其他措施保护所有水域中的生态环境和重要生态系统，但并未直接涉及建立公海保护区。

在国际社会尝试为保护海洋实现更有效成果的过程中，寄希望于产生具有广泛强制力的规则从而保护公海生物多样性的想法，依然不切实际。目前南极保护区的建立已经得到国际社会广泛认可，《南极条约》等有关环境、生物保护的法律法规已形成完整的体系。但俄罗斯、乌克兰等国依然抵制罗斯海等南极相关保护区的建立，其依据便是建立保护区的《南极生物资源养护公约》等规范性法规缺乏执行的法律基础。各国基于不同的国家利益，对于公海保护区的建立自然持不同的态度，但国际规范缺乏强制执行力等缺陷，却是公海保护区难以建立的重要现实因素。

二、符合 EBSAs 标准区域可设定公海保护区已形成国际共识

（一）《生物多样性公约》等规范为设立公海保护区提供支撑

国际法的发展自然带来对人类公海活动的限制，如 UNCLOS 第 7 部分规定，各国有进行公海生物资源养护合作的义务、1995 年《跨界和高度洄游鱼类种群协定》的生效就对公海捕鱼的权利作出明确限制。根据《马格努森渔业养护和管理法》和《暂禁公海流网捕鱼保护法》等法案，捕鱼的权利受到限制。"禁渔"减少鱼类的捕获量从而保证生物链顶端的海洋哺乳生物的生

---

① 徐靖、郑苗壮、刘岩等：《国家管辖范围外海域遗传资源获取和惠益分享机制构建建议》，《生物多样性》2016 年第 1 期。

存，间接维护了海洋生物多样性。公海保护区设立的初衷是为了最大限度地保护生物多样性、合理利用海洋资源。

《生物多样性公约》是目前国际社会为保护海洋生物多样性实现的重大成果，目前共有近200个缔约国，我国于1992年签署该公约。《生物多样性公约》缔约方大会是公约履行与日常咨询协商运营的最高决策机构。针对公海范围生物多样性保护的需要，《生物多样性公约》第十一届缔约方大会第Ⅶ/5号决定开展合作，加强生物多样性可持续利用。按照国际法并以科学信息为基础进一步建立海洋保护区，包括如海隆、深海热泉、冷水珊瑚和其他脆弱生态系统区①。《生物多样性公约》第3条规定，各国有义务确保其管辖或控制下的活动不造成其控制范围区域以外的环境损害。第4条和第5条规定，《生物多样性公约》可以适用于其管辖范围以外，而缔约国具有与其他缔约国、国际组织共同保护生物多样性的义务。公海保护区的建立，必然会对公海自由造成一定限制。但公海自由并不代表可以开展不受限制的任何活动，公海自由以承担相应的义务为前提，各国仍具有维护公海生物资源的一般性义务。公海保护区是对不合理的活动进行合理的限制，并不排除合理利用。从冷战发展至今，包括UNCLOS和《生物多样性公约》《关于特别是作为水禽栖息地的国际重要湿地公约》《保护世界文化和自然遗产公约》《保护迁徙野生动物物种公约》在内的一系列法律文书②，构成了在国家管辖范围以外确定生物多样性保护措施的国际法框架，为公海保护区的创设提供了扎实的理论基础。在维护整个生态文明与人类可持续发展的前提下，公海自由中的"部分自由"应该让位于生态保护以及海洋文明的需要，生物多样性的保护优位于无限制的公海自由。公海保护区并非公海自由的对立，而是寻求两者的平衡，使公海保护区制度发挥保护生物多样性的作用。

---

① 《〈生物多样性公约〉缔约方大会第Ⅶ/5号决定》，http://www.cbd.int/decisions/cop/?m=cop-07a。

② 再如《大加勒比海区域海洋环境开发和保护公约》《保护和管理东南大西洋渔业资源公约》等国际法文件。

(二) EBSAs 标准是单纯的科学标准

公海保护区的建立是为了满足生物多样性的需要，尤其是保护区域内的生态结构平衡。通过建立保护区而采取限制捕鱼等措施，直接后果是减少鱼类的渔获量，以使生态链上的更多物种获得繁衍。由于生物多样性保护涉及复杂海洋生态链条以及纷繁多样的物种关系，其建立的依据必然以科学研究、生态方法为基础。以溯游产卵的种群为例，它们的栖息地与产卵地往往不在同一区域，保护区的选址应以充分的科学研究为前提，确保最大范围地保护这类易受伤害的物种。

由于各方利益的不同，有关公海保护区的相关国际法律文件仍属于政策导向而缺乏实质性的直接规定，《生物多样性公约》缔约方大会在此方面做出了重大的努力，提出了符合设立公海保护区的科学标准[1]。2004 年《生物多样性公约》第七届缔约方大会召开，通过了保护区工作规划，目标拟定于 2010 年前对陆地和 2012 年前对海洋建立有效管理的国家和区域保护区系统。在沿岸国家主权管辖范围之外，建立海洋保护区。从目前的履行情况分析，第七届缔约方大会对于公海保护区所提出的目标显然没有实现。2010 年，《生物多样性公约》缔约方第十届大会在日本名古屋召开，这次会议总结第七届大会确立的生物多样性目标未完成原因是发展中国家缺乏实现目标的能力，并基于新的规划通过了 2011—2020 年的工作计划，包括将生物多样性纳入社会主流。其要求在 2020 年前，至少要在 17% 的陆地和包括公海在内的 10% 的海域建立保护区。工作计划规定，各国可以修订本国的生物多样性战略和规划，根据本国国情制定相应的国家目标[2]。缔约方大会确认，《生物多样性公约》支持联合国大会在国家管辖以外海洋保护区的工作方面发挥关键性作用，其重点是提供关于海洋生物多样性、应用生态环境方式和预防性方式的

---

[1] 2003 年，海洋事务和海洋法不限成员名额非正式协商会议的辩论中，联合主席发言摘要强调尝试应用包括建立海洋保护区在内的不同方法。各国代表团都表示支持建立海洋保护区，作为国家管辖范围外海域综合海洋管理工具。美国代表团提出了关于建立海洋保护区的标准及海洋保护区网络，并指出这些标准和网络应当建立在科学的基础上，必须是有效的、可执行的，且需与生态方法及国际法相协调。

[2] 《〈生物多样性公约〉第十次缔约方会议闭幕》，http://news.xinhuanet.com/tech/2010-10/30/c_12718157.htm。

科学信息以及酌情包含技术性信息和咨询意见。

2014年6月,《生物多样性公约》科咨附属机构第18次会议决定将《关于确定符合具有生态或生物学重要意义科学标准海洋区域的汇总报告》(EBSAs)提交第十二届缔约方大会审议。EBSAs（Ecological or Biological Significant Marine Areas）即为符合具有重要生态或生物意义的海洋区域的科学标准的区域。缔约方大会认为，符合重要生态或生物意义的海洋区域标准的描述，是一项科学和技术性工作，不代表其对于国家、领土、边界划分或法律地位的任何意见。《生物多样性公约》框架下推动符合EBSAs区域的描述，不仅对联大框架下相关谈判带来复杂影响，而且可能加快公海保护区建立的进程。EBSAs描述的标准，可能成为将来在国家管辖范围外选取公海保护区的科学基础①。

笔者认为，EBSAs标准是使用具有重要生态或生物意义的海洋区域的科学准则，是一项科学和技术工作。现有公海保护区（如地中海公海保护区）大多数均为针对热液喷口、海山等有特殊动物区系的深海独特环境建立，从长远角度来看具备极强的生态意义。根据《生物多样性公约》秘书处的披露，目前其已完成207处符合EBSAs标准海域的描述（74处涉及国家管辖范围外海域），覆盖海域达到了世界海洋面积的九成。鉴于《生物多样性公约》在生物保护领域的权威性以及缔约国的广泛性（超过190个缔约国），应承认符合EBSAs标准的区域未来可以作为设定公海保护区的划分基础之一。需要注意的是，缔约方大会明确要求对符合EBSAs标准的海洋区域采取的任何措施（包括选择任何保护和管理措施），都必须符合国际法。

三、现有的公海保护区模式提供了域外借鉴

虽然公海保护区的法律地位、性质仍缺乏定论，法律制度框架也缺乏硬

---

① 郑苗壮、刘岩:《生物多样性公约与国家管辖范围以外海洋生物多样性问题研究》，《中国海洋大学学报（社会科学版）》2015年第2期。

法支撑，但已有国家将保护区建立在管辖海域以外的先例，包括美国在太平洋建立的保护区、加拿大根据"长臂管辖"确定的限渔区，地中海三国在公海设立的保护区以及国际社会共同设立的范围最大、成立时间最早的南极保护区。这些已经设立的公海保护区为相关国家尽快在符合 EBSAs 标准区域建立公海保护区提供了理论依据与实践指导。

（一）北美国家依据国内法扩大其公海保护区范围

美国历来重视海洋保护区的应用，1972 年生效的《国家海洋保护区法》授权其商务部部长负责国家级海洋保护区的选划、管理。美国并未加入 UNCLOS，在公海保护区的设立问题上避开了 UNCLOS 有关 EEZ 等制度的限制。美国政府海洋生态保护区被定义为基于生态系统管理的一种基本方法[①]。美国《古物法》授权总统依据其判断力，宣布在公海范围内建立海洋保护区，将其认定的历史标志物、建筑物以及其他物品建设为国家纪念物，从而绕开相关国际法限制，确定美国海洋保护区的法律地位。2000 年 5 月，时任美国总统克林顿签署《第 13158 号行政命令》，命令美国海洋与大气管理局（NOAA）及其他相关部门通力合作，以建立新的公海保护区，并加强对于美国已有海洋保护区的保护力度。基于生态系统的科学基础，对公海进行符合生态标准和相关规定的管理，同样是以 EBSAs 标准作为设立公海保护区的依据。美国总统布什任期内设立了 4 个大型海洋保护区：帕帕哈瑙莫夸基亚国家海洋保护区（36.3 万平方千米）、马里亚纳海沟国家海洋保护区（24.6 万平方千米）、玫瑰环礁国家海洋保护区（3.5 万平方千米）和太平洋远岛屿国家海洋保护区（21 万平方千米）。将美国保护下的海底山脉的数量增加了 4 倍，20 多种海洋哺乳动物、5 类受到威胁的海龟、多种鲨鱼以及其他食肉鱼类得到保护[②]。除了设立公海保护区对于海洋主权的潜在性战略需求，仅就维护生态多样性进行考量，美国海洋保护区按照限制程度的不同，可以分为"禁渔"

---

① 公衍芬、姜丽：《以美国为鉴探讨中国参与公海保护区建设的对策建议》，《环境科学导刊》2014 年第 1 期。

② 于莹：《美国最新海洋（海岛）保护区动态及趋势分析》，《海洋开发与管理》2015 年第 2 期。

"核心区域禁止进入"等多种形式①,通过科学的管控,减少人类的消耗性活动对于生物多样性的影响。划定"禁渔区"是保护本国及相关国家渔业资源的一种重要方式,而利用技术、能力优势在其管辖范围外设定的"禁渔区"等行为可以认为是新时期"海洋圈地运动"的一种体现,客观上限制了其他国家在此区域过度捕捞的可能,在一定程度上也能够促进公海生物多样性的保护。

公海保护区的设立能够实现一国管辖权在主权范围外的扩张,加拿大先后在1976年《渔业区域法》、2009年《加拿大沿岸渔业保护规则》中宣布对两个位于公海的浅滩拐角进行"长臂管辖"。这两处海域均位于其EEZ范围之外,而加拿大坚持对上述区域从事捕捞活动的船舶进行管辖。加拿大通过国内法的授权,扩大其对公海的管辖范围,就等于扩大了其渔业等海洋资源的战略储备量,除为生物多样性保护提供重要的生态意义,也为本国海洋经济的发展提供了新的窗口。美国、加拿大通过国内法授权的方式明确了其开展公海保护的权利并付诸实践,为中国在相关海域依照EBSAs标准设立公海保护区提供了实践指导,在未来《海洋基本法》的立法过程中,可以明确我国在建立公海保护区方面具有的相关权利义务,从而为实践提供国内法支撑。

(二)欧盟国家积极推进在管辖以外海域设立保护区

欧盟高度重视海洋环境的保护,针对海洋生态环境破坏严重的现实,欧盟号召相关国家和组织开展合作,保证统一协调的管理方式并设立海洋保护区网。近年来,欧盟连续参加或主持有关海洋环境保护的国际会议,以增强话语权。在2006年《生物多样性公约》第八届缔约方大会上,欧盟明确表示支持拟定新执行协定,支持公海保护区的设立。欧盟在2007年联大第62次会议上强调以生态基础管理涉海活动,以科学标准应对海洋生态面临的威胁。欧盟于2008年跨大西洋全球环境行动平台会议上签署同意在管辖范围外促进包括深海珊瑚在内的公海生物资源保护。欧盟海洋渔业事务部于2010年7月

---

① 桂静:《不同维度下公海保护区现状及其趋势研究——以南极海洋保护区为视角》,《太平洋学报》2015年第5期。

签署《南太平洋公海资源管理保护公约》,成为第 7 个签约成员。欧盟国家将公海保护区的理论也付诸实践,15 个东北大西洋沿岸国于 2010 年 9 月签订《保护东北大西洋海洋环境公约》(OSPAR),在大西洋设立了由 6 个保护区组成的公海保护区网络。笔者认为,我国可以借鉴欧盟积极参与国际规则制定、增强公海保护区话语权的做法,积极参与包括 EBSAs 区域研讨会在内的相关国际会议保证理论积累与科学研究的基础,为适时推出公海保护区做好准备。

(三)地中海公海保护区根据协议设立

意大利、摩纳哥和法国按照三国签署的《为海洋哺乳动物建立地中海保护区的条约》,设定了派拉格斯海洋保护区(面积为 8.4 万平方千米),其中超过五成的保护区水域不属于三国的管辖海域范围[1]。该海域生活着大密度的鲸类和海豚,三国共同协调对该海域的监管,如减少污染源、限制采用拖网进行捕鱼等措施。该保护区是目前保护效果较好的区域,也从国际社会层面证明,公海保护区可以按照共同利益,由相关利益国家自行展开划界、运营,由相关缔约方按照协议或条约的规定,通过各自履行约定义务的方式对生物多样性进行成功的保护[2]。地中海公海保护区的成功运营,为生物多样性的保护提供了新的路径选择,《生物多样性公约》缔约方大会第十二届大会要求地中海相关国家提供描述地中海能够符合 EBSAs 的地区报告,为其他区域公海保护区的设立提供有益经验。中国可以参照地中海国家的做法,在符合 EBSAs 标准区域的海域,联合相关国家,共同运营、维护公海保护区,共同保护生物多样性。

(四)南极保护区是国际社会共同设立保护区的有力先例

经过国际社会的不懈努力,有关《南极条约》体系框架内相关海洋保护区的建立,形成了以《南极条约》为核心的整体法律保护体系[3]。具体包括

---

[1] 郑凡:《地中海的环境保护区域合作:发展与经验》,《中国地质大学学报(社会科学版)》2016 年第 1 期。

[2] 刘画洁:《国外深海底矿产资源许可制度比较与借鉴》,《江苏大学学报(社会科学版)》2015 年第 2 期。

[3] 陈力:《南极海洋保护区的国际法依据辨析》,《复旦学报(社会科学版)》2016 年第 2 期。

《关于环境保护的南极条约议定书》与《南极生物资源养护公约》等文件。《南极条约》第9条明确要求缔约国采取措施促进南极生物资源的保护。笔者认为,《南极条约》体系已涉及生物多样性的保护。《关于环境保护的南极条约议定书》第2条规定,将南极指定为自然保护区,仅用于和平与科学,要求缔约国承诺全面保护南极环境及生态系统,并在附件5中详尽地规定了区域保护及管理。南极海洋生物资源养护委员会(CCAMLR)是根据1980年《南极海洋生物资源养护公约》成立的政府间国际组织。由CCAMLR管理南纬60度以南区域以及该纬度与构成部分南极海洋生态系统的南极辐合带之间区域的南极海洋生物资源,其中包括鱼类、软体动物、甲壳类动物和鸟类在内的其他生物种类。CCAMLR出于科研、养护目的,有权按照符合其管理目标的方式指定封闭区域。2010年5月,南奥克尼群岛南大陆架海洋保护区已经在南极建立。笔者认为,在《南极条约》框架下,通过科学的判断标准与依据,指定一定范围的区域作为保护区,是相关国家秉持保护人类共同利益而在平等基础上做出的成功尝试,有助于利益相关国家参照相同的方式,通过签订平等条约的形式,在公海依照共同的判定标准设定固定或非固定的保护区域以保护生物多样性。

四、中国设立公海保护区的思考

(一) 可供设立保护区的海域不多

公海保护区的设立,为发达国家找到了施加全球影响力、领导全球海洋政策变革的新手段[①]。近年来,我国推动公海保护事务的努力取得了不少成就,如参与了《关于养护和管理跨界鱼类种群和高度洄游鱼类种群的协定》等法规的制定,增强了海洋保护的国际话语权。《生物多样性公约缔约方大会第十一届会议通过的决定》在"海洋和沿海生物多样性"一章中明确规定:依照国际法包括UNCLOS,查明符合EBSAs标准的海洋地区以及选择保护、

---

① 刘惠荣:《特别保护区:公海生物多样性保护的新视域》,《华东政法大学学报》2009年第5期。

管理措施是国家和主管政府间组织的事务。值得注意的是，部分海洋大国抱着不同目的，极为支持在《生物多样性公约》框架下查明符合 EBSAs 标准的海域，如日本支持了有关太平洋东部区域、西南部区域的 EBSAs 区域研讨会，美国支持在符合科学标准与生态方法下设定海洋保护区。在生态系统基础下管理公海的模式已成为大势所趋。

我国海洋环境极其复杂，虽然海岸线漫长，但与邻国争端海域颇多，海洋保护的工作局面难以打开。建立公海保护区，契合我国维护海洋资源战略利益的需求。根据 UNCLOS 关于 EEZ 的规定，我国所属黄海、东海大部分区域与朝、日、韩三国叠加，基本不存在公海区域，我国及周边国家利用海洋的权利基本依照传统作业区划分①。我国南海区域虽与菲律宾、越南等国争议较多，但在传统"九段线"范围内，属于我国领海区域可以考虑设立保护区，但不是公海保护区。考虑我国的科学研究水平与实际控制能力，在台湾本岛与钓鱼岛以东洋面的公海区域设立公海保护区具有较大的可能性，有必要加强此区域的科考研究，形成符合 EBSAs 标准的区域报告，送交联合国大会以及相关国际组织，作为设立公海保护区的依据②。借鉴北美国家经验，中国可通过在涉及我国重大战略利益且符合 EBSAs 的相关公海区域优先设立"禁渔区"的方式，限制其他国家与个人在该海域的超量捕捞活动，在保护该海域生物多样性的同时兼顾战略利益的保护。

（二）投入丰富资源加强相关海域研究

国家管辖外海域的科研，能够推动众多关键基础前沿科学的发展，而公海保护区本身就具有重大的科学研究价值。《生物多样性公约缔约方大会第十一届会议通过的决定》指出：科学地描述符合 EBSAs 的海洋区域，是一个开放和不断发展的进程③。应继续开展这一进程，以便在各区域有了更扎实的科

---

① 胡斌、陈妍：《论海洋生态红线制度对中国海洋生态安全保障法律制度的发展》，《中国海商法研究》2018 年第 4 期。

② Harm Dotinga, etc. The Netherlands and the Designation of Marine Protected Areas in the North Sea. Utrecht Law Review, 2009 (5): 21.

③ Robin Kundis Craig. Protection International Marine Biodiversity: International Treaties and National Systems of Marine Protected Areas. J L and Use & Envtl Law, 2005 (20): 333.

学和技术信息后,不断予以加强和更新。建立符合 EBSAs 标准的海洋区域登记册和信息分享机制,鼓励各缔约方、其他国家政府和政府间组织,建立区域的元数据信息资料登记册,酌情顾及其保密性,并同信息共享机制(第Ⅹ/29 号决定第 39 段)和其他相关数据资源链接。

建立公海保护区需要强大的国家实力作为支撑,生物多样性保护需要极其复杂的专业技术知识与科学技术水平,这对于尚处于发展阶段的大部分发展中国家来说,并不具有与之相匹配的实力。我国已在南海诸岛开展了大规模的高难度填海工程,我国在海洋工程等领域的研究和实践水平已经达到世界先进水平,具备开展生物多样性保护的现实可行性。我国海洋资源战略研究的方向除了领海与 EEZ,更应扩大到相关公海海域,为国家发展留下更充足的空间。设立公海保护区是一项复杂的系统工程,不应过分追求面积大小,而是严格依照 EBSAs 标准,按照保护区目的、生物链结构、栖息地类型等类目进行充分的科学研究以提出合理的区域划分。国务院于 2013 年 3 月下发的《关于促进海洋渔业持续健康发展的若干意见》明确提出,着力加强海洋渔业资源保护、提升海洋渔业可持续发展能力。现阶段,我国可以借鉴美国对于海洋自然保护区的管理模式,考虑由国家海洋局牵头成立公海保护区专门科研机构,负责公海保护区的选址和建设,加强对于公海保护区的科学研究和生态管理。

(三)联合利益相关国家加快设立共同运营保护区

在当前国际形势下,在广袤的海洋上依靠一国强权建立单独的公海保护区极易引发国际争端与舆论指责,而采用国际协作的方式则较易推进公海保护区的建立[①]。中美两国于 1993 年签署协议即《关于有效执行 1991 年 12 月 20 日联合国大会 46/215 决议的谅解备忘录》,要求在北太平洋海域针对拖网开展联合执法,为联合相关国家共同保护公海提供了先例。中国在 2006 年 2 月第 61 届联合国大会审议海洋法议题的发言中明确提出,养护管辖范围以外

---

① Frida M. Arenas Pfirter. How Can Life in the Deep Sea Be Protected? The International Journal of Marine and Coastal Law, 2009 (24): 287.

海域的生物多样性，应充分考虑现行制度，并在 UNCLOS 及其他国际公约框架下确定。关于此类合作，南极的保护与开发能够起到较为成功的借鉴作用[1]。笔者认为，可以按照"优势主导、共同保护、协同开发"的原则进行机构与机制设置，选取符合 EBSAs 标准的海域划定公海保护区。各国关于公海保护区的议事与协商机制必须在保护区设立之初明确，保护区设立后，应对辖区内的物种采取切实的监测与保护。目前美国以及其他国家建立的保护区的实际成果仍有待进一步评估，其建立公海保护区的目的更接近主权占有宣誓。但是，从生物多样性保护的实际出发，更需要确切的法律条文规定具体的保护措施，并制订详细的监测、管理、科研、处罚、惩戒细则[2]。

五、结语

现行国际法规范由于其固有的缺陷，难以起到抑制"公地悲剧"的作用。作为保护生物多样性的有力武器，公海保护区的建立已经基本成为国际共识。《生物多样性公约》及其缔约方大会的相关决议，为公海保护区的建立提供了广泛的基础，其确立的 EBSAs 标准具备划定公海保护区的现实生态意义，也具有实践操作性。美国、加拿大依据其国内法授权，在公海范围内建立保护区。欧盟、地中海的相关国家，积极参与国际有关公海保护区的事务处理，并在生物丰富地区成功建立了管辖范围外的保护区。南极保护区是国际社会共同建设、运营公海保护区的最有力证明，能够为联合相关国家共同运营公海保护区提供指导。中国面临的海洋环境复杂，应加大力度投入对相关海域的研究，积累相关理论研究资料并保证国际话语权，尽早联合利益相关国家在符合 EBSAs 标准的海域建立公海保护区。

---

[1] Frida M. Arenas Pfirter. How Can Life in the Deep Sea Be Protected? The International Journal of Marine and Coastal Law, 2009 (24): 287.

[2] 胡德胜:《国际水法上的利益共同体理论：理想与现实之间》,《政法论丛》2018 年第 5 期。

[人工智能产权研究]（本栏目主持：陈吉栋）

运用传统侵权法理论"迎接"机器人智能

柯蒂斯·E. A. 卡诺 著 陈吉栋 王冉冉 译*

摘 要：当下，大多数机器人仅是简单地应用人类设计的算法，其所致伤害通常只是人类错误的结果。真正的自主性机器人可以产生自己的算法。传统侵权法的过失责任以可预见性理论为核心，严格依赖可预见性的严格责任理论——高度危险活动和制造缺陷——不适合调整自主性机器人造成的伤害。原因是，自主性机器人自己设计方法完成一定任务的行为，在一定程度上是自适应的。未来人与机器智能间可以互惠适应。首先，机器人行为需受常识限制，常识松散耦合的作用使自主性机器人的行为变得更可预测；其次，人类可以在与自主机器人的交互中更好地预测其行为，从而使人们更容易应用传统侵权理论迎接机器智能。

关键词：自主性机器人　算法　过失侵权责任　严格侵权责任　可预见性

让一个人形机器人伸出右手触摸他的左耳①。我看到的大多数情况是，机器人试图将手直穿头部到达左耳。未来就是这样——只是分布不均②。

---

* 本文载于 Edward Elgar Publishing 于 2016 年出版的 *Robot Law* 一书中。文章原标题为 The Application of Traditional Tort Theory to Embodied Machine Intelligence。本文只是为了引发进一步的讨论，对于笔者本人或任何其他法官如何裁决这一领域的任何问题，笔者不表示任何意见，笔者也不对任何悬而未决的或即将发生的案件发表任何意见。本文翻译、期刊发表已经获得 Edward Elgar Publishing 授权。

柯蒂斯·E. A. 卡诺（Curtis E. A. Karnow），美国加利福尼亚州旧金山县高等法院法官。

陈吉栋，法学博士，上海大学法学院讲师；王冉冉，上海交通大学法学院博士研究生。

① http://robotics.stackexchange.com/questions/342/what-are-some-common-mistakes-that-robots-make.

② Attributed (in some form) to William Gibson, http：//quoteinvestigator.com/2012/01/24/future-has-arrived/; Peering Round the Corner, Economist, Oct. 11, 2011, http：//www.economist.com/node/811961.

本文讨论传统的侵权责任理论，如过失和严格责任，并指出这些理论可能不足以对出售或使用自主机器人的法律主体（自然人和公司）施加责任。因为机器人本身不是法律主体，也没有财产，因此让机器人对其行为承担责任是毫无意义的。对于传统侵权法在机器人和机器智能行为中的适用，评论人士此前提出了相互矛盾的建议。有些人认为，至少在欧洲法律下，没有规制机器人行为的法律[1]。其他人则认为相反，有太多的法律阻碍机器人技术的发展，"我们可以也应该对机器人制造商进行类似的豁免，以应对其产品所用的许多用途"[2]。另一个评论认为现行法律是机器智能发展的一个障碍[3]。正如其他人指出的那样，笔者在几年前提出了这个问题[4]。然而，与其他评论员一样，笔者没有区分或讨论自动和非自动机器智能之间的区别，也没有区分实体软件和无形的软件，所以，笔者能解释为什么某些类型的机器人对传统侵权法造成了问题。笔者希望这在本文中能有所补救。其他人最近提出的建议适用侵权法的问题，如自动驾驶车辆，但不是本文注意到的原因[5]。

本文提供了"自主性"（autonomous）的基本工作定义以及"可预见性"（foreseeability）的法律概念，这是侵权责任的核心。本文不涉及使用机器人（包括武装和未武装无人机）所引发的政策、道德或其他问题，因为正如笔者

---

[1] C. Leroux, *A Green Paper on Legal Issues in Robotics*, February 11, 2012, http://www.jura.uni-wuerzburg.de/uploads/media/A_green_paper_on_legal_issues_in_robotics_-_Leroux_01.pdf.

[2] R. Calo, *Robotics & The Law: Liability For Personal Robots*, http://ftp.documation.com/references/ABA10a/PDfs/2_1.pdf; Danielle Citron, *Bright Ideas: Talking about Robotics with Ryan Calo*, May 2010, http://www.concurringopinions.com/archives/2010/05/bright-ideas-talking-about-robotics-with-ryan-calo.html.

[3] Steven J. Frank, Tort Adjudication and the Emergence of Artificial Intelligence Software, 21 *Suffolk U. L. Rev.* 623, 639 (1987).

[4] Bert-Jaap Koops, et al., Bridging the Accountability Gap: Rights for New Entities in the Information Society?, 11 *Minn. J. L. Sci. & Tech.* 497, 539-40 (2010).（1996年，Karnow调查了人工智能所致伤害的法律解决途径。他的主要观点是，在这一刻，我们看到了新兴的人工智能通过决策程序在现实世界中运作，做出人类"无法预料的决定"）（注释略）。参见 Curtis Karnow, Liability for Distributed Artificial Intelligences, 11 *Berkeley Technology Law Journal* 147 (1996).

[5] Jeffrey K. Gurney, Sue My Car Not Me: Products Liability And Accidents Involving Autonomous Vehicles, *U. Ill. J. L. Tech. & Pol'y* 247 (2013); Gary E. Marchant & Rachel A. Lindor, The Coming Collision Between Autonomous Vehicles and the Liability System, 52 *Santa Clara L. Rev.* 1321, 1323-25 (2012).

定义的那样，这些机器人目前并不是自主性的，并且不涉及笔者所讨论的法律问题。

笔者认为，有趣的机器人包含了机器学习，比如遗传算法、神经网络或者其他产生不可预知行为的反馈回路（feedback loops）。也就是说，这些机器人将得到关于最终目标的命令，并为自己确定实现这些目标的方式。机器人的操作者即所有者或原始程序员，并不能预测这些手段。相反，软件通过运行实验，或尝试解决其他实际或虚拟的问题进行自我指导、纠正错误，并接近它要实现的结果。笔者称它们为"自主性"机器人。

然后，本文描述了经典侵权理论、过失以及"严格"或产品责任的各种特点，将可预见性确定为所有这些理论的共同和核心的要素。由于这种共同性，将这些法律理论应用于真正的自主性机器人将是困难的。

笔者以对如下问题的思考作为本文的结论：机器智能的行为如何接受传统侵权法的影响，并在此过程中改变这些法律标准（law test）的适用。

本文是为法律专业和非法律专业读者撰写的，如从事机器人开发的读者。必须声明的是，这两类读者都将感到失望——法律人会对笔者相对肤浅的法律讨论失望，工程师和程序员会对笔者就他们领域发展状况过于简单的看法失望。笔者祈求两方面读者的谅解。

一、机器人与自动性

"机器人"这个词被用来无差别地指称各种各样的呈现或者据说将呈现智能表象的机器。我们对机器人概念的理解是一个受漫画、小说和现实混合影响的集合体，这归咎于施瓦辛格的终结者、无人驾驶但接受导航的潜艇和火星漫游者、部分被实时引导的导弹以及可能不是实时引导而是以先前固定代码操作的鲁姆巴（Roomba）吸尘器和索尼机器人狗[①]。许多评论员在解决

[①] 截至2006年，索尼制造了爱宝狗机器人，它可以移动、玩球（至少用机器附带的特殊球），并展示"狗"的某些其他行为，如吠叫、追逐和对指令的反应。

机器人引发的法律适用困难时不会花太多时间来区分这些机器人种类。这是错误的，因为有吸引力的法律问题只涉及这些机器人当中的一小部分（虽然范围不断增长）。就本文目的而言，引人兴趣的机器人不是指那些不受人实时控制的浅层意义上的自主的机器人，而是指其选择实现人类设定目标的方法无法被人类预料意义上的自主的机器人。因而，工业工厂机器人、系绳机器人（tethered robots）①、导弹和无人机等不值得关注。

在这一方面，宙斯盾战斗系统是一个令人困惑的典型例子，它被部署在许多国家的海军舰艇上，目前由洛克希德·马丁公司制造②。一位评论员写道：

> 迄今为止，市场上还没有能够完全替代人类的机器，但确实已经存在无需人为介入而使用致命武器的机器人系统。美国海军的宙斯盾战斗系统就是一个例子，它能够自主跟踪敌方飞机并指导武器进行攻击。③

虽然宙斯盾战斗系统确实可以自主探测和跟踪目标，并同时为100多个目标提供导弹制导功能，但它并不是自主确定攻击目标。它的"自动"攻击功能仅限于中段和末端④。它至多是一个"人类监督的自主系统"⑤，而1988

---

① 这里包括无人潜水器和火星探测器，系绳不仅长，而且延迟时间长达约21分钟（信号在地球和火星之间传播的最大时间）。

② http：//www.lockheedmartin.com/us/products/aegis.html.

③ Paul Robinson, *Who Will Be Accountable for Military Technology*? Slate, Nov. 15, 2012, http：//www.slate.com/articles/technology/future_tense/2012/11/lethalautonomousrobotsdronestms_andothermilitarytechnologiesraise.html（提供了讨论重点），其他描述也模糊了人类监督的作用。例如，在 Ronald Arkin 的 *Governing Lethal Behaviors InAutonomous Robots*（2009）一文第7—8页，作者引用了海军对宙斯盾战斗系统的描述"能够自主执行自己的搜索、检测、评估、跟踪、参与和杀死评估功能"。

④ "SM-6[导弹]通过舰船雷达从宙斯盾作战系统接收中程飞行控制；终端飞行控制系统通过导弹的主动导引头自动进行控制，或通过舰载照明器由宙斯盾作战系统支持。" U.S. Navy Standard SM Missile, http：//www.dote.osd.mil/pub/reports/FY2012/pdf/navy/2012sm-6.pdf. 笔者认为作者使用"自动的"意味着"自动化"。

⑤ Michael N. Schmitt, *Autonomous Weapon Systems and International Humanitarian Law：A Reply to the Critics*, Harv. Nat'l Security J. Features, Dec. 4, 2012, http：//ssrn.com/abstract=2184826.

年击落毫无武装的民用客机这一噩梦般的错误即是人类瞄准失误造成的,当时向指挥官做出的通信与宙斯盾战斗系统所生数据不一致①。这些武器的作用是允许人类决定要攻击什么②。

智能的概念通常只是"我不知道它们做这件事怎么这么快"的简写,我们也曾这样看待机器,这是一种无知的惊奇。依此认识,可正确响应嘈杂背景下做出的基本语音命令的苹果 Siri、区分敌对入侵者的导弹防御系统以及计算最佳价格并在几分之一秒内执行交易的股票市场计划都是智能的。这些先进技术的魔力在于超出人类极限的速度以及观察者对所用程序的无知。

但是,对生成输出方法的不了解与输出的不可预见不同,我们可以使用这种区分来达致对于"自主性"的粗略定义。

当电池电量不足时,鲁姆巴吸尘器或索尼爱宝狗(Aibo)机器人均允许设备返回充电站,但大多数所有人都不知道该程序。这种行为在没有人类实时监督的情况下发生,在某种模糊的意义上,这些机器人显得具有自主性。进一步说,就是谷歌及其他公司的无人驾驶汽车,它们运行时带有更多关于环境的信息,并在没有人类实时控制的情况下做出各种各样的选择③。但是"为了制造更多的认知系统和达到更高等级的自主性,还需要做很多研究工作"。这种"更高等级"自主性的要求,提供了探求自主性真正含义的重要线索:

> 实现这一目标的一个重要步骤是学习,例如,其他车辆的外观和移动方式是怎样的,并且将这些知识用于感知、导航和交互的目的……[我们也可能需要]模仿学习,这意味着根据所观察的其他交通参与者的行为或手动操作下的运行来推断车辆的活动。然而,总是会出现以前从

---

① See, generally, http://en.wikipedia.org/wiki/Aegis_Combat_System.

② Michael N. Schmitt, *Autonomous Weapon Systems and International Humanitarian Law: A Reply to the Critics*, Harv. Nat'l Security J. Features, Dec. 4, 2012, http://ssrn.com/abstract=2184826. at note 19.

③ Thorsten Luettel, et al, Autonomous Ground Vehicles: Concepts and a Path to the Future, 30 Proc. of the IEEE 1-8 (May 2012), http://www.mucar3.de/bib/thlu/luettel2012ieeeproc.pdf.

未见过和"学过"的意外情况，车辆仍然需要应对。自动驾驶汽车与其他交通参与者（机器人和人类）之间的困难交互也需要做很多工作。为此，必须收集其他交通参与者的行为和意图。①

笔者认为，问题的关键是真正的自主性包含了自我学习：程序不是简单地应用人类设计的算法（像扫地机器人鲁姆巴和索尼爱宝狗机器人那样），而是产生它自己的算法。因此，自主性显然不是指系绳机器人的行为，如无人潜水器和无人驾驶飞机，也不是（不明显地）指没有人类实时控制而是完全按照预先编程或自动化的方式运行的机器人的行为，如先进的中程空对空导弹（AMRAAMs）和工业机器人。先进的传感器、大量的编程和快速的执行可以通过自动化模拟自主性。有些功能允许人类从容地做决策；其他的，如宙斯盾战斗系统在激烈的战斗中诱使人类放弃，从而产生自主决策的幻觉。但这不是笔者所说的自主性。

笔者要重申的是，即使有这个工作定义，即程序产生自己的算法，自主性仍然是一个程度问题。尽管如此，本文将循此定义聚焦于现实中具有自主性的那些功能。

（一）自学程序

大约40年前，约翰·霍兰德等人编写了软件制作的软件：遗传算法②。这项工作的灵感来自一种进化过程：丢弃低效模块，留下高效模块。霍兰德采用了一系列的代码片段，通过一系列的迭代，生成了从未有人会编写的代码。后来，一名实验者因为运用遗传算法设计了一架宇宙飞船的天线而获奖，这击败了人类类似的努力③。

这种无实体编程的物理模拟（physical analogues）现在正在实验室中进

---

① Thorsten Luettel, et al, Autonomous Ground Vehicles: Concepts and a Path to the Future, 30 Proc. of the IEEE 1 – 8 (May 2012), http://www.mucar3.de/bib/thlu/luettel2012ieeeproc.pdf.

② John H. Holland, Adaptation in Natural and Artificial Systems (1993, 1975). See also, M. Mitchell, Complexity: A Guided Tour 127 et seq. (2009).

③ Complexity: A Guided Tour at 142. 接受奖金的人类获胜者是否真的补救了"到期的信用"，让人生疑？

行测试。例如，我们有物理模块，每个模块都有一个简单的功能，并且在无数种类的组合中，可以完成一个总的软件所未发出指令的任务。这些模块具有移动、地基或机载的、抓爪器、攀爬能力、各种传感器等能力。这些模块可以根据物理环境的限制进行分离和重新配置，以形成新的整体组合①。它们利用动力能源（locomotive power）爬山，并使用机载传感器实现与其他模块之间的通信并扫描环境②。像神经网络这样的早期技术，被用来测试潜在的解决方案；愈发集中的计算能力，使小型机器人能够区分环境并获得合理的结果。对于在各种环境中运行的机器人，"神经进化指导比基于规则的指导产生更好的整体行为效果"③。

另一些研究自适应机器人行为的人明确界定他们的工作是"创新机器人学"④，意思是通过代码设计代码以应对任务分配和环境等约束。这是遗传算法和不可预测的"紧急"行为之间的联系：

> 本文描述了一个真实的由神经网络驱动的移动机器人的演化发展结果。自主智能体的神经控制器发展的演进方法已被许多研究人员成功使用，但大多数（如果不是全部的话）研究已经用计算机模拟进行。相反，

---

① N. Mathews, et al., *Spatially Targeted Communication and Self-Assembly*, (2012) (paper presented at the IEEE/RSJ Intl. Conf. on Intelligent Robotsand Systems), http://code.ulb.ac.be/dbfiles/MatChrOgrDor2012iros.pdf; Yan Meng et al., *Autonomous Self-Reconfiguration of Modular Robots by Evolvinga Hierarchical Mechanochemical Model*, IEEE Computational Intelligence Magazine, http://www.soft-computing.de/CIM_MR.pdf（"在不断变化的环境中，模块化机器人的自我重构……受到多细胞组织和化学形态建成的胚胎生长过程的启发……自我配置的模块化机器人是具有可变形态的自主机器人，他们可以通过重新组织模块的连通性来有意改变自己的形状，适应新的环境，执行新的任务，或从损害中恢复"）；Marco Dorigo, "Swarmanoid: A Novel Concept for the Study of Heterogeneous Robotic Swarms," IEEE Robotics & Automation Magazine (2012), http://www.idsia.ch/~gianni/Papers/Swarmanoid-techrep.pdf.

② 另参见 Antoine Cully et al., *Robots That Can Adapt Like Natural Animals* (2014)（未发表论文），http://arxiv.org/pdf/1407.3501v2.pdf？，http://arxiv.org/pdf/1407.3501v2.pdf（机器人可以在几分钟内通过反复试验来弥补机车故障的损坏，"比现有技术算法快得多"）。

③ Rodney A. Brooks, *A Robot that Walks*; *Emergent Behaviors from a Carefully Evolved Network*, Neural Computation (1989, posted online March 13, 2008), http://dspace.mit.edu/handle/1721.1/6500.

④ D. Floreano et al., "*Evolution of Adaptive Behaviour in Robots by Means of Darwinian Selection*," http://journals.plos.org/plosbiology/article? id=10.1371/journal.pbio.1000292.

在这项研究中，整个进化过程完全是在没有人为干预的情况下在真正的机器人上进行的。虽然这里描述的实验解决了一个简单的导航和障碍规避任务，但我们也展示了一些自主机器人应对紧急情况的特质。

我们既没有预先设计机器人的行为，也没有在进化过程中进行干预。机器人从完全空白到自身独自发展出一系列适应环境和自身的策略和行为。尽管其组件和生存标准简单，但由于非线性和反馈连接被用于最佳导航和避障，因此很难控制和预测机器人的行为。[1]

机器人自主性当然存在于各个领域。上面已经提到的自主机器人为数不多。事实上，更多的自主机器人可以即时重新安排逻辑或物理模块，以解决分配的任务。甚至更多的自主机器人也能从较小的单元中创建所需的模块，进行自我编程；它们这样做是为了应对不同类型的约束，即不仅是对物体靠近的反应，还有对热、颜色、字母（如公路标志）等的反应；还能够应对不同的反应（四处走动、越过障碍、推开障碍、破坏障碍，寻求其他模块的帮助，重新配置自我以适应障碍物等）[2]。一些研究人员称这些自主机器人"未被充分说明"[3]。增强自主性（我们可以称之为"机器智商"）是一种功能，它可以重新排列越来越小的单元或模块，以应对越来越多的约束系列和类型，

---

[1] D. Floreano et al., Automatic Creation of an Autonomous Agent: Genetic Evolution of a Neural-Network Driven Robot, From animals to animats 421 – 430（1994），http://infoscience.epfl.ch/record/63866/files/floreano.sab94.pdf?version=2.

[2] "自组织增量神经网络（SOINN）是一种算法，它允许机器人使用他们的知识——或他们已知的内容——来推断如何完成被分配的任务。在一次实验室演示中，机器开始将任务分解为一系列已经被训练的技能，例如拿着杯子，拿着瓶子，从瓶子里倒水，放下杯子。如果没有特殊的供水计划，机器人会想出完成任务所需的操作顺序。在另一项实验中，自组织增量神经网络被用来支持机器人在互联网上搜索信息，了解什么东西是什么样子的，或者一个特定的词是什么意思。Hiroshi Hiyama, *Japanese Scientist Unveils Thinking, Self-Teaching Robot*, Times of Malta, Oct. 17, 2011, http://www.timesofmalta.com/articles/view/20111017/world/Japanese-scientist-unveils-thinking-self-teaching-robot.389515.

[3] "与工业机器人不同，服务机器人的任务通常是不完全指定的，也就是说，它的任务不是预先完全确定的，因为用户通常不完全指定他们的意图（如任务），而环境通常是不可预测和动态的。当然，人们可以选择开发任务被预先完全设定的服务机器人。但是这个选择意味着机器人没有足够的能力来响应或适应它们不可预测且动态的环境及用户。"Xiaoping Chen et al., *Developing High-Level Cognitive Functions for Service Robots*, Proc. of 9th Int. Conf. on Autonomous Agents and Multiagent Systems（AAMAS 2010）（注释省略）。

生成越来越丰富的响应。

（二）环境

所有这些工作的目标都很简单，就是生产能够在不可预知的环境中做出实时决策并且最终完成某些既定任务的机器人。显然，环境越不可预测，对"机器智商"的需求就越大，"机器智商"就是有效地适应环境的能力。

无疑，我们可以说，那种只与软件集成的软件本身具有一种环境，这里的"环境"当然是与它交互的其他程序（包括操作系统）。这些问题不是微不足道的，软件环境的巨大不可预测性应引起一致的注意。我们知道，单个人不可能完全理解大型的程序，而即便是在2015年个人计算机相对有组织和可理解的软件环境中，也不能完全预测输出的范围，更不用说多个机器的交互[1]。但是，程序之间交互的复杂性是有限度的。数据通常是集合类型出现，并且仅在时机合适时才被接受；存在对于可接受内容的内置期望值，并且为了保护软件的完整性，超出这些限制的软件往往被边缘化。当然，每个程序都有漏洞，任何漏洞最终都可能被利用，不过软件交互的正常运作是被测量和控制的，而不可预测性的来源是有限的。无实体的软件机会教育（teachable moments）也是有限的。

另一方面，机器人（实体软件）在物理环境中运行，因此面临更多不同类型的输入，当这些输入发生时必须及时地考虑：不能因为不方便而无视世界的节奏。正是这一系列丰富的不可预测的实时数据为机器人带来了挑战，并

---

[1] 一个很好的例子是2010年5月6日在纽约证券交易所的"闪电崩盘"，当时一个交易项目以不可预测的方式与其他此类项目相互作用，造成了惊人的损失（大部分损失在几分钟内就恢复了）。Jacob Goldstein, *The Flash Crash, Explained*, NPR, Oct. 1, 2010, http://www.npr.org/blogs/money/2010/10/01/130272516/the-flash-crash-explained. "美国以股票为基础的产品经历了异常迅速的衰退和复苏。当天下午，期货和证券市场的主要股票指数，每一个都已经下跌了超过4%，在几分钟后，又突然暴跌了5%—6%，然后迅速反弹。当天交易的近8 000个个人股票证券和交易所交易基金（ETF）中的许多股票在短时间内遭遇了类似的价格下跌和逆转，下跌了5%、10%甚至15%，然后才恢复。然而，一些股票的价格走势甚至更为剧烈。在超过300种证券的交易中，超过2万笔交易的价格超过了其价值的60%。此外，许多此类交易的执行价格为一美分或更低，或高达10万美元，之后这些证券的价格又回到了'崩盘前'的水平。"见http://www.sec.gov/news/studies/2010/marketevents-report.pdf.

催生了其对自主的欲求①。

然而，在理论上，机器人与环境之间的界限与一个程序和另一个程序之间的界限一样模糊。我们在哪里画一道界线区分一个程序和它的"外部"约束，或者，一个程序与其输入的来源和输出的目的地，这是一个基于方便和习惯的问题。不仅仅是在软件中，重组的模块化机器人也是模块组成模块（一个人的程序是另一个人的子程序）。在纯软件环境中，系统由一组算法组成②。这样，我们就可以将系统的外部输入来源和输出方向区分开来。但模块、神经元和子程序相互作用，每一个都作为相互间的输入和输出。系统越大越复杂，它就越有可能拥有解决问题的工具，越可能被称为"智能"③。

当然，机器人可以说是与其所处环境分离的，但自主机器人在设计上是高"渗透性的"（porous）。也就是说，它们与其所处物理环境高度融合并可能与之协调一致。这很大程度上是我们称之为"智能"的原因。这些高渗透性的机器人实际上创造出更大的系统④。随着环境的变化，机器人的神经活动也在发生变化。事实上，"毒害"（poison）机器人的一种方法就是伪造环境，即当它试图通过具体环境创建行为模式时，误导其训练数据，干扰其自我学习⑤。自主性机器人所处环境的高度复杂性和不可预测性意味着机器人的高度

---

① Saddek Bensalem et al., *Toward a More Dependable Software Architecture for Autonomous Robots*, http://homepages.laas.fr/felix/publis-pdf/ieee-ram-ser08.pdf.

② 这样，名字就是系统的理论，无论这些名字是子程序标签、人类家族和氏族名称还是其他集合。

③ See generally, Marvin Minsky, *The Society of Mind* (1985).

④ 由查尔斯·佩罗提供了我们对自主机器人期望的复杂反馈循环所带来的不可预测结果的一个重要观点。关注诸如核反应堆、海上事故等系统，他建议当子系统之间的不可预测的相互作用（包括反馈循环）被允许时，我们可能会看到所谓的复杂相互作用。Charles Perrow, Normal Accidents 75 (1999). 在子系统之间的耦合也很紧密的系统中，即一个系统的输出直接导致另一个系统的变化，所谓正常事故的风险可能非常高。我认为，动态复杂的紧耦合系统不同于自主机器智能——没有什么智能有关核反应堆事故和离奇船舶碰撞佩罗介绍——但复杂性可能在两种情况背后的不可预测性。正如佩罗所指出的那样，在这些系统中插入缓冲区以使它们更松散地耦合，有助于防止事故发生。类似的功能可能有助于避免自动机器人的令人不快的不可预知的影响。在第三节中，我将这种缓冲称为"常识"。

⑤ Alex Armstrong, *Poison Attacks Against Machine Learning*, I Programmer, July 19, 2012, http://www.i-programmer.info/news/105-artificial-intelligence/4526-poison-attacks-against-machine-learning.html.

复杂性和不可预测性。

2012年的一篇文章指出了真正的自主性、涉身性（embodiment）和物理环境之间的密切关系：

> ER（创新机器人学）方法强调智能体的实施方式，这意味着新兴行为不仅取决于机器人的各种实际属性，如其大小、速度、自由度、传感器和驱动器，还取决于与机器人进行交互的环境。创新机器人学是一种非常出色的技术，可以让我们创建人造控制系统，在与环境的密切互动中自主地发展自身的技能，并发展出既简单又强大的感觉运动协调技术。[①]

这个由机器人和环境组成的较大的系统，不如产生它的不可预测的环境更好预测，甚至更难预测。这些高渗透性、自适应性机器人（简称自动机器人）是下一部分的主题。根据定义，这些机器人将在物理世界中采取不可预知的行动，它与人类分享我们分配的任务，有时（在较大系统的情况下）也给自己分配任务。

二、法律

自然人和公司可以因为金钱互相起诉，主张一方违反了某种规范而对另一方"承担责任"。这些规范通常出自法律的三个部分：合同、侵权和制定法（statutes）。这些区域有所重叠。合同法认定其规范是人们彼此直接作出的承诺。侵权法是适用于所有人的规范。这样看来侵权法就像刑法：不管他们之前的交往如何，乔谋杀或袭击鲍勃即违反了刑法，鲍勃（如果他死了，他的个

---

① Martin Peniak, *Active Vision For Navigating Unknown Environments: An Evolutionary Robotics Approach For Space Research* (2012)（未发表论文，可通过 psu. edu 查阅）（注释略）。具有讽刺意味的是，笔者认为佩尼亚克的论文的实际主题是虚拟的（即无实体的）机器人。环境和机器人真的融为一体。（但是，请一定注意遗传算法在这个系统中的使用）

人代表)可以起诉乔得到赔偿。此外,大多数州还制定法令,允许人们起诉以保证重要的国家政策得到执行。例如,加利福尼亚州的《商业和职业法典》第17200条允许个人(有时代表许多人)起诉不公平或欺诈性的商业行为,如虚假广告。

因此,对先前不存在关系的主体的大部分财产损失和人身伤害都是根据侵权法进行诉讼的。即使对于合同当事人,如医疗事故,所造成的伤害也可能成为侵权法的调整对象。侵权法适用于大多数涉及某种伤害的案件,甚至在先前存在某种特定关系的人之间,如雇主和雇员、家庭成员以及产品的消费者和销售者。因此,有关处理机器人所致伤害和损害的令人感兴趣的法律问题,可能会在侵权法下产生。

按顺序,侵权法通常被区分为两个领域——过失和严格责任[1]。这两个领域是我们从英国继承的普通法传统的一部分,通过这些传统法官历来都在或明或暗地、缓慢地修改规则,以回应经济、文化和其他方面事态的发展[2],回应立法机关不时地推动或阻止立法进程[3]。

行为谨慎的人不会作出过失的行为。举例来说,如果因手机分心而未能刹车,则会构成过失。

> 过失是未能合理注意防止伤害自己或他人。一个人的积极行为或消极不作为均可导致疏忽。如果一个人做了谨慎的人在同样的情况下不会做的事情,或者没有做出一个谨慎的人在同样的情况下要做的事情,就是过失。[4]

严格的赔偿责任有时被认为是"不管怎样"的责任,尽管我们将会看到

---

[1] See generally, Merrill v. Navegar, Inc., 26 Cal. 4th 465, 478 (2001).

[2] Morton J. Horwitz, *The Transformation of American Law 1780 - 1860* (1977), Morton J. Horwitz, *The Transformation of American Law 1870 - 1960* (1992).

[3] 例如,法规可以用作"本身"疏忽的证据,也就是说,违反该义务的行为是通过违反法规确定的。例如,Norman v. Life Care Centers of Am., Inc., 107 Cal. App. 4th 1233, 1240 (2003).

[4] California Civil Jury Instruction ("CACI") 401.

这是不完全正确的，但它是一种没有过失或其他"失误"的责任，通常只适用于产品（如汽车、药丸和金属髋关节等）。如果这些是有缺陷的，那么，不管制造商是否尽到"应有的谨慎"或是疏忽，消费者通常都可以起诉。

(一) 过失

大多数律师可能认为过失属于遥远的过去，严格责任则是为了解释工业化的结果以及通过保险和大量销售中的定价分担风险的能力而于最近发展出来的。实际上，严格的赔偿责任是最先出现的，只不过是处于不同制度的伪装下。普通法诉讼早先是基于当事人的地位或关系，以及对于界定当事人地位的附随义务的违反。例如，行政长官们基于他们的地位负有责任制止和逮捕犯罪分子，并且对因错放一个人（不管是否是过失）而造成的损害负责①。只有到了19世纪，缺乏注意的标准才作为过失背后的核心概念出现②。这与陌生人发生碰撞的事件越来越多有关，与那些先前通过身份确定关系的人之间爆发的争端显然不同。例如，我们常遇到"碰撞"的案件，实际上就是汽车碰撞，这种案件已不再由当事人（例如主仆）③ 先前存在的状态或关系来决定。直到19世纪中期，奥利弗·温德尔·霍姆斯才开始使用预测理论 (prediction) 来分析侵权责任的范围④。现在"可预见性理论"是过失的核心。在一个案件中，如果陪审团得出一个合理谨慎的人"本应该知道"该行为会导致伤害的结论，那么本案即成立疏忽或过失。

> 可预见性"不是通过什么事情更有可能发生来衡量的，而是包括了在现代生活的背景下，一个理性人在指导实践行为时所需考虑到的一切"。"如果一个相当谨慎的人不这样做的话，则某人可能对自己造成的风险负责，哪怕只是轻微的伤害。"⑤

---

① Horwitz, *The Transformation of American Law 1780-1860* at 87 et seq. (1977).
② Patrick J. Kelley, Proximate Cause in Negligence Law: History, Theory, and the Present Darkness, *69 Wash. U. L. Q.* 49, 55 (1991)（截至"19世纪中叶……关于过失的新的诉讼形式才发展确立"）.
③ Horwitz, note 35 at 94 et seq.
④ Morton J. Horwitz, *The Transformation of American Law 1870-1960* at 56 (1992).
⑤ Constance B. v. State of California, 178 Cal. App. 3d 200, 206 (1986).

长久以来，人们一直在争论，导致了哪种可预见的伤害才能构成过失责任。例如，一个人应当预见其落在地板上生锈的钉子会造成他人的脚受伤，所以当他人踩到钉子的时候，他应对该人的脚伤负责。但是，某人可能不会合理地预测到如下情形：一个人踩到生锈的钉子，其可能会摔倒，手臂失去控制，从手中滑落的烟斗被甩到房间的另一头，引发火灾，烧毁谷仓。关于过失责任范围的核心法律争论关注如下问题：实际的损害后果是否必须是可预见的，或者致害人是否已经做了一些可以预见的可能会造成某种损害的事情，一个人可能对其导致的任何且全部的损害事实承担责任[1]。这场争论仍未结束。一位权威专家提出了一种折中标准：如果伤害发生概率随着其严重程度的增加而减少，但仍然可以被充分预见，被告即应承担责任[2]。每一种行为都会带来一定的风险，问题往往是它是否以某种方式带来了一种"不合理"的风险[3]。答案是，实际损害类型的可预见性通常是判断过失责任的依据：

> 有些过失案件只在被告可预见的风险类型实际发生时才成立责任。被告的过失导致火灾造成伤害，如果他能够预见到火灾的风险，他将承担责任，否则即不应承担责任。一些法院使用预见作为近因的检验标准。其他的法院则使用责任分析，认为没有必要保护可预见的原告免受不可预见的伤害风险。这两种方法在适用结果上是一样的。[4]

因此，虽然人们不需要预见到伤害发生的确切方式，但我们至少可以预

---

[1] 不引用 Palsgraf 案，对过失的分析是不完整的。Palsgraf v. Long Island R. Co., 248. 339, 162 n. e. 99 (1928)。这是最著名的侵权案件，William Prosser, "Palsgraf Revisited," 52 *Mich. L. Rev.* 1 (1953)，帮助建立了可预见性作为过失案件的核心标准。

[2] William Prosser, Law of Torts 146 (4th ed. 1971).

[3] Id. at 146-147.

[4] David A. Fischer, Products Liability-Proximate Cause, Intervening Cause, and Duty, *52 Mo. L. Rev. 547*, 550-551 (1987) (注释省略). See also, 4 F. Harper, et al., The Law Of Torts § 20.5 (2d ed. 1986) (可预见性标准); Robison v. Six Flags Theme Parks Inc., 64 Cal. App. 4th 1294, 1297 (1998) (适当关注至少发生一般类型的有害事件的可预见性); Brewer v. Teano, 40 Cal App. 4th 1024, 1030 (1995) (检验是否"有问题的疏忽行为的类别很可能导致所发生的伤害类型") (重点提供).

见到发生的"损害类型"①。

(二) 严格责任

严格责任的理论大概有四种：高度危险活动（ultrahazardous activity）和三种产品责任（警告缺失、设计缺陷和制造缺陷）②。从表面上看，可预见性似乎与严格责任并不相关：毕竟责任是"严格的"，仅在产品有缺陷时才会施加；因此缺陷是有意或无意造成的则不重要了。但事实是，即使在严格责任诉讼中，可预见性也起着重要作用。③

现代严格责任制度是在20世纪兴起的，它是为了回应合同法——合同法本身也是一种较为晚近的制度创造——无法为通过多层销售链销售扩散的危险产品提供救济④。例如，汽车不是由制造商直接销售给消费者的——它首先销售给经销商。许多分销链甚至更长，并且默认了对危险物品负责的主体和受害人之间的合同的存在。在此类案件中可能存在过失，但过失在应用于大部分分销链时会带来一些困难；毕竟，一个汽车经销商应该了解汽车设计的复杂性的哪些内容呢？或者一个进口商如何得知外国糖果的化学成分和风险呢？在大众市场和长分销链的时代，成本可以分配到大量的销售中，制造商可以相应地通过购买保险来分摊成本。为什么不同样地分摊伤害的成本呢？毫无疑问，无辜的消费者不应该承担瑕疵产品的成本。因此，法院创造了严格责任原则，将其强加于分销链的所有成员，不管他们是否存在过失，以及

---

① Bryant v. Glastetter, 32 Cal. App. 4th 770, 780 (1995). 可预见性与过失的关系远较笔者此处论述的复杂，它可能包含在责任、近因等相关议题中。例如，D. Owens, Figuring Foreseeability, 44 *Wake Forest L. Rev.* 1277 (2009). 本文讨论的方式，足以说明笔者的目的，可预见性对过失责任至关重要。

② See generally, Barker v. Lull Eng'g Co., 20 Cal. 3d 413, 418 (1978); Andersonv. Owens-Corning Fiberglas Corp., 53 Cal. 3d 987, 995 (1991).

③ E. g. 3 Harper et al., *The Law of Torts* § 14.15 at 329 et seq. (2d. ed. 1986).

④ 现代合同法可以追溯到19世纪后期，它肇源于哈佛大学法学院院长兰德尔（Langdell）雄辩论证，后经奥利弗·温德尔·霍姆斯发展，Jr. Grant Gilmore, *The Death of Contract* (1974). 霍姆斯提出了这样的观点：交易起因（"约因"是你对合同相对方的给予或为其做的事情）必须是交易的产物，以创建可执行的承诺。"在1871年之前，合同法是一个松散的组合，如可转让票据和销售这样的分支专业，还不是一个'具有体系性、各组成部分区分明显的法律体系'。" Robert Gordon, Book Review of *The Death of Contract*, Faculty Scholarship Series, Paper 1376, http://digitalcommons.law.yale.edu/fss_papers/1376.

他们与最终受到伤害的消费者之间是否存在合同。严格产品责任的本质是关注产品本身的状况，即它是否危险，而不是对被告在制造产品方面的行为的评估（如过失的范围），因为危险产品的无辜受害者应该得到赔偿，即使被告生产时没有过失也是如此①。

下面，笔者首先简要地概述产品责任的三种类型（警告缺失、设计缺陷和制造缺陷）②。然后笔者将讨论并处理高度危险活动，接着再回到三种产品责任中，以确定其在机器人不可预测的行动中的应用。笔者注意到，近期一些州法律变化的影响在《侵权法重述（第三版）》中得到了体现。

第一类产品责任是制造缺陷，即产品偏离预期设计。工厂的一个错误会导致齿轮制造不当或缺失了一部分。如果有人因此受到伤害，这一理论将提供救济依据③。

其次，我们讨论设计缺陷——可以通过替代设计避免可预见的伤害。读者可能会想起福特平托车（Ford Pinto），它的设计是在车的后部有一个比较脆弱的油箱，当发生汽车尾部撞击时该邮箱会发生爆炸。每一辆平托车都是按照设计制造的——但这个设计本身很糟糕。我们如何判断设计是否糟糕？毕竟，每种产品都可以用多种方式制造，制造商必须在制造产品时平衡各种各样的因素——他们不能总是使用钛或钻石来使产品牢不可摧；并且如果过度设计，该产品将没人负担得起。对这一问题的分析通常是基于风险和收益：

> 如果产品存在下面两种情况的任何一种，其在设计上就有缺陷：如果一个普通消费者为一个既定目的或者以可合理预见的方式使用该产品，但产品没有如期待的那样安全地使用，或者如果根据相关的因素……这

---

① See generally, Barker v. Lull Eng'g Co., 20 Cal. 3d 413, 434 (1978).
② See generally, Barker v. Lull Eng'g Co., 20 Cal. 3d 413, 418 (1978); Perez v. VAS S. p. A., 188 Cal. App. 4th 658, 676 (2010); Anderson v. Owens-Corning Fiberglas Corp., 53 Cal. 3d 987, 995 (1991).
③ 例如，1万瓶苏打水中有1瓶没原因的就爆炸了。Escola v. Coca Cola Bottling Co., 24 Cal. 2d 453 (1944).

种设计的好处并不超过这种设计所固有的危险。①

第三，警告缺失。在这种情况下，如果没有向消费者充分警告产品的用法或风险，则分销链的参加者应承担责任。这类案件主要集中在使用说明、用户手册、标签、广告等情况。许多非常普通的产品，如链锯、割草机、药物和热水浴排水管，如果使用不当可能会造成伤害，如果制造商未能充分警告这些危险，则可能会承担责任。

在某种程度上，针对高度危险活动的责任与产品责任完全相反，它并未真正关注产品的缺陷，而是正如其名称所暗示的那样，关注行为的过程。传统的高度危险活动是爆破、运输核材料等。这些活动和其他类似的活动具有固有的危险性，因此，法律让保险公司对参与其中的受害者承担责任，而不需要证明其具有过失行为或其他类型的过错。这里的重点不是关注大众市场上的产品或行动，而是隔离少见活动的负社会效用。如果一项活动不常见，可能会被认为是高度危险的，它具有很高的致害风险，并且在损害发生时造成高度伤害②。随着时间的推移，高度危险活动自身也会变化，它会不断地扩展，也可能会变得更安全，我们可能会习惯这种活动。举例而言，在20世纪30年代曾有一个精彩的观察：

> 因此，目前看来航空是非常危险的，因为即使是经过最好制造和维护的飞机，也如此难以控制，以至于经过精心构造、维护和操作的飞机，在飞行中也可能坠毁，导致地上的人员、动产和不动产遭受损害。③

---

① Barker v. Lull Eng'g Co., 20 Cal. 3d 413, 418. "这种设计缺陷的双重标准可以确保受到损害的原告在产品责任下获得的保护，或者低于普通消费者对安全性的期望，或者说总体上不如它们应该达到的安全设计。同时，该标准允许一个销售了满足普通消费者期望的产品的制造商，展示设计决策的相对复杂性以及在采用替代设计时经常需要的权衡。最后，这个标准反映了我们继续坚持的这样一个原则，即在产品责任诉讼中，事实的审理必须关注产品而不是制造商的行为，并且原告不需要证明制造商采取的行为不合理或疏忽，从而在诉讼中占上风。"

② Restatement (Second) of Torts § 520；Restatement (Third) of Torts: Phys. & Emot. Harm § 20 (2010); 6 Witkin, Summary of California Law, Torts, § 1416 at 841 (10th ed. 2005).

③ Restatement (First) of Torts § 520 (1938), comment on clause a.

虽然机器人的使用可能被认为是极度危险的，尤其是在机器人刚被引入时，但高度危险理论并不适合承担赔偿责任。许多机器人所致损害可能并不严重，而且机器人一般也不会造成危害。正如我们将由另外三种严格责任看到的一样，可预见性标准也贯穿于高度危险原则中：责任的本质是被告知道的或应该知道的特别可能发生的伤害[①]，即风险是可以预测的。除非我们愿意将所有可预见危险的机器人的行为都视为危险因素，否则这一原则不会发挥作用。

现在让我们回到前三种理论，即产品责任的三种类型。这三种严格责任也是以可预见性作为基本特征。

严格的产品责任案件要求所有三种责任限制标准都具备。也就是说，法院通常要求原告、损害的类型和损害的方式都是可以预见的。有些法院可能会使用所有这些限制，其他的可能只用一个或两个。这三个限制的关系非常密切，以至于使用所有这三项限制的法院与使用了其中两项的法院之间在责任范围上可能没有实际区别。[②]

严格的产品责任建立在产品存在不合理的危险且其可预见的使用已导致伤害的基础上。[③]

如上所述，设计缺陷是基于产品生产时对设计利弊因素的权衡。需要考量的相关因素包括："瑕疵设计（challenged design）所带来危险的严重性、发生这种危险的可能性、更安全的替代设计的可行性、改进设计的财务成本、产品的不利后果和消费者可能会从另一种设计中的获益。"[④] 可预见性存在于每一个因素中，包括对损害和潜在利益的预期。

[①] Restatement (Third) of Torts: Phys. & Emot. Harm § 20 (2010), comment i.（可预见性）

[②] David A. Fischer, Products Liability-Proximate Cause, Intervening Cause, and Duty, 52 *Mo. L. Rev.* 547, 553 (1987).

[③] Steven J. Frank, Tort Adjudication and the Emergence of Artificial Intelligence Software, 21 *Suffolk U. L. Rev.* 623, 637 (1987).（重点强调）

[④] Barker v. Lull Engineering Co., supra, at 431; Torres v. Xomox Corp., 49 Cal. App. 4th 1, 15-16 (1996).

制造缺陷也是如此。我们不再关注被告行为的合理性——这是过失行为所讨论的——而关注产品实际制造的风险。在这里也存在一个对可预见性的基础判断，因为是整个产品系列有危险（设计缺陷）还是其中一个有危险（制造缺陷），问题都在于按其目的即在可预见的情况下使用产品时是否存在风险①。

但是，我们必须注意，设计缺陷和制造缺陷并不是同一件事，因为制造时的权衡行为（balancing act）当然不适用于制造缺陷情景，并且制造过程中可预见性要素不是制造缺陷标准的内容。但是，与高度危险活动一样，如果将制造缺陷责任适用于自主机器人也是完全不合逻辑的，当走下生产线，在某种程度上说，它们都是完全相同的。就本章的论述目的而言，它们也是符合设计的，至少当它们被交付到消费者手中时是这样的。诚然，当它们在工作过程中进行学习时会迅速偏离标准，但除非这些变化是可以预见的，严格责任案例不会因为产品在交付给消费者后的变化而向制造商和分销链的其他参与者课以责任②，因为我们在这里说的自主机器人的变化不是可以预见的。

现在我们转向最后一种严格责任侵权理论：警告缺失。这一原则要求对产品所构成的风险作出合理的警告。这一理论的前提是信息获取途径的不平等。例如，制造商比相对不知情的消费者更了解风险③。这相当于如下假定，即制造商能够以某种方式预测产品的使用效果，而消费者不能。但是，当产品以某种不可预测的方式运作时，那么这种责任理论将无法适用。被告可能不会为"不可知的"风险不承担责任④。责任取决于被告在产品售出时所知道的或

---

① Cronin v. J. B. E. Olson Corp., 8 Cal. 3d 121, 130 (1972), citing Greenman v. Yuba Power Products, Inc., 59 Cal. 2d 57 (1963).
② 例如，如果机器设计为与石棉一起使用——如果石棉的使用是不可避免的——那么机器的制造商可能会承担与石棉相关疾病的责任，即使石棉是在机器销售后添加的。Shields v. Hennessy Indus., Inc., 205 Cal. App. 4th 782, 797 (2012).
③ E. g., Johnson v. Am. Standard, Inc., 43 Cal. 4th 56, 65 (2008).
④ Anderson v. Owens-Corning Fiberglas Corp., 53 Cal. 3d 987, 1000 (1991); Carlin v. Superior Court, 13 Cal. 4th 1104, 1118 & n. 8 (1996); Oakes v. E. I. Du Pontde Nemours & Co., Inc., 272 Cal. App. 2d 645, 650 - 651 (1969).

应该知道的①,因此,"警告缺失"原则取决于能否预见到该产品说明本可避免的损害。在不可知的危险情况下,对制造商施加严格责任是不合逻辑的,因为施加责任的核心理由是,预先计算损害和获得保险成本方面的能力②。

(三)《侵权法重述(第三版)》的影响

1997年,美国法律研究院(ALI)发布了《侵权法重述(第三版)》。美国法律研究院是一个由律师和法官组成的私人团体,致力于协调各个州的法律,辨别它们的共同点,有时还主张对这一法律体系进行简化和解释③。在当时,《侵权法重述(第三版)》背离了大多数州的法律④。特别是,它重新修订了法律对设计缺陷的规定。美国法律研究院放弃了消费者合理期待标准;新标准强调了所谓的"合理替代设计"(RAD)要素⑤。也就是说,一个人在没有证明被告在当时可以制造出更安全的产品的情况下,就不能诉请设计缺陷,即便当时制造商知道产品的风险。

在此标准下,焦点从消费者转向制造商,实际上带来了理性制造商会做什么的问题。这一转变引发了反对意见,即这一标准比旧的消费者合理期待标准更有利于制造商⑥。尽管如此,一些州还是或明或暗地通过了这项

---

① Vermeulen v. Superior Court, 204 Cal. App. 3d 1192, 1203 (1988).

② Taylor v. Elliott Turbomachinery Co., Inc., 171 Cal. App. 4th 564, 596 (2009) (citing Anderson, supra n. 61).

③ Restatement (Third) of Torts: Prod. Liab. (1998).

④ Spencer H. Silverglate, The Restatement (Third) of Torts Products Liability: The Tension Between Product Design and Product Warnings, *Florida Bar Journal* 1 (December 2001). See generally, Nicholas P. Vari & Michael J. Ross, In A League of Its Own: Restoring Pennsylvania Product Liability Law to the Prevailing Modern "Attitude" of Tort Law, 23 *Widener L. J.* 279, 291-92 (2013).

⑤ See, e.g., Vicki Lawrence MacDougall, The Impact of the Restatement (Third), Torts: Products Liability (1998) on Product Liability Law, 62 Consumer Fin. L. Q. Rep. 105, 107 (2008); Cami Perkins, The Increasing Acceptance of the Restatement (Third) Risk Utility Analysis in Design Defect Claims, 4 *Nev. L. J.* 609 (2004). (放弃消费者合理期待标准的"有争议的"影响有利于风险—效用分析)

⑥ Silverglate, supra n. 65 at n. 13; Douglas A. Kysar, The Expectations of Consumers, 103 *Colum. L. Rev.* 1700, 1790 n. 116 (2003).

新的标准①。但是，撇开这些和其他关于《侵权法重述（第三版）》影响的重要辩论，它的通过对本章的分析没有任何影响。也就是说，新的重述也将可预见性作为其核心。

首先，值得注意的是，《侵权法重述（第三版）》仍然包括消费者合理期待标准，只不过采取了新的形式，虽然在制造缺陷②和产品缺陷③的新定义下，这些责任不再完全基于消费者合理期待标准。在第三版中，作为合理期待基础的可预见性标准在决定责任方面发挥核心作用④。

其次，更直接的原因是，"合理替代设计"明显反映了产品制造时的行业知识水平（有时称为"当下最高水平"），它取决于各种设计可预见的风险和收益。这种"在判断产品设计和营销时对风险和收益的平衡，必须根据分销时可合理获得的有关风险和风险避险技术的知识来完成"⑤。问题的焦点依然是产品设计带来的"可预见的风险"⑥。⑦ 我们也将继续关注产品责任原则的

---

① 第三版《侵权法重述》的共同报告人告诉我们，当他们首次发表"重述"时，法院实际上对此已达成了"共识"，随后的研究证实了他们这一积极的观点。Aaron D. Twerski & James A. Henderson, Jr., Manufacturers' Liability for Defective Product Designs: The Triumph of Risk-Utility, 74 *Brook. L. Rev.* 1061, 1062 (2009). 其他人则认为仅有较少数州采用了第三版《侵权法重述》。An and S. Chellappa, Strict Products Liability After Bustos v. Hyundai: Uji 13-1407 and the "Requirement" to Show Reasonable Alternative Designs in Automobile Crash Cases, 44 *N. M. L. Rev.* 207, 232 n.28 (2014). Spencer H. Silverglate, The Restatement (Third) of Torts Products Liability: The Tension Between Product Design and Product Warnings, *Florida Bar Journal* 1 (December 2001). See generally, Nicholas P. Vari & Michael J. Ross, In A League of Its Own: Restoring Pennsylvania Product Liability Law to the Prevailing Modern "Attitude" of Tort Law, 23 *Widener L. J.* 279, 291-92 (2013).（新版的《侵权法重述》背离了大多数州的法律）

② Restatement (Third) of Torts: Prod. Liab. § 2 comment c (1998)（"比任何其他类型的缺陷更明显，制造缺陷使消费者的合理期望落空"）; David C. Vladeck, Machines Without Principals: Liability Rules and Artificial Intelligence, 89 *Wash. L. Rev.* 117, 141 (2014)（概述了其他权威文献）。

③ Restatement Third § 2 comment g (1998)."然而，消费者对产品性能的期望以及与产品使用有关的危险与第（b）小节中是相关的。"

④ Restatement Third § 2 comment g (1998).

⑤ Restatement Third § 2 comment a (1998).

⑥ Restatement Third § 2 comment d (1998)."具体来说，这一标准是一个合理的替代设计是否会以合理的成本降低产品造成的可预见的危害风险。"

⑦ Restatement Third § 2 comment f (1998) (RAD "因素包括……可预见的危害风险的程度和可能性……[和]消费者对产品的合理期望"); Restatement Third § 2 comment f (1998年)（"可预见的损害"与"产品的效率和效用"相平衡）;（"原告必须证明合理的替代设计会降低可预见的危害风险"）; Restatement Third § 2 comment f ("如果可预见的伤害风险可能通过合理的替代设计减少，则产品在设计上存在缺陷"）。

其他分支，如警告缺失①。

(四) 对可预见性的总结

侵权法的基本理论以可预见性为责任的依据，这里的可预见性并不是指一般意义上的可预见性，而是指针对一些可以预测的潜在受害者群体的可预见的伤害，无论是过失还是严格责任同样适用。那些严格依赖可预见性的严格责任理论——高度危险活动和制造缺陷——由于其他原因而不适合自主机器人造成的伤害。

可预见性含义丰富。有时我们有足够的信息来精确地、粗略地或在一定范围内预测事件，或预测事件的概率。预测可以具体到雷雨或硬币翻转的可能性（例如50%），给定某些假设，贝叶斯（Bayesian）方程可以测算出某种疾病的可能性（虽然存在一定的错误率）②。

有些预测发生的可能性很小，而另一些预测发生的可能性更大。一般来说，即使是非常不可能的事件，也可能是"可预测的"，因为我们知道，事件最终将会发生，比如连续抛掷30枚硬币，所有的硬币都是正面的（如果抛掷足够多的次数）。法律所使用的"可预见"与此不同。它指的是我们认为让人们预防未来某事的发生是合理的。法律是预防措施。它只惩罚那些（假定）人们实际上能够避免的违法行为，同其他原因相比，这一原因使得法律具有道德性。当我们提到被告"知道或应该知道"的风险时，我们的意思是指被告在他从事某种活动之前应该知道某些事情。你应该知道刹车和加速的基本原理，否则你不能开车。你不能做医生、律师或建筑师，除非你了解这些专业的基本知识，而且如果你没有这样做，你就会受到惩罚，而不管你事实上是否掌握了这些知识③。

---

① Restatement Third § 2 comment m（责任仅在产品投入使用时产生，同时期望卖方或分销商预期是合理的）；Restatement Third § 2 Illustration 15，comment m（只有在风险可预见时才承担责任）；Scott P. Kennedy, Who Knew? Refining the "Knowability" Standard for the Future of Potentially Hazardous Technologies, 9 Wash. J. L. Tech. & Arts 267, 273 (2014).

② 关于贝叶斯概率的更多信息，一些例子和一系列相关的谬误，请参见笔者的 Statistics in Law: Bad Inferences & Uncommon Sense (2011), http://works.bepress.com/curtis_karnow/.

③ Howard v. Omni Hotels Mgmt. Corp., 203 Cal. App. 4th 403, 429 (2012)（关于可预见性的行业和专业标准）。另请参阅"复杂用户"抗辩，即由于其工作原因知道或应该知道产品危险的原告，可能在其诉讼中对产品经销商的诉讼受到阻碍或失败。E.g., Chavez v. Glock, Inc., 207 Cal. App. 4th 1283, 1301 (2012).

过失和严格责任在牛顿宇宙（Newtonian universe）中提出和发展，在这个宇宙中，台球撞击台球，汽车撞击汽车；存在力、质量和反应；而机器一次只执行一个步骤。这个世界上的可辨别的风险是牛顿力学的结果，它是线性的：A 引起 B，B 引起 C。在这个世界中，我们拥有的知识越多，我们的预测范围越大。如果我们知道宇宙中每一个粒子的任何一个细节，我们就可以机械地拆解时间，看看目前的一切来自何方，我们还可以揭示未来——这就是可预见性——看看目前的一切走向何处。旧的法律争论还在继续，这一争论的惯常焦点是我们在多大限度上采取可预测性标准。我们想要推进它，到底还有多远的路要走或多琐碎的工作要做，不能合理预见事件发生的概率有多小，我们在多大程度上愿意采取负担沉重的预防措施等①。

然而，本章不关心上述争议，也不关心人们对预测结果的信心是 5% 还是 95%，或者人们对事件概率的预测应该是 90% 还是 45%。自主机器人是一种复杂的机器，因为它们与更大的环境进行无缝交互，它们变得越来越复杂，以致线性因果关系让位于复杂的非线性相互作用。这些机器人与"比系统（这里是指一个自主机器人）② 本身更大更复杂的环境进行交互"。在这些相互作用中我们发现，"组合式激增（combinatorial explosions）在预测和解决问题方面可以超越人类"③。在这个世界上，关于所有作用者（agents）和子系统的知识都不足以解答这些系统的未来行为。问题不是出于无知，而是由于知识的局限性：

---

① D. Owens, Figuring Foreseeability, 44 Wake Forest L. Rev. 1277 (2009).

② Sidney Dekker, In the System View of Human Factors, Who Is Accountable for Failure and Success? (2009)（在人类因素和人类工效学会欧洲分会年会上发表的论文）。德克等人将我们通常（比如，牛顿学说的信奉者）对事件和事故的"根源"的坚持与对复杂系统的真相进行了鲜明对比："事故后归因事故的'根本原因'是从根本上错误的。由于公开的事故（overt failure）需要多重过错，因此不存在事故的孤立'原因'。事故存在多种原因。这些原因各自都不足以造成事故。这些原因结合才能共同导致事故发生。事实上，将这些原因联系在一起就形成了事故所需的环境。因此，孤立事故的'根本原因'是不可能的。以'根本原因'这样的推理为基础的评估不能反映对事故本质的技术理解，而是反映社会和文化需将损害结果归咎于特定的本地化力量或事件。" Richard I. Cook, How Complex Systems Fail, http://web.mit.edu/2.75/resources/random/How%20Complex%20Systems%20Fail.pdf（由 Bruce Schneier 的 CRYPTO-GRAM 提供，这是对风险、安全性和相关问题的深入洞察，请参阅 http://www.schneier.com/crypto-gram.html）。

③ S. Dekker, ibid.

然而，当组织被认为是复杂的自适应系统（CAS）时，意外的事件并不一定是有限理性、有限信息或系统设计的结果，而往往是系统的基本性质所导致的结果。复杂性理论认为，许多意外是不可避免的，因为它是事物的自然秩序的一部分，不可避免、消除或控制。①

因此，自主机器人自己设计途径完成一定任务的行为，任何侵权责任的理论都不能调整。在一定程度上，机器人是自适应的，比如，通过各种输入（如传感器）和输出（如操作和移动），能够与世界进行交互。而这些正是自主机器人最有可能构成危险的情况。

与一些评论人士的建议相反②，这不是一个关于机器人或机器智能的普遍问题，因为大多数机器人不符合笔者所说的自动性定义。大多数的这类产品都是按照指令以指定的方式完成任务，或者是行为变化本身即是既定程序的且完全可以预测，这只是另一种形式的人类干预。这类产品所致的意外伤害通常只是人类错误③的结果和糟糕的工作场所设计的结果④。

三、未来人类与机器智能间的互惠适应

如下两种进步可能会改善使用传统侵权法来调整某些自主机器人行为的

---

① Reuben R. McDaniel, Jr. et al., eds., Uncertainty and Surprise in Complex Systems § 1.5 (2005).

② See note 4 above. See generally, Gary E. Marchant et al., International Governance of Autonomous Military Robots, 12 *Colum. Sci. & Tech. L. Rev.* 272, 281, 283 - 84 (2011) [似乎没有明确地将不可预测性区分为（i）大型复杂软件系统或（ii）自主的功能]；Steven J. Frank, Tort Adjudication and the Emergence of Artificial Intelligence Software, 21 *Suffolk U. L. Rev.* 623, 639 (1987).

③ See above § I, 关于宙斯盾导弹打击民用飞机的讨论。

④ Bernard C. Jiang & Charles A. Gainer, Jr., A Cause-and-Effect Analysis of Robot Accidents, 9 J. Occupational Accidents 27 - 45 (1987). "道路或空间变窄所致事故（Pinch-point accidents）占所有事故的56%，而碰撞事故占44%，大多数事故是由于工作场所的不良设计造成的（32起事故中有20起事故）和人为错误（32起事故中的13起）。"参见 Lack of Expert Data Sinks Pa. Suit over "Robotic" Surgery, 6 Andrews Expert & Sci. Evidence Litig. Rep. 11 (2009)（达芬奇手术机器人所致伤害）。

问题。第一个与机器人有关,第二个与人类有关。

就不可预见性而言,机器人会做一些意想不到的事情,但它们的行为,像我们的一样,需要受常识所限制,就像"理性人"理想模型给我们提供了判断过失问题的有利角度。常识就是我们一生都在学习(和不学习)的知识。简单地说,就是我们所拥有的关于世界的全部知识体系及其组成部分间相互作用的方式。常识主要包括对物质世界及其机制的认识,但常识也可能是明显错误的。一般来说,关于世界如何运转的叙述和理论必须能够以经验进行检验并且可以修正,如此才能获得普遍的信赖。也就是说,我们希望机器人相信事情、故事、一系列事实等,即使像我们一样,它们没有直接接触那些事实,如原子和细菌的存在,恒星的温度,或在大热天我更喜欢冷饮而不是热茶。这意味着能够利用不充分或未指定的信息为一定行为,我们人类一直都在这样做。我们希望机器人在出现错误时更新它们的常识,也许它们在这一点上比我们能做得更好[①]。因此,我们对于机器人制造商的最低要求可能是一个非常大的数据库,以及与物理环境的高渗透性交互,以允许学习。许多研究人员正在研究这些数据库[②]。

常识可以为动态复杂系统(dynamic complex systems)提供缓冲以避免灾难。如上所述,紧密耦合系统(coupled systems)可能是危险的:

> 交互复杂性指的是在一个系统中出现的不常见的或未计划的和意外的事件序列,这些事件要么是不可见的,要么是不能立即被理解的。一个紧密耦合的系统是高度相互依赖的系统:系统的每个部分都与其他部分紧密相连,因此一个部分的变化会迅速影响其他部分的状态。紧密耦合

---

① 笔者指的是我们的持续性认知谬误。E. g., D. Kahneman's indispensable Thinking, *Fast and Slow* (2011); L. Mlodinow, *The Drunkard's Walk* (2008); D. Ariely, *Predictably Irrational* (rev. ed. 2010).

② C. Havasi et al, Digital Intuition: Applying Common Sense Using Dimensionality Reduction 24 Intelligent Systems, IEEE 24-35 (2009) (re Open Mind Common Sense [OMCS] project); D. Lenat, CYC: A Large-Scale Investmentin Knowledge Infrastructure, 38 Communications of the ACM, 33-38 (No. 11, 1995); Niket Tandon et al., Deriving A Web-Scale Common Sense Fact Database, (2011), https://www.mpi-inf.mpg.de/~ntandon/papers/aaai11.pdf.

系统对扰动反应迅速，但这种反应可能是灾难性的。而松散耦合或解耦的系统在各部分之间仅有较少或不紧密的联系，因此能够在不破坏稳定的情况下吸收故障或未计划的行为。①

常识作为机器智能风险的缓冲，具有松散耦合的作用。也许机器人的常识会使自主机器人的行为变得更可预测，从而使人们更容易应用传统的侵权理论。

第二个进步与习惯于机器人工作的人类有关。在实践中，可预测性和预见性是模糊的和特殊的概念，对于世界如何运作有不同经验和信念的人会将不同的事物视为"可预测的"。无论怎样，人类在预测概率上都表现很差②，而且对于未来事件可能性的估计通常是不准确的。也许我们可以在与自主机器人互动时更好地预测它们的行为；刚开始随机出现的行为，后续出现的频率会开始增加，从而揭示出该行为的模式，这将有助于对未来的预测。

在法律的其他领域，技术发展本身也会修改法律规则的应用，比如隐私权。在听起来有些怪异的过失判断中，隐私权范围取决于人们对隐私的合理预期③。例如，我们可能在我们的卧室里拥有这样的权利，而不是我们的前院中；我们对家用电脑中的数据拥有这样的权利，而不是在工作电脑中，甚至在通过海关时我们也不享有这些权利。显然，预期会发生变化④，而权利本身也会变化（可能会涉及权利自身的反馈循环，因为法院的意见会影响公众的期望）。在类似的情况下，自主机器人的行为可能会影响我们对可预测事物的认识，从而将它们的行为归入可合理预测范围。在这点上，我们还可能会受

---

① Karen Marais et al., Beyond Normal Accidents and High Reliability Organizations: *The Need for an Alternative Approach to Safety in Complex Systems*, （麻省理工学院未发表论文），http://sunnyday.mit.edu/papers/hro.pdf.（讨论查尔斯·佩罗的作品）

② E. g., Charles Seife, *Proofiness: The Dark Arts of Mathematical Deception* 67 et seq. (2010); Kahneman, supra note 85 at 144 et passim（低发生概率）.

③ E. g., David S. Barnhill, Cloud Computing and Stored Communications: Another Look at Quon v. Arch Wireless, 25 Berkeley Tech. L. J. 621 (2010).

④ Orin S. Kerr, The Fourth Amendment and New Technologies: Constitutional Myths and the Case for Caution, 102 *Mich. L. Rev.* 801, 805 (2004).

助于另一种认知谬误——事后偏见[1]，因为正是由于这两者，我们过高地估计了已发事件的概率。也就是说，在一个不太可能发生的事件发生之后，我们倾向于认为它比实际情况更可预测[2]。

因此，我们通过幻想自欺告诉自己，我们知道，而且我们一直都知道，因此我们可能会对未知的未来越发感到自在。

---

[1] 谬误关系重大，可以干扰陪审团对被告是否过失的评估——被告是否应该能够预见到伤害，毕竟，如果被控告的不可预测的结果（比如，对药物的不良反应或者精神病患者的攻击）实际上发生并且伤害了某人，此案才可能送达陪审团。See e.g., Susan LaBine et al., Determinations of Negligence and the Hindsight Bias, 20 Law And Human Behavior 501 (1996); Hal Arkes et al., Medical Malpractice v. the Business Judgement Rule: Differences in Hindsight Bias, 73 *Or. L. Rev.* 587 (1994).

[2] E.g., Nassim Taleb, Fooled by Randomness 56, 192 (2d ed. 2004).

智能合约是合同吗?

向梦涵　夏百顺*

摘　要：随着区块链技术的进步，智能合约将实现合同的自动履行、防止数据篡改、增强合同匿名性、在去中心化的网络空间重构信任等，但随着其应用场景的不断延伸，问题也开始暴露。智能合约最突出的问题在于其在现行法上是否属于合同。从技术的角度分析，智能合约是一串具有执行功能的二进制代码。从法律的角度观察时，则应围绕其法律属性分情况讨论。由合同双方已经协商好的合意转码而成的智能合约，属于"合约＋执行"模型，属于法律上的合同；而由合约一方当事人向不特定人预设的单方的智能合约，属于"要约＋执行"模型，属于法律上的要约，不应认定为合同。应在《民法总则》《合同法》等我国现行法的框架内探讨智能合约的法律规制路径，结合学界的民法理论更好地认识智能合约。

关键词：智能合约　区块链　要约　承诺　合同

智能合同的设计旨在潜在地消除对法律协议强制执行的需要，从而使交易更加高效便捷。区块链和智能合约带来了许多崇高的目标和预测，同时也带来了很多与现行合同法的冲突。如果智能合约要成为重要的商业工具，可能需要额外的法律和监管框架来减轻负面影响，并促进其充分发挥潜力[1]。虽然这些新兴技术肯定大有前途，但其仍显示出潜在的技术和法律陷阱。由于

---

* 基金项目：2018年国家社科基金重大项目"大数据时代个人数据保护与数据权利体系研究"（182DA145）、2018年上海市哲社青年课题"人工智能的民法应对：以'算法'解释为中心"（2018EFX007）阶段性研究成果。本文撰写受2018年上海市浦江学者支持项目"人工智能的民法典应对"与上海玛娜数据科技发展基金会"个人数据的权利结构及利益配置研究"项目资助。

向梦涵，上海大学法学院硕士研究生；夏百顺，上海大学法学院硕士研究生。

[1] Reggie O'Shields, Smart Contracts: Legal Agreements for the Blockchain, North Carolina Banking Institute (Mar. 2017), p. 176.

智能合约意思表示的特殊性，对其本质定性、要约—承诺的构造等传统法律问题难以直接适用现有的法律规定，因此本文将围绕智能合约是否属于现行法上的合同这一问题展开研究。

一、区块链是智能合约的底层技术

随着比特币的大火，其底层技术区块链开始走进人们的视野。一般而言，区块链的系统框架由数据层、协议层以及应用层组成。协议层又包括网络层、共识层、激励层、合约层。其中在合约层主要封装了各类脚本、算法和智能合约，这也是区块链可编程特性的基础所在。智能合约是一组情景应对型的程序化规则和逻辑，由部署在区块链上的去中心化、可信共享的脚本代码来实现。智能合约在实现合约的自动执行、数据防篡改、可验证、高度匿名化等功能时离不开区块链技术的支持。

按目前大多数人认可的说法：区块链是一种将记录了交易数据（一定时间段的）的区块按照时间顺序连接而成的一种链式的数据结构，并以密码学的方式保证的不可篡改和不可伪造的分布式账本。区块链采用分布式记账的方式记录数据，在区块链网络中，平均每 10 分钟生成一个区块，而这一区块中记录了这一时间段内区块链网络中所有的交易数据，在这个区块末尾由哈希（Hash）算法将这一区块内记录的数据转换成一个唯一对应的固定长度的字符串。在每一个新的区块头上包含了对上一个区块数据的 Hash 值。这些 Hash 值层层嵌套，首尾相连，形成了一个超级链，即所谓的"区块链"。区块链里记录了自该链诞生以来发生的所有交易。

在区块链技术中，有一个重要的角色叫"矿工"，他们收集区块链网络中每十分钟生成的交易，将其打包装入一个区块，然后竞相解决同一个数学问题，第一个解决出该问题的矿工将获得系统奖励的数字货币[1]。究其本质，"挖矿"实则是在为区块链网络提供计算力，而挖矿的过程也是数字货币的发

---

[1] 沈鑫、裴庆祺、刘雪峰：《区块链技术综述》，《网络与信息安全学报》2016 年第 11 期。

行过程。区块链具有去中心化、不可篡改、匿名性高、开放自治的特征。

所谓去中心化,是指由于区块链技术使用分布式核算和存储,不存在中心化的硬件或管理机构,任意节点的权利和义务都是均等的,系统中的数据块由整个系统中具有维护功能的节点来共同维护,实现了分步式数据存储,并基于共识系统将账本同步给每一个节点,全网节点通过一套加密算法的验证程序进行一致的认可。任一节点停止工作,都不会影响系统整体的运作,在区块链中没有任何一个中央机构来为"信任"做权威保障,它的信任构建在分布式记账和数据不可篡改之上。但也有不同的声音,风险投资者阿尔伯特·温格(Albert Wenger)认为,区块链在逻辑层面是中心化的,因为只有一份分类账;但在组织结构上却是去中心化的,因为有多个实体均保有该份分类账的副本[1]。但无论如何我们仍然认为这项技术在运行上是去中心化的。

所谓不可篡改,就要结合上述哈希算法的知识,由于哈希运算可以将一段任意长度的数据文件转换成一个唯一对应的固定长度的字符串。而这个运算是不可逆的,即只能由文件推出字符串,不能反向推出原来的数据文件。而该字符串有一些"洁癖",如果数据文件有一点点变动,即便是增删了一个标点符号,经过哈希运算后得出的新的字符串也与原来不同。同时,一旦信息经过验证并添加至区块链,就会被永久地存储起来,除非能够同时掌握系统中超过51%的节点,否则仅在个别节点上对数据库的修改是无效的[2]。而攻击系统中超过51%的节点所需要的硬件和技术条件极高,往往无法实现,即便攻击成功,大多数情况下也是得不偿失的。如此低的攻击可能性,确保了数据的不可篡改,因此区块链上数据的稳定性和可靠性极高。

所谓匿名性强,是指区块链技术的核心在于构建信任。我们知道,人与人之间的信任本就是脆弱且难以形成的,而区块链将信任人转移到信任不可篡改的数据记录上。由于节点之间的交互遵循固定的算法,其数据交互本就

---

[1] Albert Wenger, Bitcoin: Clarifying the Foundational Innovation of the Blockchain, Continuations (Dec. 15, 2014), http://continua-tions.com/post/105272022635/bitcoin-clarifying-thefoundational-innovation-of.

[2] [美]凯文·沃巴赫:《信任,但需要验证:论区块链为何需要法律》,林少伟译,《东方法学》2018年第4期。

是无须信任的，因为区块链中的程序规则会自行判断活动是否有效，因此交易双方无须通过公开身份的方式让对方产生信任。就拿加密货币市场来说，匿名性也有不同的私密程度。其中，比特币的匿名性是最基础的，在区块链网络上只能查到某一笔交易的转账记录，但不知收款地址背后的详细信息。目前，做到较为高级匿名性的，则是达世币和门罗币。在这种数字代币中即便查出转账地址背后的人是谁，也无法获取其他信息。匿名性做到极致的，例如ZCASH，它要求只有拥有资产私钥的人才能查到所有的转账信息。区块链技术的匿名性在隐私保护方面大有所为，将被广泛应用于投票、选举、隐私保护、艺术品拍卖等。

区块链技术采用分布式记账的方式管理数据，这项技术使得智能合约可以在一种完全公开透明，无须第三方担保和不可被篡改的环境中运行。这种模式也一定程度上避免了传统合同的某些弊端，实现数据管理流程的自动化，消除了人为因素的错漏，不需要第三方的介入，也无须担心履约风险。另一方面，智能合约对区块链技术意义重大，不仅为区块链数据赋予了可编程的机制和算法，从而大幅度提高了区块链的灵活性，而且智能合约的自动化和可编程特性，使分布式区块链中各节点的复杂行为成为区块链构成的虚拟世界中的软件代理机器人。那智能合约究竟是什么，我们应该如何看待智能合约呢？

二、智能合约在技术上是代码

1965年，吉尔伯特在福特公司工作时发明了一种电子数据交换系统（EDI），用于在生产线之间发送货物信息。它以电传信息的形式传输跨大西洋的货运清单，随后转成纸质磁带并输入公司计算机系统。这一系统引发了将纸质协议和确认订单转化成数字形式的趋势[①]。然而，EDI系统仍有些局限，它只是以电子格式重述现有的条款和条件，而对双方订立和履行义务的方式

---

① Primavera De Filippi, Aaron Wright, *Blockchain and the Law*, Harvard University Press, 2018, p. 73.

没有很大的影响。当时的计算机学家和密码学家尼克·萨博（Nick Szabo）发现了这些局限，于 1995 年提出了一种执行电子合同的新方法——智能合约（smart contract）①。在一篇名为《公共网络的正规化与安全》（*Formalization and Securing Relationships on Public Networks*）的文章中，他描述了依赖于更强大的加密协议，将如何使编写类似于"合同条款"的计算机软件成为可能，并以某种方式将各方捆绑起来，从而减少任何一方终止履行义务的机会。他认为，"一个智能合约是一套以数字形式定义的承诺（promises），包括合约参与方可以在上面执行这些承诺的协议"。

智能合约技术发展迅速，根据美国数字商务商会（CDC）与智能合约联盟（SCA）联合发布的智能合约白皮书《智能合约：12 种商业及其他使用案例》所述，未来智能合约将被运用于数字身份、记录、证券、贸易金融、衍生产品、财政数据记录、抵押、土地所有权记录、供应链、汽车保险、临床试验、癌症研究等 12 个领域，可谓发展前景广阔②。智能合约的设计初衷是实现物理资产的灵活操控，在资产数字化的基础上促进交易的高效履行，由于当时技术条件的限制这一构想未能完全实施。近几年，随着区块链技术的飞速发展，智能合约有了更新更大的应用平台。现今最著名的智能合约平台就是 2015 年推出的以太坊（Ethereum）。以太坊提供一种图灵完备的编程语言，通过其发行的专属数字货币以太币（Ether）以及去中心化应用（DApps），处理区块链中的点对点的合约③。在以太坊中，更加完备、功能更加强大的脚本系统智能合约，使更为复杂、更为高级的分布式应用得以实现④。程序开发者可以在以太坊平台编写任何去中心化的应用。例如，Storj

---

① Guido Governatori, Florian Idelberger, Zoran Milosevic, Regis Riveret, Giovanni Sartor, Xiwei Xu, *On Legal Contracts, Imperative and Declarative Smart Contracts, and Blockchain Systems*, Springer Nature, 2018, 3, p. 378.

② 美国数字商务商会与智能合约联盟联合发布的智能合约白皮书《智能合约：12 种商业及其他使用案例》。

③ ［美］凯文·沃巴赫：《信任，但需要验证：论区块链为何需要法律》，林少伟译，《东方法学》2018 年第 4 期。

④ Ethereum white paper. A next-generation smart contract and decen-tralized applicationplatform. https：//github. com/ethereum/wiki/wiki/WhitePaper.

(基于区块链的点对点加密分布式云存储项目）就是模仿苹果 iCloud 或者百度云而生的一种提供去中心化云存储服务[①]。

一般而言，创建一份智能合约要将合约内容进行数字化编码，编码的过程即为智能合约的构建。接下来，这份智能合约将通过 P2P 网络扩散到区块链上的每个节点，经全网验证成功后被储存在区块链上，此即为智能合约的存储[②]。智能合约被部署在区块链上的同时，也被盖上了"时间戳"，并与这一时间段的所有数据一起打包进入区块链。"时间戳"使得智能合约具有了不可篡改和不可伪造的特点，这也是区块链的一般性特点。完成部署之后，智能合约会定期进行自动机状态检查，验证合约中的预设条件是否已经实现。若此条件达成，在不依赖任何第三方的情况之下，自动化地代替合同双方执行合约。例如，在利用智能合约进行汽车租赁的情境下，出租人与承租人之间存在一个支付数字货币以短期租赁汽车的智能合约。若双方约定 2019 年 1 月 1 日出租人向承租人交付汽车，即解锁汽车的电子密码，承租人向出租人支付租金。智能合约成立之后，承租人的租金将被暂时存放在区块链网络中。若出租人在 2019 年 1 月 1 日前向出租人提供了汽车的电子密码，智能合约会将电子密码和租金分别发放到承租人和出租人手中；若 2019 年 1 月 1 日当天出租人没有提供密码，系统则会将租金自动退还给承租人。

从技术的角度来看，智能合约是一段可以自动履行合同的代码，本质上不光有合约的属性，更带有一种执行机制的属性。为了更好地理解这项技术，我们可以将智能合约看作一份合同书的填空版本。每一个空格上都设置了一定的条件，类似于计算机程序语言当中的"if-then"语句，条件满足，便能触发某项操作。智能合同的构建和执行过程，由于有了区块链和互联网数字资产的加持，完美地避开了传统合约在信息权利不对称情况下可能出现的信任风险。与区块链技术相结合的智能合约，除了具有与区块链一样去中心化、

[①] Storj, the New Decentralized Cloud Storage Platform Goes Live, NEWSBTC (Apr. 10, 2016, 4:30pm), http://www.newsbtc.com/2016/04/10/storj-new-decentralized-cloud-storage-platform-goes-live/; Ian Allison, How IPFS is Reimagining the Internet, Newsweek (Oct 21, 2016, 12:08pm), http://www.newsweek.com/how-ipfs-reimagining-internet-512566.

[②] 夏沉：《区块链智能合约技术应用》，《中国金融》2018 年第 6 期。

匿名性强、数据不可篡改的特征以外，还兼具自动执行、数据透明、高效便利且一旦开始执行便不可中止的特性，因此，它也被誉为区块链 2.0 时代的产物。通过自动运行的代码执行合约条款，减少了人力成本的投入，智能合约的构建潜在地消除了对法律协议进行外部强制执行的需要，从而使商业交易更便宜、更快、更有效①。

但代码中存在漏洞在目前来说是常有的事——发生在 2016 年 6 月的 The DAO 受攻击事件，使得在当时价值 6 000 万美元的数字加密货币失窃。从本质上讲，The DAO 是一个在以太坊上运行的风险投资基金，由于其中的智能合约存在代码漏洞，导致了此次袭击事件②。这件事让不少人对区块链智能合约这一技术的安全性产生了新的质疑，即区块链可以如实地记录这一切且无法变更（包括智能合约存在的漏洞和黑客入侵的行为），但无法分辨调用并执行智能合约时利用其中漏洞转移财产的行为是否属于恶意攻击从而将其禁止。这就像是在过去使用老旧的自动售货机时，投进硬币是没问题的，可以自动获得饮料，但若是投入一些游戏厅里的代币时，它一样会吐出来饮料。因此，为了鼓励创新，同时又避免技术被非法利用，基于区块链技术的智能合约仍然需要法律对其进行规制。

三、智能合约的法律性质

对于智能合约是否为真正意义上的合同这一问题，实务和学界持有不同意见。2018 年 5 月，我国工业和信息化部信息中心发表了《2018 年中国区块链产业白皮书》，指出："智能合约是由事件驱动的、具有状态的、获得多方承认的、运行在区块链之上的且能够根据预设条件自动处理资产的程序。"③这份文件将智能合约认定为一段执行合同内容的程序，而非真正的合同。

---

① Reggie O'Shields, *Smart Contracts: Legal Agreements for the Blockchain*. North Carolina Banking Institute (Mar. 2017). p. 176.
② 伍旭川、刘学：《DAO 被攻击事件分析与思考》，《金融纵横》2016 年第 7 期。
③ 中华人民共和国工信部信息中心：《2018 年中国区块链产业白皮书》，第 99 页，http://xxzx.miit.gov.cn/n602427/c593023/part/593024.pdf.

Cornell Nicola 认为，当今的合同法以客观的标准来衡量要约与承诺，以相对人的合理信赖或权利外观为基点，因此，智能合约也是一种意思表示的合致，应当视为一种合同①。也有观点认为，智能合约或许名不符实，智能合约并非真正的合同，将之理解为协议的一套履行机制或执行程序，更符合事实，也更能解决相关争议②。同时有第三种声音认为，智能合约只是传统合同的组成部分或补充。智能合约自动履约的特点有助于传统合同的高效执行，它们可以共存并互补③。笔者认为，对于智能合约是否属于真正的合同这一问题，不能一概而论，必须分情况进行论证。

从法律的角度来看，现阶段的智能合约在形式上可以分为两种。一种是合同双方经过商议达成合意，订立了或书面或口头的协议后，再经程序员将自然语言转译成计算机代码，如此生成一份智能合约然后部署在区块链上。这种形式无非是将合约的内容换了一种表达方式。这种智能合约模型我们定义为"合约+执行"。另外一种智能合约则是由一方事先设置好一定的意思表示，合同的相对方尚不清楚，需要另一方做出某种行为或者意思表示进行承诺，这些意思表示里包含了合同成立并生效需要满足的条件，例如自动贩卖机。这种智能合约实质上就相当于一种单方的要约。我们将第二种智能合约模型定义为"要约+执行"。

(一)"合约+执行"模型下的智能合约为法律上的合同

要认定智能合约是否属于法律意义上的合同，仍然要求智能合约可以满足法律规定中传统合同的成立条件。根据《中华人民共和国合同法》（简称《合同法》）第十三条规定，当事人订立合同，采取要约、承诺方式。在第一种模型中，双方经过合同条款的磋商已经就合约内容达成了一致意见，只是将这种合意转化为二进制的代码用以执行。在这一模型中，智能合约只是当事人口头或书面协议的一种转化形式，就好比将中文合同翻译成英文合同，

---

① Werback Kevin and Cornell Nicolas, *Contracts Ex Machina*, Michigan Law School University of Michigan Law School Scholarship Repository, 2017, p46.
② 金晶：《数字时代经典合同法的力量——以欧盟数字单一市场政策为背景》，《欧洲研究》2017年第2期。
③ Jerry I-H Hsiao, *Smart Contract Law*, US-China L Rec. 2017, p. 46.

只不过智能合约将其转化成了计算机语言。因此，第一种模型中的智能合约经过了要约—承诺的阶段，能够反映合同双方当事人的意思表示一致，符合合同的实质要件。第一种模型的关键问题在于计算机语言是否属于合同的有效形式。

在"合约+执行"模型中，线下已经达成的书面或者口头合同在被转译成代码变身智能合约后，只是形式发生了变化。那么，这种代码形式的协议，是否属于既有法律规定中合同的合法形式呢？根据《合同法》第十条第一款规定，当事人订立合同，有书面形式、口头形式和其他形式。第十一条规定，书面形式是指合同书、信件和数据电文（包括电报、电传、传真、电子数据交换和电子邮件）等可以有形地表现所载内容的形式。首先，被转码后的协议肯定不是口头形式，那是否属于书面形式中的数据电文呢？根据我国《电子签名法》的规定，数据电文是指以电子、光学、磁或者类似手段生成、发送、接收或者储存的信息。"数据电文"定义仅体现了电子化合同承载信息这一方面的特征，而智能合约并不仅仅反映合同的内容，它同时还带有自动执行的特点，因此，将智能合约归入合同书面形式中的"数据电文"显然不妥。

在意思表示的载体方面，智能合约采取的既不是传统合约的书面或者口头形式，也并非电子合同的数据电文或者电子记录形式，而更多的是通过储存在区块链技术上的代码来实现运行，其具体的意思表示方式为一种编程语言[1]。那么，这种程序语言是否属于《合同法》第二条中的"其他形式"呢？根据《最高人民法院关于适用〈中华人民共和国合同法〉若干问题的解释（二）》第二条的规定，当事人未以书面形式或者口头形式订立合同，但从双方从事的民事行为能够推定双方有订立合同意愿的，人民法院可以认定是以《合同法》第十条第一款中的"其他形式"订立的合同，但法律另有规定的除外。在第一种模型中，合同双方当事人早已经过洽商对合同条款达成了一致，充分反映了双方有订立合同的意愿，因此，智能合约符合《合同法》第二条

---

[1] 陈逸宁：《区块链技术下智能合约意思表示的认定》，《金融法苑》2018年第5期。

中的"其他形式"的规定，属于合法有效的合同形式。同时，《合同法》关于"其他形式"这种立法设计也是为了容纳随着技术和思想的进步带来的新的合同形式的出现。这样看待智能合约，不仅能将智能合约与传统合同法有效衔接，为智能合约提供法律支持，同时也能鼓励创新，不至于让便捷的技术处于法律的模糊地带。因此，无论是从实质要件分析，还是从合约的形式要件来看，第一种模式下的智能合约都属于法律意义上的合同。

（二）"要约＋执行"模型下的智能合约为法律上的要约

在第二种模型中，智能合约是由一方当事人提前预设好合约的条件，向不确定的相对人发出。例如，随处可见的自动贩卖机就是一个简单的智能合约的雏形。合同一方提前预设好一旦投币或者扫码支付成功后就自动掉落对应的商品的条件，然后等待不特定的相对人来满足支付货款这个条件。这种模式下的智能合约就不能简单地看作合同。

由于智能合约意思表示的特殊性，合同内容都是由代码表示，要约与承诺的识别就成了合同认定的难题。根据我国《合同法》第十四条的规定，要约是希望和他人订立合同的意思表示，该意思表示应当符合下列规定：内容具体确定；表明经受要约人承诺，要约人即受该意思表示约束。由于智能合约由代码呈现，要求每一个使用智能合约的人都能看懂代码背后的真正内涵，目前还不太现实。同时，由于智能合约的表现形式都是代码，因此，承诺人的行为仅是调用并执行这段代码[1]。那么，在第二种模型中，智能合约的意思表示是否属于要约？若属于，又是否满足要约内容具体且确定的条件呢？相对人的行为又是否属于承诺呢？

要约邀请是希望他人向自己发出要约，其目的并非订立合同，只是订立合同的预备行为，并不会发生法律效果。总而言之，要约邀请是欠缺合同订立的目的的。要约是一方当事人以缔结合同为目的，向对方当事人提出合同条件，希望对方当事人接受的意思表示。要约必须是特定人所为的意思表示，必须向相对人发出（相对人可以是不特定人），且具有缔结合同的目的。在智

---

[1] 陈吉栋：《智能合约的法律构造》，《东方法学》2019年第3期。

能合约的第二种模型中，缔约一方当事人在智能合约上已经预设好合同执行的条件，而一份可以执行的合同必须是精准明确的①，同时由于智能合约本身就带有条件满足即可以自动履行的特点，表明智能合约设置方具有一经合同相对人做出某种行为或者意思表示进行承诺，就会受到约束的内心真意。因此，第二种模型中的智能合约属于要约而非要约邀请，同时也能表明合约设置人受承诺的意思表示的约束。

根据我国《合同法》第二十一条的规定，承诺是受要约人同意要约的意思表示。承诺必须满足以下要求：由受要约人做出；向要约人做出；承诺的内容必须与要约内容一致；承诺必须在要约的有效期间内做出。

在上述第二种模型中，智能合约是一方事先将订立合同的条件提出来，生成智能合约，部署到区块链上，而要约发出的对象是不特定的人，因此，任何人都能对之进行承诺。由于智能合约的条件一经满足，就会落入执行环节，除非程序执行完毕，否则无法中止。因此，一份设置好的智能合约，不特定的受要约人只能选择承诺或者不承诺，无法对其进行修改。就如在自动贩卖机上，你只能选择按照机器预设的商品价格选择付款消费或者不消费，没有进行其他意思表示的可能。因此，智能合约中承诺的内容必然与要约内容一致。

根据我国《合同法》第二十二条的规定，承诺应当以通知的方式做出，但根据交易习惯或者要约表明可以通过行为做出承诺的除外。由于智能合约设计初衷就是为了大量节省交易的时间和人力成本，合约一旦被部署到网络中，之后的缔约和执行环节都交给代码去自动识别和执行，因此，智能合约的承诺方式也较为特殊，大部分情况下都以某种行为去进行承诺。

那么，这种行为能否理解为智能合约中的承诺呢？根据意思实现的学说，意思实现是指根据能产生法律效果的意思，实施具有推断其意思的价值的行

---

① 陈吉栋：《智能合约的法律构造》，《东方法学》2019 年第 3 期。

为。它不需要表示，也无须相对人的接受①。意思实现仅有内在受领意思并不足够，还需采取外部可客观认知的形式②。根据崔建远在其《合同法》一书中的观点，意思实现属于要约—承诺的缔结方式③。在智能合约的有效期内，合同相对方做出的行为根据其法律效果，若可被认为承诺的事实，则无须合同相对方做出承诺的通知，合同即告成立。在这种情况下，相对人做出的行为是对要约进行承诺，虽然意思实现是要约—承诺程序的一种变异，但仍然逃不出要约—承诺的结构。类似于自动贩卖机或者随处可见的共享单车：在这些机器里已经提前预设好合同触发的条件，即向自动贩卖机投币或者扫描车尾二维码向单车租赁方付款，一旦完成付款行为，即可以根据付款这一行为的法律效果认定其是在对智能合约中的要约进行承诺，此时合同方才成立。这种情况下的智能合约，就不属于合同法中完整的合同，它本质上只是一种要约。只有经过相对人做出某种行为进行承诺，合同才能成立。

四、结语

基于区块链技术的智能合约，将人与人之间的信任转移到对数据和算法上，它们和法律一样，都是一种信任系统，而且这种信任系统更为方便和高效。它突破了在传统合同中依靠人的诚信度来建立信任和履行合同的方式，改用机器和代码自动履行合同，减少违约风险，重构信任。但是，智能合约的发展仍处于初期阶段，很多设想和理论仍不成熟，技术与监管之间也缺乏共同的话语系统。智能合约给现有的合同法带来的冲击，需要从技术和法律的角度共同去探索。随着技术的不断发展，人们对智能合约的认识也会更加全面，不应片面地认为智能合约只是一种执行系统，而应分情况进行客观讨论。本文结合现有的法律规定以及学界理论学说，对区块链与智能合约的特

---

① ［日］四宫和夫：《日本民法总则》，唐晖、钱孟姗译，五南图书出版有限公司1995年版，第148页。
② 王洪亮：《电子合同订立新规则的评析与构建》，《法学杂志》2018年第4期。
③ 崔建远：《合同法》，法律出版社2016年版，第28页。

点、应用以及如何在法律上看待智能合约进行了阐释，同时将智能合约按照不同的订立方式分为两类，对其法律属性进行了分析，以便从法律的角度认识智能合约。国家和社会正在大力促进技术的发展与进步，法学工作者们也应该保持敏锐的洞察力，确保公民可以在法律的规制下合理利用技术、发展技术。

[产权保护与救济]

从章程到契约：论公司产权保护的扩强路径

李立新*

摘　要：传统公司法理论认为公司即股东之间的一种契约，公司产权保护主要是对公司股东财产权的保护。然而现代公司的发展仅靠股东投入有限资本已远不能满足其扩张之需，公司需要通过增资扩股、贷款发债等维持其运行和发展，因此，公司的资产是由"负债＋所有者权益"构成的，公司产权的核心内容，不仅包括股东对剩余财产的请求权，还包括通过一系列契约安排的财产权利，其中权益类契约体现股权的配置与股东权益之保护，债务类契约体现债权的安排与债权人利益之保护。而当两类契约对具体某项财产权利配置或保护不当之际，便会发生纠纷并进而影响权利人的产权实现。有鉴于此，公司产权保护，首先必须通过公司章程安排好投入公司的股本权益；其次必须通过权益类契约和债务契约的契约自治，进一步安排好产权人利益的实现和保护；而当发生纠纷之际，司法应充分尊重当事人的契约自治，肯定公司中各类主体通过契约对产权作出的自治保护，避免因轻易否定约定条款（如对赌条款）之效力而遏制投融资活动的开展，促进产权恒定、经济发展。

关键词：公司产权　产权保护　公司章程　契约自治

《孟子·滕文公上》有云："民之为道也，有恒产者有恒心，无恒产者无恒心。"新中国的改革开放，经由农村土地承包合约，从正式开始重建私人产

---

* 李立新，法学博士，上海大学法学院副教授。

权制度拉开帷幕至今，四十年间取得了巨大的经济成就，部分企业和个人积累了不小的财富，但近几年出现了大量资本外流、民间投资低迷等现象，具体到积聚社会财富最多的公司之中，又常见股权纠纷频发、债权坏账高企等状况，这不得不引人深思：是否与产权制度相关？而在民营企业与国有资本合作的过程中，因片面强调国资保护而漠视民事法律中的契约原则，或者简单以刑事侦查手段介入商事纠纷，混淆契约自由与经济犯罪的界限，模糊企业融资与非法集资的边界，导致民营企业的投资预期难以实现，正常的市场交易被迫中断，企业财产大幅缩水或濒临灭失[1]。央行货币政策委员会委员白重恩在 2016 年 6 月于青岛召开的"中国财富论坛"上提到民营资本投资增速大幅下降问题时指出，对产权保护不放心是民企投入较弱的原因[2]。联想到前期一系列的对赌协议效力被否、风投自保无门，国企意欲推行股权激励又怕担国有资产流失之殇等现象不难发现，当投入公司的产权首先无法得到自主安排的自我保护之际，投资根本不可能积极推行、付诸实践。唯有清晰界定产权，降低投融资的制度成本，才能充分激发投融资活力，促动经济高效运转。问题是如何加强对公司产权的保护？虽然 2016 年 11 月 27 日中共中央、国务院《关于完善产权保护制度依法保护产权的意见》已正式对外公布，文件从 11 个方面对完善产权保护制度、推进产权保护法治化进行了全面部署，但具体落实到公司产权的保护，从何做起？保护的基石为何？完善的保护机制如何建立？这些均需从公司产权的表现形式、权利主体、权利冲突等基础方面入手展开分析构建。此乃本文之目的和意义所在。

一、公司产权的权利主体及利益冲突

党的十八届四中全会通过的《中共中央关于全面推进依法治国若干重大问题的决定》强调指出："健全以公平为核心原则的产权保护制度，加强对各

---

[1] 贺小荣：《让法治成为产权保护的坚强盾牌》，《人民法院报》2016 年 11 月 30 日。
[2] 白重恩：《对产权保护不放心是民企投入较弱的原因》，http://money.163.com/16/0606/17/BOT6HK4N00253B0H.html。

种所有制经济组织和自然人财产权的保护，清理有违公平的法律法规条款。"可见，产权保护的基本理念是平等保护，即不仅保护国家财产，也要保护公民、法人和其他组织的财产。公司作为社会财富的创造中心和聚集载体，更是产权保护的核心所在。本文所探讨的公司产权保护，并不仅仅指对公司法人财产的保护，还包括对股东在公司中的财产权之保护、债权人在公司中的财产权之保护。

（一）公司乃要素组合契约

如公司法专家所言："一个人对于公司以及公司法的观点取决于其关于投资者、公司雇员和其他公司利益相关人是如何与一个公司发生关系的假定。"① 本文的观点，建立在"公司契约论"之上。公司是"一系列合约的联结"，这些合约关系，包括法律拟制物（公司）同原材料或服务的卖方签订的供应契约，同向企业提供劳动力的个人签订的雇佣契约，和债券持有人、银行及其他资本供应方签订的借贷契约以及和企业产品的购买方签订的销售契约等。在公司契约论中，每一个公司的参与者都被设想成为能够尽最大可能追求自身利益和规避风险的理性人，他们基于自身利益的追求和对公司的了解签订各种"契约"，成为公司众多利益主体中的一员②。

正如经济学家周其仁所言："无论承包来的、转让来的，或者重新确立的私人产权，都可以在自愿互利前提下放到一个合约里面来，形成'以私产为基础的公产'。过去的公有制非排斥私产不可，但股份制经济可以私产为基础，通过一个合约形成'公司'，也就是私产为基础的公产，来容纳相当一部分生产力。"③ 可以说，公司是集积新生产力的权利安排。

（二）公司产权的权利主体及利益冲突

产权是对财产的所有权，在公司中，公司财产的权利主体首先是公司。依照《公司法》第三条的规定："公司是企业法人，有独立的法人财产，享有

---

① ［美］弗兰克·H. 伊斯特布鲁克、丹尼尔·R. 费雪：《公司契约论》，黄辉译，《清华法学》2007年第4期。
② 刘迎霜：《公司契约理论对公司法的解读》，《当代法学》2009年第1期。
③ 周其仁：《重新界定产权之路》，《经济观察报》2008年1月21日。

法人财产权。"但是,法人财产的形成,源于创始股东投入的资本,后续随着公司的进一步发展,又源于创收后的资本积累和新近股东的投资、对外举债的投入等,法人财产并非一个静态的数字,而是一个动态的发展过程。在财产流进、流出公司的过程中,公司中产权主体包括公司、股东、债权人甚至劳动者等多个利益关联方,他们之间形成错综复杂的利益关系,甚至利益冲突,主要表现在:① 公司:公司作为拟制的法律人,拥有独立的法人财产权,但公司与股东之间会由于出资关系、分红关系等等而形成利益纠葛;② 股东:股东作为公司的出资人,拥有公司股权,但股权的价值大小,取决于全体股东的出资到位、公司董事的尽职经营、后期融资的顺利跟进等系列因素,因此,公司中股东虽然作为一个利益整体集团区别于公司及债权人,但股东与股东之间,尤其是创始股东与新进股东之间、控股股东和中小股东之间存在利益差别甚至冲突,需要仔细甄别不同主体的具体权利内容并给予充分的保护。③ 债权人:公司在经营过程中基于对投资人风险承受能力的考量,通过贷款或发债融资形成公司资产,公司经营的好坏,直接影响债权人债权的实现,债权人作为公司利益的关联方,与公司之间、股东之间存在利益冲突可能,需要通过契约等保护自身财产的安全。④ 其他:公司中还有大量的劳动者存在,当他们同时是职工股的持有人、创造发明的知识产权的所有人时,也就存在对其财产权益的保护问题。

总之,当大量财富通过公司制度的安排进入公司时,公司产权的保护显得尤为重要。但是,虽然近些年来整个社会的产权意识得到了显著强化,然而遗憾的是,实际生活中的产权保障保护仍显严重不足,尤其是在企业产权制度和知识产权方面[①]。其原因有多个方面,笔者认为主因有二:一是公司产权保护在空间横轴上的分布范围太窄——现在的"产权"概念,不仅包括经济领域大家熟悉的物权、债权、股权等,而且包括跨经济领域、社会领域、文化领域、环境资源领域的知识产权、各种无形财产权(如人力资本产权),

---

① 李一戈:《产权保护意识的觉醒》,《21世纪经济报道》2016年4月22日。

以及自然资源资产产权等[①]；二是公司产权保护在时间纵轴上的分布区间太短，对公司财产的构成未从静态转为动态观察。笔者认为，公司产权保护并非单纯地从静态对公司设立时形成的法人财产权的保护，而是围绕着公司发展中的资本活动主线和公司的投融资活动，对与公司资本活动相关联的公司、股东、债权人等的财产利益从动态加以保护，即针对公司中的利益纠葛，既要保护好企业法人财产权，又要保护好股东权，保护好债权人利益。

二、公司产权的章程自治保护之不足

由"一系列合约"构成的公司，秉承公司自治理念，此乃私法自治在公司领域的表现。公司是法律上拟制的人，具有独立的法律人格，具有独立财产权利、意思表示能力和行为能力，公司自治正是对这种私人权利的保护。可以说，现代公司制度以自有产权为基础，以人格独立、自由意志为前提，以自我决定和自我治理为根本。而公司章程的私法自治是公司自治的基本形式，公司章程是实现公司自治的基础载体。

（一）公司产权章程自治保护的大股东中心主义

公司产权的章程自治保护，以股东为中心，体现股东中心主义原则。这一原则的推行，以股东在公司章程上署名为起点——因为记载于公司章程的股东，可以依照公司章程主张行使股东权利，并由此而享有股权带来的财产利益，所以股东署名权虽然具有人身权的性质，但更多地属于财产权的范畴。然后，我国《公司法》第二十五条规定，有限责任公司股东应当在公司章程上签名、盖章，《公司法》第七十六条规定，股份有限公司由发起人制订公司章程，采用募集方式设立的经创立大会通过，再对照《公司法》第九十条有关创立大会职责的规定，股份有限公司章程由发起人股东制定、由过半数认股股东通过。两类公司的章程均由股东说了算，公司产权的章程自治保护，必然是以股东利益为中心，从而形成股东中心主义。加之发端于英美的传统

[①] 常修泽：《广义产权论》，中国经济出版社2009年版。

公司法理论认为，公司是属于全体股东的财产，所以在英美崇尚私人财产保护、公民自由的氛围下，公司相对比较自由、自治空间较大，国家对公司自治的干预一直保持在最低限度范围之内，公司立法也充分尊重章程自治。而围绕着股东在公司中的财产权益，公司章程一般主要通过产权配置、产权运营两条主线去谋求和实现产权保护的章程自治。

1. **股权配置的公司章程自治**

（1）明晰权属。财产权保护的基础首先在于权属主体的确定，因此，对股东而言，一要确认其与公司之间的法律关系，二要分清其与其他股东之间的利益关系。出资人在认缴出资或认购股份后从公司取得出资证明、登记进入股东名册、在公司章程上签字，确认其股东身份，完成出资财产的所有权转移和权属变更，并在公司章程中记载清楚出资情况，是其用有形财产或无形财产向公司的出资，是其出资财产产权向股权的转化，也是其出资财产的产权在公司中的具体表现和延伸。必须严格区分以下两点，以更好地保护股东权益和公司法人财产权。

一是严格区分股东财产与公司法人财产：两者是两种不同的财产权利。根据《公司法》第三条，公司是企业法人，有独立的法人财产，享有法人财产权，公司以其全部财产为限对公司债务承担责任，股东以其对公司认缴的出资或认购的股份为限对公司承担责任。因此，公司法人违法不能随意牵连股东，股东违法也不能随意牵连公司法人，两者之间经由公司有限责任制度隔离开来，做到"井水不犯河水"。比如一个股东以专利入股，一旦权属过户，即为公司的无形财产，而非股东个人财产；而公司开业经营中注册的商标、获得的专利及其所代表的知识产权，亦为企业法人财产，而非股东个人财产，虽然其通过估值可以增加股权的含金量、提升股权价值，但就其权属而言，属于公司。2016年11月中共中央、国务院颁布的《关于完善产权保护制度依法保护产权的意见》，在"严格规范涉案财产处置的法律程序"部分指出，"要严格区分个人财产和企业法人财产，严格区分违法所得和合法财产，……在处置违法所得时不牵连合法财产……"

二是严格区分股东与股东之间的财产。众所周知，科斯的交易成本和产权界定理论,不仅改变了经济学研究的格局,而且在一定程度上为各国市场改革提供了理论基础,即通过明晰产权界定、降低交易成本来提升社会经济运行的总体效率。公司作为市场经济舞台上最为主要的商事主体,其进入市场之际各股东投入了多少财产、财产形式为何、财产如何估值、能否流转交易等,首先需要在公司章程中明确约定,此乃公司后续运行之基础所在。如果前期确权环节存在争议,必然影响后期权利流转,这在公司上市IPO审核中要求股权权属清晰、若存在纠纷就要被否中亦能管窥一二。在我国目前公司资本制度下,法律设计的分期缴纳出资自由与违约责任的缺失,导致瑕疵股权隐患增加,股东出资义务履行不当,未按时、足额甚至拒绝出资的瑕疵股权问题成为股权纠纷的焦点之一,必须在公司章程中预设催缴失权制度,对违反出资义务的股东,首先由公司催缴出资,过期依然未缴,赋予其他股东替代出资的权利,无人认购则另募新股东或公告减资。通过这样的章程安排,约束各股东积极履行出资义务,减少股权之悬而未决状态,明晰界定股东与股东间的股权权属。

(2)明晰持股比例。股东之间持股比例的分配,涉及股东对公司控制权的掌握,是公司设立环节和运行中再融资环节股东必要考虑的重要因素。一般控制权的分配,包含持股比例的分配和表决权的分配两个方面,但在传统的同股同权制下,二者合而为一,而在种类股制度下,可以不同股不同权,即设置不同种类的股份、给与不同的权利,尤其是表决权,通过表决权掌控公司。但我国《公司法》中的种类股到目前为止仅有无表决权的优先股[①],因此,我国对公司的控制权唯有持股比例来实现。由此,股东之间对股权构架即持股比例的分配尤为重视。而股权构架不仅要考虑到公司设立时的静态比例,还要考虑到未来股权的流通、转让:一是基于募集资金的目的主动出让部分存量股权或增发新股,从而导致持股比例的降低;二是不再参与公司投资经营而转让、退出部分甚至全部股份。设立时持股比例的分配由创始股东协商确定后在公司章程中明确记载,设立后基于再融资等各种原因而调整持股

---

① 《优先股试点管理办法》,2014年3月21日证监会令第97号。

比例，当允许新加入的股东参与公司章程的修改，尤其是对涉及新进股东财产权利的部分条款，应由其与老股东充分协商后修改章程明确记载，防止老股东运用对公司的控制权侵害新股东在公司中的产权。

2. 产权运营的公司章程自治

产权运营的公司章程自治，指的是在所有权和经营权相分离的现代公司制度下，股东利用投入公司财产的所有权即股权实现对经营权的控制，具体则体现在股东会与董事会的关系上。严格而言，股权是股东基于股东资格而享有的、从公司获取经济利益并参与公司管理的权利，是集财产与经营两种权利于一体的综合性的新型权利形态，具体包括出资或股份的转让权、利润分配请求权、优先购买权、异议股份回购请求权、剩余财产分配请求权等。股权不等于产权，二者存在区别：股权既包括财产收益权，又具有管理权性质，而产权是具体的财产权，包括有形财产和无形财产的权利。但是，公司本身是一个生产要素的集合体，是一个盈利工具，因此，股权之财产权益的实现与管理权的行使密切相连，股东投入公司的财产要实现保值增值，必须选择良好的职业经理人来掌管公司、运营公司财产，从而为公司股东带来收益。正是从这个意义而言，产权运营的公司章程自治便外化为股东管理权行使的公司章程自治。

股东的管理权行使直接体现在董事的提名、选举和重大经济决策等方面。如在美国，法律规定开放型公司（相当于我国的股份有限公司）的股东权利基本上限于投票选举董事和调整资本结构等事项。我国《公司法》第三十七条、第九十九条规定了有限责任公司股东会和股份有限公司股东大会的职责，股东具有参与决策权、选择和监督管理者权、资产收益权、知情权、退股权等，股东还享有修改公司章程的权利和公司章程规定的其他职权。

（1）管理者的选任权。产权运营的公司章程自治中，首先是要在章程中明确规定管理者的选任权。值得注意的是，虽然新《公司法》赋予了公司章程极大的自治空间，但并不意味着发起人股东在制定公司章程时可以无视法律规定。有的公司发起人股东为了预防公司被收购，在公司章程中嵌入限制董事资格条款，如对股东提名董事的权限、提名人数、董事人选产生程序等方面进行限制。然而，1998年大港油田收购爱使的"章程之争"就充分说明了章程决不是股东通过即可生效的，公司章程自治不能突破强制性法律法规的规范，在制定章程时大股东不能剥夺小股东和新进股东的固有权利，应为股东主张并实现其权利提供保障。

（2）重大经济活动的决策权。产权运营的公司章程自治中，其次是要在章程中明确规定公司对外投融资、对外担保等重大经济活动的决策权限和程序。《公司法》第十六条规定："公司向其他企业投资或者为他人提供担保，依照公司章程的规定，由董事会或者股东会、股东大会决议。"其意义不在于约束公司的章程自治行为，而在于以程序的规范化促进实体权利得到更好的保护。上市公司对外担保损害中小股东利益的行为，需要通过公司章程明确决策规范得以改善。

（3）资产收益权。股东投入公司的产权运营产生收益，公司股东依法享有资产收益权，其最重要的实现方式就是股利分配请求权，即股东有权按照出资比例（有限责任公司章程约定或全体股东一致同意不按出资比例分配除外）或股份比例请求分取股利。但是，股东享有请求分红的权利并不等于能够真正实现权利，当公司基于种种原因不分或少分之际，部分股东利益即会受损。因此，中小股东在投资或设立公司之初，应当意识到公司章程的重要性，尽可能将涉及股利分配的事项在章程中作出更加详细具体的规定并使其具有可操作性，使股东在其权利受到损害时可依章程获得救济。具体可制定利润分配时间、条件、议事规则，以及董事会或执行董事不按照每年利润分配议事规则制定利润分配方案或公司股东特别是大股东否决利润分配决议时的救济条款等。

（4）知情权。股东知情权是公司法上确立的投资者保护措施之一，它通过公司章程、公司会计信息等的对外公示，股东的查阅权等得以保障和实现。有学者指出，现代会计产生时的受托责任天然地将会计实践定位为服务于产权保护，而由于产权的核心内容是契约权利和剩余权利，产权保护的一个关键是利用会计信息确立、实现与产权有关的契约权利和剩余权利。其中，借助会计的定价功能和治理功能，通过充分界定产权主体各方的信息权利和相应的信息优势，能够在一定程度上发挥产权保护的功效①。结合《公司法》第三十三条股东有权查阅、复制公司章程、财务会计报告等的规定可以看出，股东知情权实乃以信息权利概念为核心，以投资者与管理者之间的信息不对称为前提，试图通过赋予股东信息权利来加强其对自身产权保护可能与保护力度的法定权利。但现实中股东行使知情权却屡遭尴尬，个中实质乃是对《公司法》第三十三条的理解和适用问题。追溯股东知情权立法可知，2004年《公司法》第三十二条规定"股东有权查阅股东会会议记录和公司财务会计报告"。2005年《公司法》对此进行了细化，第三十四条第一款规定："股东有权查阅、复制公司章程、股东会会议记录、董事会会议记录、监事会会议记录和财务会计报告。"第二款又规定："股东可以要求查阅公司会计账簿。"虽然新规扩大了查阅范围、增加了复制可能，但可知范围和行使方式依然受限。当股东行使知情权遭遇当场看不完、看不明等问题时，能否复印请专家看？诸如此类法无明文规定之际，需要公司章程对此作出可操作的细化规定，以实现立法目的。

3. 章程自治保护的中小股东"挤出"

不管是公司设立中的初始章程还是公司成立后的修改章程，均容易受到大股东操控而出现章程剥夺中小股东权利的情形。如在章程中强制规定离职股东必须以规定的价格转让股权②，规定公司有盈余而不进行分配等。在"河南思维公司与胡克盈余分配纠纷案"中，法院仅仅以尊重公司自治为由驳回了小股东的盈余分配请求，这让中小股东对于自身投入公司的财产收益无法抱有"得以保护"的坚定信心，形成公司章程自治保护，就是保护大股东利益的扭曲格局。在此，笔者对公司自治存在边界的问题（章程违反公司法上的强行规范，剥夺股东固有权益的规定，不具有契约性，不受司法保护）不作讨论，只想言明股东之间的利益冲突必然存在，关键是通过哪些可能的方

---

① 陶晓慧：《会计稳健性、债务契约与债权人保护》，经济科学出版社2010年版，封底。
② 范黎红：《公司章程"侵权条款"的司法认定及救济——以"强制离职股东转让股权"之章程条款为例》，《法律适用》2009年第1期。

法和手段去解决冲突。有学者分析河南思维公司"盈余分配纠纷案"指出,目前法院所遭遇的困局不仅与对公司自治的误解有关,也与公司盈余分配制度的立法疏漏有关。法院应充分发挥主观能动性,对现行公司法存在的制度漏洞在司法裁判中加以弥补①。但这是一条权利遭侵害后的被动应对之路,而非积极预防之策,能否找出一条中小股东不被实质性挤出的权利实现通道,实乃当下公司产权保护必须面对的重要问题之一。尤其是对股东的自益权,在市场经济高度活跃之后,股东可能会通过股权转让、股权质押等方式实现其权能,必须予以充分重视。

(二) 公司产权章程自治保护的债权人排外

与传统公司理论和立法尊重公司自治、保障股东利益不同,现代公司理论和立法更倾向于限制公司自治、保护公司利益相关者,认为公司并不只是股东的公司,而是包括股东、管理者、债权人、职工等全部利益相关者的公司。这一变化趋势下,公司立法更多地倾向于限制股东权利、限制公司任意做出行为。其理论逻辑,笔者认为与公司章程的自治保护仅仅针对公司及公司股东(尤其是大股东)利益,而将债权人利益、劳动者利益甚至中小股东利益等排除在外有关。

毋庸置疑,对私人产权的保护目标而言,产权保护的设置必须是普遍的,绝不能保护了一方的权利而侵犯了另一方的权利。这一点,从公司立法要求公司章程必须在法律框架范围内制定便可管窥一二。但是,公司纷繁复杂的经济活动主要由股东(大)会决策并由代表股东的董事会具体执行,当贷款银行、公司债券持有人等债权人无法参与公司治理之际,债权人对公司的意思表示及行为就无法发生实质性的影响,从而就被排除在通过公司章程建立自己财产的保护机制之外。一句话,债权人参与公司治理无门,作为公司内最高自治规则的公司章程便将债权人排除在了章程自治保护范畴之外。

---

① 梁上上:《论股东强制盈余分配请求权——兼评"河南思维自动化设备有限公司与胡克盈余分配纠纷案"》,《现代法学》2015 年第 2 期。

三、契约自治对公司产权保护之必要

产权制度是关于产权界定、运营、保护的一系列体制安排，是社会主义市场经济存在和发展的基础。党的十四届三中全会在提出建立社会主义市场经济体制时，把建立产权清晰的现代企业制度作为重要内容之一；十六届三中全会又在这个基础上进一步提出建立以归属清晰、权责明确、保护严格、流转顺畅为主要特征的现代产权制度；十七大提出"坚持平等保护物权，形成各种所有制经济平等竞争、相互促进新格局"；十八大进一步提出"保证各种所有制经济依法平等使用生产要素、公平参与市场竞争、同等受到法律保护"。十八届三中全会《中共中央关于全面深化改革若干重大问题的决定》明确提出，要健全现代产权制度，完善产权保护制度[1]。从上述党的政策脉络中可见，产权制度的重心正逐步从产权界定转向产权保护。笔者理解，这与改革的深化和多种所有制经济的发展紧密相联。目前国有、集体之外，多种形式的非公资本和居民私有财产迅速增加，各种资本的流动、重组、融合日益频繁，投资主体多元化、各种所有制经济交叉持股的混合所有制经济已成为发展之必然，各类财产权都要求有完善的产权保护。但问题是，通过什么途径来实现产权保护？

长期研究产权保护的常修泽教授指出："完备的产权制度是包括产权界定、产权配置、产权流转和产权保护在内的一套完整的体系。产权保护是其中一个重要方面。"[2] 而在笔者看来，产权保护贯穿从产权界定到产权配置到产权流转再到产权收益的全过程。产权保护并不能单独成立，它跟随被保护的客体即产权的获得、确认所有、流转交易、再配置、收益等系列行为而展开，并非单一的存在。如果把产权比作明星，产权保护就如明星身边的保安，产权走到哪里，产权保护就要跟到哪里，而且，产权保护控制链越短，保护力就越强。

---

[1] 《如何理解完善产权保护制度》，http://news.xinhuanet.com/politics/2013 - 12/03/c_118389712.html。

[2] 常修泽：《完善产权保护制度 稳定社会预期》，《经济日报》2016 年 11 月 30 日。

公司产权是一个活的概念，它并非公司设立之初的注册资本，亦非公司设立之时股东投入形成的全部财产，而是包含了公司存续期间在各个不同时期、通过不同方式进入公司体内的财产之权属确定、财产交易、财产收益等多个方面。对公司产权的保护，必然跟随公司产权的不同形式及其不断流转而具体展开。而整个保护机制中，除了国家对不同主体所有的财产之所有权静态形式确定保护之根本外，保护机制的主干当是产权流转中所有权人对流转方式、交易结构、交易风险、交易利益等进行识别、判断之后，在此基础上建立起来的自治保护轴。

产权是一种权利，而权利作为一个基本的法律概念，一般指赋予人们的权利和利益，即自身拥有的维护利益之权，表现为享有权利的主体有权作出一定的行为和要求他人作出相应的行为。权利通常包含权能和利益两个方面，权能指权利得以实现的可能性，利益指权能现实化的结果，权能具有可能性，利益具有现实性，从可能性到现实性，需要权利的行使，即通过行使权利而使利益得以实现。正是在此意义上，权利不是一个静态的概念，而是一个动态的概念。权利概念不仅是对价值目标的静态描述，还应有一个动态运行机制的系统[1]。对应于公司产权，公司中不同权利主体均想要实现自身拥有财产的保值增值，它们不会乖乖地躺在权利簿上，而是会奋起追逐利益，从而产生一系列的以盈利为目的的商事活动。而公司的商事活动，除了遵循公司最为基本的行为规则即公司章程之外，一般需要通过契约作出具体安排，这就需要通过契约自治实现对公司产权的保护。

再深入一步而言，在产权界定→配置→流转→保护的系列环节中，产权界定是基础，它不能仅靠民间自发活动加以解决——因为产权界定是稀缺资源的排他性制度安排，没有拥有合法强制力的国家的介入，既不可能划分清楚，也不可能得到有效执行。然而，产权运营则更多地体现确权之后所有权人的自主意思表达。中共中央、国务院《关于完善产权保护制度依法保护产权的意见》对政府公权力侵害私主体产权亮出了警示黄牌，要求完善政府守

---

[1] 叶际华：《权利概念的动态结构分析和思考》，《法制博览》2014年第8期。

信践诺机制,不得以政府换届、领导人员更替等理由违约毁约,确需改变政府承诺和合同约定的要严格依照法定程序进行,着力解决政府不依法行政、政府失信导致公权力侵害企业和公民产权等问题,从中我们看到了对产权契约保护的重视和尊重。

四、股东权保护的契约自治弥补

股东权的保护主要是通过公司章程,但同属股东阵营,有创始股东与新进股东、大股东与中小股东,他们在公司不同发展阶段、基于不同利益诉求而可能产生利益冲突,需要在章程之外通过契约进行自治弥补。

(一)创始股东与新进股东利益同化的契约自治设计

一度甚嚣尘上的宝万股权之争,让"吃瓜"群众看清了创始股东与新进股东之间的矛盾与冲突,但两者并非总是天敌。常态下创始股东因融资需要而引进新股东,均会力保对公司的控制权;而新进股东有的追求投资盈利,有的觊觎公司控制权。当创始股东因持股比例过低而无法牢牢控制公司之际,就要充分预估被新进大股东排挤出董事会的风险,守住可降低的最大持股比例底线,寻求可以突破同股同权、赋予不同种类股权在表决权上的差异性的法律适用空间,并在股权融资契约中作好相应的方案设计。由于双重股权结构的设计能够保证创始股东对公司的控制权,可以说,从制度价值层面审视,双重股权结构契合了股东利益诉求异质化的制度演进趋势,有助于提升公司治理效能、增强资本市场的制度竞争力[①]。但其运用的前提,一是法律允许,二是创始股东与新进股东的谈判砝码。如果后者不愿因双重股权结构而在公司治理参与上受限,则会影响到创始股东的融资,因此,需要双方本着合作才能共赢的理念,从利益同化角度进行契约自治设计。

(二)大股东与中小股东利益冲突的契约自治调整

公司中的利益冲突,首先是两权分离下所有者和经营者之间的矛盾,但

---

① 商鹏:《双重股权结构的制度价值阐释与本土化路径探讨》,《河北法学》2016年第5期。

这其实建立在股权高度分散、股东之间同质的前提上；但现实中（尤其是我国）公司股权相对甚至高度集中，大股东利用控制权掏空公司或损害中小股东利益，从而产生大股东与中小股东之间的利益冲突，如格力电器中小股东要求股利分红而大股东却不分。此种情形下，由于大股东与中小股东之间的力量失衡，直接通过双方之间的契约调整冲突不可能，但可借助经营者与中小股东之间的利益趋同实现对大股东行为的约束。如对经营者实施股权激励，使他们与中小股东具有一致利益，通过利益导向规范经营者的决策，在一定程度上防止他们与控股股东联手损害中小股东利益。而要实施股权激励，就必须根据公司的实际情况有针对性地设计股权激励的契约结构，包括激励对象、激励模式、激励期限、激励条件等要素。故而，契约自治在调整股东之间的利益冲突、保护中小股东产权利益方面同样可以发挥重要作用。

五、债权人利益保护的契约自治扩张

国务院《关于国有企业发展混合所有制经济的意见》（国发〔2015〕54号）指出，要以保护产权、维护契约、统一市场、平等交换、公平竞争、有效监管为基本导向，切实保护混合所有制企业各类出资人的产权权益，调动各类资本参与发展混合所有制经济的积极性。而企业中的出资人，除了从所有性质上区分国有、私有外，从出资方式上又分为股权出资人、债权出资人、知识产权出资人等不同类别。公司产权保护，除了对股东财产权的保护之外，还应注意到对债权人利益的保护。因为债权人不似公司原始股东，可以通过公司设立时的章程制定参与公司治理；也不似新进股东，可以通过对章程的确认和修改来确认和主张自身权利。一般情况下，债权人不具有对公司的控制权，无法介入公司日常经营管理，债权人的权利及其保护措施在合约签订那一刻已基本确定。因此，对债权人利益的保护主要体现在合约的设计上，其重要性就如"公司治理机制"对于股东权益的保护[1]。

---

[1] 陈超、李镕伊：《债券融资成本与债券契约条款设计》，《金融研究》2014年第1期。

在公司中，由于债权优先于股权，股东和债权人之间常常发生利益冲突，冲突来源主要有两类：一类是债券发行前的逆向选择，债权人要求更高的利益和更好的保护，发行公司一般采取某些手段向市场传递信号降低逆向选择；一类是债券发行后的道德风险，股东要求支付股利、增发股份稀释所有权、不积极增加投资、置换走优质资产等，债权人可以通过违约条款的具体设计降低道德风险。国内有研究表明，我国资本市场上的债权人能够通过债务契约对企业的会计稳健性进行治理，而且治理效果从整体上来看比较明显[1]。国际上也有研究表明：股东可通过与债权人签订违约条款提升公司价值，进而增加所得；同时债权人因为享受了更好的保护，从而降低了回报要求。这些违约条款可分为四个类型，即与红利支付有关的违约条款、与投资生产相关的违约条款、与债券再融资有关的违约条款、与特殊事件有关的违约条款[2]。在美国，公司在融资过程中，企业家会在公司章程和公开发行证券的相关文件中做出承诺，这些承诺包括关于公司运行的风险程度，公司赢利用于偿付债务的范围，以及经理自由裁量权的范围等[3]。通过这些，债券投资者把握公司的风险、判断投资债券的风险以及投入财产的安全保障。在当前我国债市违约普遍化的背景下，债券投资人产权保护的第一要义是投资人首先通过契约筑起自我保护的烽火墙，对可能的风险细化考虑并通过条款设计应对预案；而对风险的了解，又基于债券发行人对其资产及经营信息的公开披露上。所有这些，均需通过契约自治来实现。

六、公司产权保护扩强的司法支撑

2016 年 11 月 29 日，最高人民法院发布了《最高人民法院关于充分发挥审判职能作用切实加强产权司法保护的意见》，这对通过法治在产权保护中的

---

[1] 任意：《产权背景、债权人治理与会计稳健性》，西南财经大学 2014 年硕士学位论文。
[2] 陈超、李镕伊：《债券融资成本与债券契约条款设计》，《金融研究》2014 年第 1 期。
[3] [美] 弗兰克·H. 伊斯特布鲁克、丹尼尔·R. 费雪：《公司契约论》，黄辉译，《清华法学》2007 年第 4 期。

积极作用来激励创新、稳定预期和实现社会公平正义具有重要意义。"只有在法律上确保财产的安全性，防止和阻却一切不经法定程序限制和剥夺公民、法人财产权的行为，财富才具有安定性，人民才会有幸福感。只有建立严格的产权保护制度，才能让社会成员对未来的创新发展产生合理的预期，从而凝聚成经济社会发展最强大的推动力。"①

（一）坚持尊重自治、最低干预的原则

契约精神包含契约救济。公司作为商事主体，其在法律范围内的自由活动、自治规则应得到国家司法的充分尊重，司法机关应遵循宪法的规定和精神，尊重公司章程和契约的约定，最低限度地干预公司自治，并且将这种干预保持在对程序性标准的审查而非对实质性标准的判断上。具体到公司诉讼的司法裁判，应以公司章程、股东和出资人的有效约定等为实体依据，除非章程和契约内容违反法律的强制性效力规定，否则一般不作无效确认。如司法机关裁判公司的对外担保纠纷，就应以形式审查为限，以公司章程关于对外担保事项的规定和当事人之间的担保契约作为唯一的判断标准，《公司法》第十六条只能作为对公司对外担保意思表示的规范而非效力性规定。再如在股权投资中，投资方为控制投资风险，常常设置对赌协议保证自己的退路，但对赌协议第一案"海富案"的一波三折，终让我们叹息我国法院未能如美国法院那样拥抱创业创新与契约自治。笔者赞同研究者所论，即"对赌协议的裁判核心，不在于交易类型的合法性判断，而是合同履行之可能性，后者需要基于公司财务状况来具体分析。即使 PE 与公司进行现金对赌，也可能因未损及公司资本与清偿能力而具有正当性"②。笔者认为，对赌协议对于投资方而言，是其控制风险的重要手段，只要对手方是基于合规的、理性的意思表示接受对赌，且合约的履行并不损害公司中法人财产权和债权人利益，则对赌协议应当被视作有效。

（二）章程自治侵权的司法纠正

公司章程自治具有增进公司治理效率等价值，但其自治有合法合规的要

---

① 贺小荣：《让法治成为产权保护的坚强盾牌》，《人民法院报》2016 年 11 月 30 日。
② 刘燕：《对赌协议与公司法资本管制：美国实践及其启示》，《环球法律评论》2016 年第 3 期。

求，否则借由自治侵犯他人权利和自由，就不可能保有持久秩序，也不会被社会所接受。故而，公司章程自治要从自治价值、自治空间、公司类型、公司事务性质以及章程涉他性等方面厘定其正当性，防止章程自治给他人造成侵权。鉴于章程的重要内容之一是产权的自主安排和自我保护，产权保护又是政府的重要职责，政府应加强产权法治建设，对公司中财产权利主体的权利行使进行规范和约束；司法机关应依法裁判，制裁公司或部分股东滥用权利侵犯他人合法产权的行为，如公司在成立后依照《公司法》第四十三条、第一百零三条的规定经由公司股东（大）会三分之二以上决定修改公司章程限制或剥夺中小股东的股权固有权利，即便其在程序上无瑕疵，但由于其内容上的违法性、侵权性，此类自治修改的效力就应当予以否定。

（三）契约自治保护的司法肯定

前文已述，公司产权要通过流转实现其权益，而流转中的产权保护，首先是通过交易结构的设计和交易条件的契约化进行自治保护，一旦契约自治发生纠纷，便需要司法"适度"介入保护。这里的"适度"性，是指在商事审判实践中，一要尊重商事主体的意思自治、尊重商事活动的营利性、尊重商事交易规则和交易习惯等，保障交易安全、促进交易效率；二要处理好公司外部行为与公司内部意思自治之间的关系。要严格依照《公司法》第二十二条的规定，从会议召集程序、表决方式、决议内容等是否违反法律、行政法规或公司章程等方面，对公司产权流转关联的决议效力进行审查。《最高人民法院关于人民法院为企业兼并重组提供司法保障的指导意见》（法发〔2014〕7号）指出，要依法认定兼并重组行为的效力，促进资本合法有序流转；要严格依照《合同法》第五十二条关于合同效力的规定，正确认定各类兼并重组合同的效力。《指导意见》还指出，要审慎认定企业估值调整协议、股份转换协议等新型合同的效力，避免简单以法律没有规定为由认定合同无效。笔者理解，这正是司法对契约自治保护的充分肯定和支持。唯有如此，公司中各类产权主体才会面对目前法无明确规定的问题大胆创新实践，而不至于担心产权自治行为无效而故步自封。这对于促进产权流转大有益处。

七、结语

综上，产权等于资产权利，资产＝负债＋所有者权益，公司中法人财产权包括了公司用"所有者权益"取得的资产和用"负债"取得的资产。前者对应于股权，后者对应于债权。公司产权保护，不仅要保护公司法人的财产权，还要保护股东的股权和债权人的债权等。完善公司产权保护，首先必须从加强自我保护开始，增强公司法人和股东、债权人的产权保护观念和契约意识。对于公司而言，公司财产独立，财产的运营由公司机关作出意思表示并执行，而股权归属于股东，债权归属于债权人。司法公正是公司产权保护的最后屏障，必须不断完善社会主义市场经济体制下的产权法律制度，坚持依法保护。

国际专利侵权诉讼风险控制宏观方法

黄清华[*]

摘　要：当事人提起国际专利侵权诉讼，不仅仅是维权的需要，也是参与国际技术市场竞争的需要，通常有其专利战略上的考量。本文以理论、法律制度结合案例的分析方法，讨论以中国企业为一方当事人的国际专利侵权诉讼风险宏观控制方法。好的做法应当分析这一类诉讼常见的七种具体目的，运用好控制该类经营风险的九大策略；应准确把握包括国际专利侵权纠纷在内的国际经济贸易纠纷预防和处理中的西方法律思路，包括有关事实问题、程序和法律适用问题及纠纷预防的法律思路。当然，应对国际专利侵权诉讼风险，无论具体案情、国际环境和规则怎样变化，自主创新是根本，是以不变应万变之策。

关键词：国际专利侵权　诉讼风险　风险控制　西方法律思路　中国企业

一、引言

国际专利侵权诉讼是指不同国籍或者司法管辖区的当事人之间的专利侵权诉讼。这种专利侵权诉讼，既可能发生在讼争一方国家或者司法管辖区，也可能发生在第三方国家或者司法管辖区。在经济全球化和中国企业"走出去"的过程中，以欧美等技术发达国家的企业为一方当事人的国际专利侵权诉讼频繁发生，中国企业和相关的政府机构、中介组织越来越多地参与到这

---

[*] 黄清华，同济大学上海国际知识产权学院研究员。

类纠纷的处理和防控中来。尤其是最近十余年来,各国经济低迷不振,贸易保护主义重新抬头,全球商业竞争环境充满着前所未有的不确定性,中国企业不断遭遇国际专利侵权诉讼及相关行动的围追堵截。例如,"2011年初以来,中国电信设备巨头中兴通讯在英国、意大利、德国三地,被老牌欧洲电信设备商爱立信同时提起诉讼。爱立信方面声称,中兴方面侵犯了爱立信GSM/WCDMA的部分专利,除要求赔偿外,还要求三地禁止销售中兴五款最畅销的WCDMA/GSM手机"[①]。再如,拥有"一拍即合"地板锁扣技术专利的深圳民企燕加隆公司,由于打破了欧洲地板业国际巨头地板锁扣技术的垄断地位,在2004—2010年间频频面临加拿大反倾销反补贴调查、美国337调查、德国临时性禁令的严重干扰[②]。

这些事实和案例说明,控制国际专利侵权诉讼风险,对于中国企业实现"走出去"的战略目标具有重要意义。然而,对于究竟应当如何控制国际专利侵权诉讼风险,现有的理论研究明显不足。文献检索表明,在中国知网系统,目前无专门以"国际专利侵权""国际专利侵权诉讼""国际专利侵权诉讼风险"为关键词或者主题的研究文献,更无以国际专利侵权诉讼风险控制宏观方法为主题的研究文献,但以"(跨国、涉外、海外)专利侵权诉讼"替代"国际专利侵权诉讼",可以查到一些对于研究这一选题有某种参考价值的文献[③],但仍然不易找到从"风险控制宏观方法"的角度研究"跨国(涉外、海外)专利侵权诉讼"的学术文献。现有的文献,要么在微观层面从实务角度讨论"涉外专利侵权纠纷的特点、企业遭遇涉外专利侵权纠纷的原因及困

---

① 董毅:《华为中兴遭遇海外"地雷阵"》,《新快报》2011年4月7日。
② 《职业经理人》记者:《花三千万打国际官司八连胜后,这个民企老板想通了什么?》,《职业经理人》2016年第2期。
③ 这些文献包括但不限于:苗妙、张新、魏建:《和解还是上诉?——企业专利诉讼决策中的融资约束与声誉机制研究》,《产业经济研究》2016年第5期;尹雷:《企业应对海外专利壁垒策略研究——以JK公司为例》,南京工业大学2017年硕士学位论文;朱雪忠、彭祥飞:《论专利侵权诉讼的失范现象及其治理》,《政法论丛》2018年第2期。苗妙:《专利纠纷的经济分析:发生、决策和救济》,山东大学2018年博士学位论文;田园:《我国专利执行责任保险法律问题研究》,西南大学2015年硕士学位论文;刘立春:《基于药品专利诉讼战略的技术创新研究》,华中科技大学2015年博士学位论文。

境"①，以期规避涉外或者跨国专利侵权风险；要么探讨控制此类风险的某种具体策略②；要么专门研究中美之间专利诉讼风险因素③；要么以某个具体案例或者事例为切入口，提出"完善法律法规，建立知识产权风险预警机制，善于应用侵权检索和分析，合理运用无效宣告程序，运用公知技术进行侵权抗辩，侵权赔偿中降低赔偿数额，并积极应对诉讼"④。总之，这些文献很少在宏观层面较系统地运用大量案例，从不同国家的专利与竞争法律制度的角度，结合国际经济贸易纠纷预防和处理中的西方法律思路，来探讨国际专利侵权诉讼风险宏观控制方法。

相关的英文文献，通过 westlaw 进行检索，虽然有大量讨论专利侵权诉讼以及相关风险控制的文献且具有一定的参考价值⑤，但目前尚无专门讨论以中国企业为一方当事人的国际专利侵权诉讼及其风险控制宏观方法的研究文献。显然，在这个方面，同样需要研究中国问题、代表中国风格的较高质量的研究文献。

为此，本文通过理论、法律制度结合案例的分析方法，专门讨论以中国企业为一方当事人尤其是被告的国际专利侵权诉讼风险宏观控制方法即通用方法，而非针对特定案件的专门的抗辩方法与技巧。本文认为，好的做法（good practice）是：应当针对（可能的）国际专利侵权诉讼和相关行动，在

---

① 孙利民：《涉外专利侵权纠纷法律对策研究》，黑龙江大学 2006 年硕士学位论文，第 1 页。
② 李荣德：《应对涉外专利侵权诉讼的和解策略》，《电子知识产权》2004 年第 12 期。
③ 漆苏：《中国企业在美国市场的专利风险因素研究》，华中科技大学 2012 年博士学位论文，第 1—2 页。
④ 苏敏、张雨、刘亚娟等：《应对跨国企业专利侵权诉讼的策略》，2012 年中华全国专利代理人协会年会第三届知识产权论坛，北京，2011 年 3 月 28 日。
⑤ For example, Katrin Cremers, Settlement during patent litigation trials. An empirical analysis for Germany, The Journal of Technology Transfer. Vol. 34 (2), 2009; Stefania Fusco, "Markets and Patent Enforcement: A Comparative Investigation of Non-Practicing Entities in the United States and Europe", Michigan Telecommunications and Technology Law Review, Vol. 20 (2), 2014; D. Somaya. Strategic determinants of decisions not to settle patent litigation. Strategic Management Journal. Vol. 24 (1), 2003; Alberto Galasso, Mark Schankerman. Patent thickets, courts, and the market for innovation. The RAND Journal of Economics. Vol. 41 (3), 2010; LANJOUW J O, SCHANKERMAN M. RAND, Characteristics of patentlitigation: a window on competition. Journal of E-conomics. Vol. 32 (1), 2001; HUGHES J W, SNYDER E A. Litigation and settlement under the English and American rules: theory and evidence. Journal of Law and Economics. Vol. 38 (1), 1995.

企业发展战略层面上进行具体的目的分析,并以此为基础,运用好专利侵权诉讼风险控制策略;为此,应当准确把握竞争对手预防和处理国际专利侵权诉讼的跨国法律思路,熟练运用国际专利侵权诉讼抗辩技术、技巧和主张等微观方法,应当有这样的策略、思路和分析方法作为宏观基础。

二、国际专利侵权诉讼的具体目的

企业之间专利侵权诉讼策略的应用,除极少数涉及国家重大安全利益的项目或技术外,最终目的通常是商业利益。然而,应当意识到,出于不同的市场地位、目标、经营模式和专利战略的考量,企业之间的国际专利侵权诉讼行为往往包含以下一种或数种具体目的。因此,下文所举例案,有的直陈原告的单一目的,有的则分析其多个目的。相应的,对于可能具有多个目的的国际专利侵权诉讼行为,有必要准备多套风险控制策略,必要时一并施策。

(一) 申请法院禁令将对手逐出市场

禁令是指在诉讼过程中,针对侵权明显成立的案件案情,法院要求侵权当事人实施或者禁止实施一定行为的命令。世界贸易组织(WTO)基本文件TRIPS协议明确规定,禁令必须作为缔约国司法部门阻止知识产权侵权的法律救济措施之一,以制止"如不及时制止将会使权利人或者利害关系人的合法权益受到难以弥补的损害"这样一类知识产权侵权行为。

在英美法系国家,专利诉讼的禁令分永久禁令(Permanent Injunction)和临时禁令(Temporary Injunction)两种。作为实体判决适用的一种救济手段,永久禁令是指在案件经过实质审理,对争议问题进行充分调查之后,法庭认定被告侵权,作出判决时给予胜诉方的一种救济,是针对原告专利权的剩余保护期下达的,以禁止被告再次侵权。临时禁令指法院在终局判决作出之前,为防止原告遭受不可弥补的损害而给予原告的一种事前预防式救济方式。有些案件,"倘若被告的非法行为构成立刻的威胁,原告便可以申请临时禁令,以迅速获得预防性判决,从而使原告的法律权利得以保全"①。作为一项衡平法制度，法庭是否下达临时禁令会考虑四个因素："原告实体胜诉的可能性；如果拒绝发布临时禁令原告是否会遭受不可弥补的损害；原告的损害是否大于被告因发布该禁令而遭受到的损害；该禁令是否影响公共利益。"② 这显示出美国法适用临时禁令的严谨性。

大陆法系国家对于临时禁令的态度、适用条件与美国法有所不同。在德国，根据德国《民事诉讼法》第935条规定："临时禁令程序……法院可以在对争议事项通过主程序（Hauptsacheverfahren）进行全面审理之前，做出保护禁令申请人相关知识产权权利的临时措施。""通过临时禁令，既可以要求侵权一方停止侵权（Unterlassungsanspruch），也可以在满足相关法律规定的条件下要求侵权一方如实交代侵权物品的来源和销售渠道（Auskunftsanspruch）。"③ 此外，德国竞争法允许相同行业竞争者之间互相监督，通过警告、临时禁令等法律手段阻止同行的不正当竞争行为，以此实现行业自律。作为知识产权保护手段，德国法院也常常使用警告和临时禁令这两种法律手段。竞争者可申请地方法院对竞争对手（外国公司）发出"临时禁令"，而法院可在没有给被申请人任何抗辩机会的情况下发出"临时禁令"④。这意味着，德国临时禁令的要求比全世界大部分国家的制度都宽松。"权利人申请临时禁令时不需要缴纳任何保证金，只要花费数千欧元聘请当地律师，拍几张照片或者下载一个网页，再提交一份申请书，法院在收到申请4至6个小时内就可以据此作出一个临时禁令，非常高效。"⑤

在（国际）专利侵权诉讼中，权利人（原告）申请禁令，不仅有助于控制侵权方在诉讼过程中给原告造成新的损失，防止被告的侵权行为带来重大或难以弥补的损失，而且在竞争策略的运用上，获得法院禁令可将对手直接

---

① 黎炽森：《知识产权诉讼禁令的制度安排与适用实践》，http：//www.gzcourt.org.cn/fxtt/2011/06/1521510594546.html。

② 胡开忠、魏小毛：《知识产权诉讼的临时救济》，《中国知识产权报》2006年11月9日。

③ 孙一鸣：《德国临时禁令中对发明专利或实用新型的特殊要求》，《中国知识产权》2012年第11期。

④ 肖思思、陈先锋：《中国企业首次胜诉德国"临时禁令"路途艰辛》，http：//news.163.com/09/1124/15/5OT5OP93000120GU.html。

⑤ 范丽敏：《从德国临时禁令看中企海外维权》，《中国贸易报》2017年4月11日。

逐出市场,"釜底抽薪"。因此,这种竞争策略的实施,使原告一旦获得这类禁令,被告的产品就不得不退出市场。在前述爱立信诉中兴通讯一案中,"中兴2010年实现营业总收入702.6亿元,其中,国际市场总营业收入达到380.66亿元,占整体营业收入的比重达54.18%,欧美市场收入同比增长50%,占整体营业收入的比重21%,首次成为中兴海外收入比重最大区域。而欧洲市场正是爱立信生意的大本营,爱立信若容忍中兴在欧洲的发展,无异于容忍中兴后院点火!"[1] 这就不难理解爱立信诉中兴案原告申请销售禁令的本质。

需要说明的是,在某些情况下,例如,专利权利主张实体(Patent Assertion Entities,PAE)或非专利使用实体(Non-Practicing Entities,NPE),或者专利许可和实施公司(Patent Licensing and Executing Company,PLEC)[2] 提起的专利侵权诉讼,若原告向法院申请禁令,其目的未必就是将对手直接逐出市场,而往往是将其作为达到其他目的之筹码,如迫使对手商谈专利许可事宜,或者驱使对手商谈专利合作事宜。这一点应当特别注意。

(二)通过诉讼确定权利保护范围

根据专利法原理,一项技术获得专利机关的授权,并不意味着就一定能对这项发明"专享其利"——其中还存在着很多变数,如专利无效申请、专利无效诉讼等。而且,专利的获得,并不意味着公众或者专利权人自身很清楚该专利的保护范围。如果一项专利属于基础专利,对企业的发展至关重要,基于竞争的考虑,企业很可能会选择诉讼方式来最终确定该专利的效力,明确其权利保护范围等一些对企业经营发展至关重要的问题。

专利权的保护范围,是按照专利权人的专利文献所记载的权利要求书、说明书及其附图、摘要等这样一些内容,并根据一定的法律原则予以确定的。在这个问题上,目前各国主要有三种不同的学说(doctrine,或者叫原则),即以德国为代表的"中心限定原则"、以美国为代表的"周边限定原则",以

---

[1] 王燕、林露:《中国企业屡遭国际专利大鳄诉讼袭扰 中兴如何破局》,《新华信息化》2013年第12期。

[2] 李春成:《非专利实施实体(NPE)六问》,《知识产权界》2014年第11期。

及现在多数国家所采用的"折中原则"①。所谓的"中心限定",是指权利要求的文字所表达的范围仅仅是专利权保护的最小范围,可以以权利要求书记载的技术方案为中心,通过说明书及其附图的内容全面理解发明创造的整体构思,将保护范围扩大到四周的一定范围。这一原则更有利于保护权利人,但是,却存在着可能会无限扩大保护范围,使专利的保护范围存在无限制性和不确定性的缺陷。所谓"周边限定",是指专利权的保护范围严格以权利要求书记载的内容为准,不得作任何的扩大解释。这一原则使得专利保护范围具体明确,这就要求专利申请文件的撰写必须严谨,否则,会很难得到有效保护。因这两项原则本身存在着重大缺陷,现在大多数国家采用"折中原则",其含义正如《欧洲专利公约》第69条所规定的,即"一份欧洲专利或者欧洲专利申请的保护范围由权利要求书的内容确定,说明书和附图可以用以解释权利要求"。对此,德国和美国也在逐渐地做出改变,趋向于"折中原则"②。

操作上,原告企业通常会选择起诉一个很明确的侵权对手,在其本国或其所熟悉的其他国家或司法管辖地,找一个小公司或者新公司来打官司,"欺负弱小"。因为这种做法诉讼胜诉可能性比较大,其结果就很可能给原告将来面临的类似争议事先确立一个明确的法律基础。

(三)迫使对手商谈专利许可事宜

专利权的权能包括制造、使用、销售,允诺制造、销售与进口等。企业在获得专利权后,除了自行制造并销售外,还可以进行专利许可(Patent License),授权他人制造销售。国外一些企业尤其是高科技企业,其自身并不生产产品,而是专门以专利许可授权等形式维持自身生存发展。这类企业提起专利侵权诉讼,依其规模实力,一部分,为的是迫使被告企业与其签署专利许可协议,并向其缴纳高额专利使用费,这实为以要挟方式索取高额权利金;另一部分,相对于被告企业,如果原告自身实力较弱,则可能希望以此开启专利许可授权谈判。

---

① 文道军:《专利侵权诉讼中专利保护范围的确定》,《深圳律师》2017年第8期。
② 文道军:《专利侵权诉讼中专利保护范围的确定》,《深圳律师》2017年第8期。

近年美国"专利地痞"（Patent Troll，也译为"专利流氓""专利蟑螂""专利海盗"等）一类的公司对中国企业的诉讼，就属于这种目的。作为专利主张实体（PAE）或非专利实施实体（NPE），其本质是通过专利许可或直接购买的方式获得专利权，然后再起诉他人侵犯这些专利，请求停止侵权（申请禁令）并要求高额赔偿。"专利地痞"既不从事研发也不从事生产，其主要"产品"就是"专利权"或"专利许可证"，以向其他企业索赔专利许可费或侵权赔偿金为"生计"，显示出较强的侵略性。据普华永道公司的调查，2001—2009年，在美国被起诉的中方企业专利侵权案件中，80%以上都是由"专利地痞"公司提起的。例如，截至2010年，仅深圳中兴通讯公司已经遭受十几起"专利地痞"的侵袭，导致该公司巨额经济损失[1]。

"专利地痞"主要在美国市场横行。根据美国专利研究公司 Patent Freedom 的统计，截至2014年7月，美国共有超过830家专利运营公司，其中有48家公司拥有超过100项有效专利，比较著名的有高智（Intellectual Ventures）、交互数字（InterDigital）、阿卡西亚等公司[2]。

在欧洲市场，也存在一些像 SisvelPapst、Licensing IP Com、BTG 等比较老牌的 NPE 公司，但其侵袭性远不如美国的"专利地痞"。近年一项针对欧洲 NPE 的研究，"选取了从2000年至2013年在德国和英国的专利诉讼案，统计分析了专利诉讼数量结案率以及赔偿额，发现欧洲 NPE 的表现只能用不温不火来形容，并没有美国市场表现的那么抢眼。费用与收益问题是欧洲'专利地痞'发起诉讼较少的关键因素"[3]。较低廉的防范成本和损害赔偿，以及频繁支付的代理费用，造成专利主张实体对欧洲不感兴趣。

在其他一些国家，如印度，"专利流氓"提起的诉讼案件也不多，这与其专利法律制度有明显关系。2005年前印度信息科技与通信（ITC）领域的专

---

[1] 裴宏、薛飞：《"专利地痞"来袭，中国企业准备好了吗？》，《中国知识产权报》2010年6月10日。

[2] 杨智全、刘美楠：《中国企业如何应对国际专利诉讼》，《新财富》2015年第2期。

[3] Stefania Fusco, "Markets and Patent Enforcement: A Comparative Investigation of Non-Practicing Entities in theUnited States and Europe", Michigan Telecommunications and Technology Law Review, Vol. 20 (2), 2014, pp. 201-231.

利流氓活动较为流行，但 2005 年印度《专利修正法案》通过后，其活动直线下降。印度专利法并不禁止类似"专利流氓"的存在，但由于要求授权专利在印度国内能被使用和制造，"专利流氓"很难生存①。

总之，"专利流氓"的产生和诉讼集中在美国，也集中在网络等信息科技领域，特别是 NPE 依靠诉讼来赢利的模式，主要在美国成气候，这与美国较为特殊的环境有关，并未在世界范围内大规模泛滥②。

（四）驱使对手商谈专利合作事宜

具体包括双方专利的交叉许可（Cross License）或组成专利联盟。前者是许可双方将各自的专利权或专有技术使用权相互许可，供对方使用。双方的权利可以是独占的，也可以是非独占的。例如，甲公司具有专利 A，乙公司具有专利 B，而要生产产品 C 的最佳方法是结合专利 A 和专利 B。于是，甲公司和乙公司为了充分实施自己的技术，取得最大经济效益，签署交叉许可合同，相互许可对方实施自己的技术。而后者，由两家或两家以上公司作为产业内利益高度关联的市场主体，组成对某一特定技术相关专利进行共同管理的协会或联盟，联盟内部的企业实现专利的交叉许可，或者相互优惠使用彼此的专利技术，对联盟外部共同发布联合许可声明，以维护产业整体利益或者为产业创新提供专业化知识产权服务③。专利联盟的出现，标志着以多个公司的专利组合为特征的专利池战略竞争的形成。

目的四看似与前述目的三并无差异，实际上却有着本质区别。在前一种情况下，被告往往与原告企业不处于同一级别，原告对被告有技术上与法律权属地位上的显著优势；而在此种情况下，原告与被告往往在业界处于同等规模与影响力，双方在所涉专利技术的专业领域都拥有一定的专利池（Patent Pools），形成互相不可或缺的对峙局面。如果双方都通过专利侵权诉讼解决

---

① Lisa Mueller. Patent trolls: a global perspectiv, Feb. 2, 2018, http://www.lexology.com/library/detail.aspx? g=e6a23668-b328-42b3-bfff-06d54b2d33ee.

② Stefania Fusco, "Markets and Patent Enforcement: A Comparative Investigation of Non-Practicing Entities in theUnited States and Europe", Michigan Telecommunications and Technology Law Review, Vol. 20 (2), 2014, p. 210.

③ 刘云、桂秉修、冉奥博：《中国专利联盟组建模式与运行机制研究——基于案例调查》，《中国科学院院刊》2018 年 3 期。

问题，使对方无法使用己方专利，则可能双方都无法生产出优质的产品。因此，诉讼并非最终目的，而是一种促进手段，促使双方互相签订专利共享的协议。2015 年，"华为公司向美国苹果公司许可专利 769 件，苹果公司向华为公司许可专利 98 件"[1]，就是对这种情况的最好诠释。

（五）为了获得高额惩罚性赔偿

有些国家的专利法对恶意侵权人规定了惩罚性赔偿，即在补偿性赔偿金基础上增加了额外的赔偿。例如，美国《专利法》第 284 条规定，法庭为了惩罚恶意的侵权人，可以判给胜诉的专利权人相当于侵权损害赔偿三倍的惩罚性赔偿。陪审团或法官计算损害赔偿金的方式有两种：一是按照合理的使用费用估算；二是基于经侵权法判定所遭受的实际损失进行衡量。在法律适用上，该条一般针对"恣意侵权行为"（即"故意侵权"），通常针对侵权人的行为公然地、显然地不顾专利权人的权利这样一种情况。该条规定的惩罚性赔偿留待法院判例予以明确，由实践得出主客观相统一、综合考虑客观事实因素的解决方式[2]。这一规定使得原告对于被告恶意侵权的处理有更多的考量。若原告在起诉前已经掌握了被告故意侵权的证据，且被告有能力支付高额的惩罚性赔偿金，那么原告对通过诉讼迫使对手商谈专利授权就完全可能没有兴趣，转而谋求数倍于专利授权费用的惩罚性赔偿。

在英国，2010 年修改的《1988 年版权、外观设计与专利法》规定了附加性损害赔偿制度，该制度同样具有惩罚性赔偿责任的性质。该法案第 97 条第 2 款规定，在案件公正处理需要的情况下，法院可以判决附加性的损害赔偿金，但必须根据侵权者的主观恶意程度和因侵权获得的实际收益等因素进行确定。这种附加赔偿金超出补偿性赔偿的初始数额，具有警示与威慑功能。这种额外赔偿金的判定，要基于侵权者的主观意图和获利情况，与美国惩罚性赔偿的适用条件非常类似，故意侵权且属于"恶意侵权"，即被告的行为是

---

[1] 袁思蕾：《华为与苹果专利交叉许可令业界"刮目"》，《中国知识产权报》2016 年 5 月 11 日。
[2] 唐珺：《我国专利侵权惩罚性赔偿的制度构建》，《政治与法律》2014 年第 9 期。

精心策划出来牟取超过原告可获得的赔偿利益的,方可适用这一制度①。

由此可知,无论美国还是英国,专利侵权案件适用惩罚性赔偿都有"恶意侵权"这一严格的适用条件。在美国司法判例中,法院对"恶意"标准的认定,经历了从"合理注意"②标准到"客观轻率行为"③标准再到"恶意视而不见"④标准的演变。这些逐渐提升的"恶意"认定标准,旨在限制惩罚性赔偿的适用。尽管如此,美国联邦巡回上诉法院法官莫尔曾指出:"92%的专利诉讼案件中都会要求惩罚性赔偿。"⑤这意味着,确实有不少专利侵权诉讼是冲着高额惩罚性赔偿来的。这就要求中国企业从"恶意"认定标准上做好风险应对准备。

(六)以昂贵的诉讼支出拖垮对手

数额巨大的专利侵权赔偿金是美国专利侵权案判决的一个特点。普华永道2014年公布的一份美国专利诉讼研究报告指出:"1995—2013年美国专利侵权判赔平均数额为550万美金,80%左右的专利侵权案件使用合理许可费计算损害赔偿,电信行业、生物技术与制药行业、医疗设备行业平均判赔数额最高,分别为2 230、1 980和1 590万美金。"⑥与这种数额巨大的专利侵权赔偿金相对应的,是昂贵的诉讼费用。

国际专利侵权诉讼周期长,律师费十分昂贵。例如,"1987年4月,美国Honey Well公司起诉美能达公司,被告美能达在5年的诉讼中支付了超过40亿日元律师费"⑦。2005年,某中国制造商和其位于不同地域的八家国外经销商被同一技术标准持有人诉至美国特拉华州法院。"无论诉讼结果如何,中方

---

① 李志军:《国外知识产权侵权惩罚性赔偿分析》,《中国知识产权报》2015年4月7日;Rookes v. Barnard (1964) UKHL 1。

② Underwater Devices Inc. v. Morrison Knusen Co., 970F. 2d816 (Fed. Cir. 1992)。

③ InreSeagate Technology,LLC,497F. 3d1360 (Fed. Cir. 2007) (enbanc)。

④ Global-TechAppliances,Inc. v. SEBS. A.,131S. Ct. 2060 (2011)。

⑤ KimberlyA. Moore, Empirical Statistics on Willful Patent Infringement,14Fed. Cir. B. J. 232 (2004)。

⑥ IPRdaily:《中美知识产权侵权赔偿对比》,http://biaotianxia.com/article/3326.html。

⑦ 杨国强:《日本挥知识产权大棒 高额诉讼费拖垮中国企业》,《每日经济新闻》2005年1月4日。

企业都需要支付高额的律师费——第一个月支付约 30 万美金的律师费，此后，律师费增加到 300 万美金甚至更高。被律师费这个门槛折腾倒闭的中方企业不在少数。"① 一般来说，在美国进行专利诉讼，律师费为 500 万美元左右，诉讼费等其他费用在 50 万美元左右②。如果企业规模不大而又没有后续支援，往往是官司尚未打完，企业已经进入破产清算程序。许多资金雄厚的大公司正是利用这一策略来打击尚处于起步阶段的竞争对手。

鉴于专利诉讼支出巨大庞杂，企业如何有效管控并降低专利诉讼费用，同样值得重视。对此，应当明确公司内部专利诉讼团队分工和职责，构建有机协同的专利诉讼与专利无效合作团队，管理外聘律师工作进度，审核其工作成果，协同专利诉讼与许可谈判，考虑商业合作解决方案。

（七）诋毁对手商誉离间其客户

诋毁商誉是知识产权领域不正当竞争常见的"竞争"方式，不仅为各国法律所不容，也被相关国际法所禁止。例如，日本《不正当竞争防止法》第 2 条规定："陈述对有竞争关系的他人的营业信用造成损害的虚伪事实，或将其传播的行为，属于不正当竞争行为。"德国《反不正当竞争法》第 4 条第 8 项规定："对于其他竞争者的商品、服务或企业或其经营者或企业领导层的成员，声称或散布足以损害企业的经营或企业的信用之事实，但以这些事实无法证明是真实的为限；如有关事实涉及秘密的通知，而且通知人或受领人对通知具有正当的利益，则只有在违反事实真相声称或散布这些事实的情况下，才构成不正当竞争。"《国际保护工业产权巴黎公约》（以下简称《巴黎公约》）第 10 条之 2（3）第 3 项也规定，在经营商业中，具有损害竞争者的营业所、商品或工商业活动的信用性质的虚伪说法，是特别禁止的不正当竞争行为。WIPO（世界知识产权组织）《反不正当竞争保护示范规定》第 5 条，则对《巴黎公约》这一规定作了详尽的扩展，规定虚假陈述、不合理陈述均可导致诋毁后果。诋毁行为中对竞争者及其交易活动的陈述，即使不是严格

---

① 李薇薇：《国外专利壁垒出现"多头"发展趋势》，http://news.xinhuanet.com/it/2005-09/05/content_3445199.htm。

② 吴玫、朱雪忠：《知识产权诉讼费用保险机制探析》，《电子知识产权》2004 年第 12 期。

意义上的失真，但在特定情形下，如果攻击（attack）是夸大的（exaggerate）或其措词有贬损意味，也可视为不正当竞争①。

具体到专利侵权诉讼，一般情况是，原告在拥有一项或者多项专利的前提下，起诉被告侵犯原告所拥有的专利权。由于原告的发明经过了专利局的审查而获得专利权，操作中原告会利用这种优势，为配合专利侵权诉讼这一中心行为，实施一系列外围行动。例如，向被告之客户发送警告函，告知被告之产品有侵权嫌疑；或者，与新闻媒体合作报道竞争对手被诉侵权的事实。经过这样的商业运作，被告的客户为了避免今后成为共同侵权人，往往会转而与原告合作交易。面对这种情况，被告可向具有管辖权的法院或者行政主管机关提出请求，将原告实施的一系列外围行动置于反不正当竞争法的框架下进行审查，明确这些外围行动是否构成诋毁商誉。

2010年1月德国汉诺威地板展期间，总部位于欧洲的地板材料国际巨头Unilin公司向德国汉堡法院提出申请，从深圳民企燕加隆公司展位上取走了几片地板样品。2010年1月20日，Unilin在其下属企业Flooring Industries公司网站上发布新闻消息，宣称"Unilin公司执行了一项法院命令，撤走了燕加隆公司展位上的地板"。这则新闻严重歪曲了事实，对燕加隆公司产品和核心专利技术在全球市场的推广造成不利影响。为澄清事实真相，维护自身合法权益及自主核心专利技术，燕加隆公司针对Unilin发布虚假消息的不正当竞争行为发起反击，申请德国汉堡法院对Unilin发出临时禁令，制止其不正当竞争行为。2010年3月3日，汉堡法院对Unilin发出临时禁令，禁止Flooring Industries公司自行或通过第三方制作或散布上述新闻消息，如果违反禁令，Flooring Industries公司可能承担最高额为250 000欧元的罚金，其责任人员或承担最高期限为两年的监禁②。

以上说明，原告提起国际专利侵权诉讼，发起相关外围行为，有的目的可能比较单一，有的则可能包含多重目的。控制国际专利侵权诉讼风险，应

---

① 张明：《论"商誉诋毁"行为的构成要件》，https://www.chinacourt.org/article/detail/2013/11/id/1152185.shtml。

② 杨帆：《燕加隆：历时6年"洋官司"维权全胜企业》，《中国建材报》2011年7月12日。

当结合自身情况和对手情况,分析这类诉讼的具体目的,为采取有针对性的控制策略和措施提供前提。这种分析应有高度,服务于中国企业战略性商业目标和技术目标的实现。同理,中国企业在海外投资经营中也可审时度势,基于明确的具体目标,先发制人,谋求市场主动地位。

三、运用国际专利侵权诉讼风险控制策略

面对强势的跨国企业国际专利侵权诉讼及相关行为,中国企业基于以上具体的目的分析,应制定一整套周延的、有针对性的国际专利侵权诉讼风险控制策略,具体包括从专利检索到要求败诉的原告承担律师费等,从主动状告采取反制行动到预防性投保专利侵权责任保险。

(一)做好产品研发期专利检索与分析

WIPO认为:"如果善于利用国际专利情报,可以缩短产品研发时间的60%,节约40%的研发经费。"[1] 国际专利检索(Patent Searching)是获得相关专利情报的重要途径。在此基础上,对获得的专利情报进行数量分析、质量分析和价值分析,掌握专利作为无形资产和竞争工具的相关情况,为国际专利诉讼风险控制提供基础信息。其中,专利质量分析包括对专利授权率、引文数量、被引证率、当前影响指数、技术强度、技术周期、科学关联度、科学强度和相对研发能力等方面情况的分析。专利价值分析则要求从法律、技术和经济三个层面的价值进行指标全面分析,包括而不限于研发效率、专利自实施率、专利转移率、无效宣告率、届满率、同族专利授权量、技术垄断等指标,得出专利价值度(PVD)[2]。这些分析对于专利权或专利技术的创造、确权、处分、使用、收益和维权,都很有必要。

就本话题而言,通过专利检索和分析可以了解本行业、本领域甚至特定技术、特定产品的专利情况与动态,避免在研发期间就落入侵犯他人专利之

---

[1] 程兴华:《专利情报分析在企业研发中的应用研究》,《科技情报开发与经济》2007年第4期。
[2] 国家知识产权局专利管理司:《专利价值分析指标体系操作手册》,知识产权出版社2012年版,第12—14页。

境地。为此，从加强企业自身的研发能力建设着手防范专利侵权诉讼，是上佳选择。可喜的是，中国一些企业在这方面已取得长足进步。例如，"通信行业中西方企业在基础专利上的差距，西方公司在 2G 时代占了 80—90%，3G 减少为 60—70%，4G 中方已经开始与之平分秋色"①。中兴 2011 年在 ETSI 声明显示，为迎接即将到来的 4G 时代，中兴 LTE 专利已有 800 多件，全球占比超过 10%，率先实现了从核心自主芯片、数据卡、移动终端和无线路由全产业链覆盖，取得了领先优势②。

然而，新近的一项研究表明，我国企业"专利数量多质量低，缺少核心和战略专利，低层次专利过多，专利转化率过低，核心技术对外依存度高，专利竞争实力堪忧"，"中国专利的整体质量与美国等发达国家还有很大差距"③。这说明，中国企业仍然需要加强国际专利检索分析，以求实质性提高研发能力。

为此，将专利检索贯穿研发全过程十分必要：在基础研究阶段，主要侧重于对技术进行拉网式的全面调查，包括技术动向调查、技术发展态势和技术热点等④。在应用研究阶段，则更关注专利申请以及专利布局，侧重于进行可专利性的调查。在产品的制造和销售阶段，更加关注防侵权（FTO）调查——进行全面的专利检索中的核心环节，对产品上市的各类风险和专利壁垒进行排查。为了保障 FTO 调查的质量，需要研究人员、IP 人员和技术情报团队三方的紧密配合：研究人员是研发实施的主体，提出研发阶段的各项调查需求；技术情报团队则制定符合研究目标的调查方案并实施相应的检索；而 IP 人员则针对调查结果从知识产权角度作出判断并将相关改进意见，如预防专利侵权的意见反馈给研究人员。

（二）力争拥有更多国际发明专利

避免专利侵权的最好方法就是自己拥有专利权。为此，专利检索之后，

---

① 丘慧慧：《专利战真假相》，《21 世纪经济报道》2011 年 4 月 11 日。
② 王燕、林露：《中国企业屡遭国际专利大鳄诉讼袭扰 中兴如何破局》，《新华信息化》2013 年第 12 期。
③ 赵彬：《中国专利质量问题分析与对策研究》，天津大学 2017 年硕士学位论文。
④ 郭丽：《在自主研发过程中怎样做好知识产权管理》，《世界电信》2015 年第 3 期。

可根据不同情况朝两个方向发展：在确认所研发的技术/产品为创新技术/产品后，企业应当加快技术/产品的研发速度；与此同时，通过《专利合作条约》(PCT)着手进行专利国际申请准备工作，以期发明完成后第一时间获得专利权。

若企业发现所研发之技术/产品与他人专利有交叉之处，有可能涉及侵害他人专利，则可经专利回避设计（Design Around，即"绕道而行的设计"）以求避免，"即通过对他人专利产品的权利说明书研究与（可能适用的）相关法律的熟悉，在自己产品中加入差异化成分"①。这样不仅可能产生一项或多项新的技术专利，使产品更具竞争力，强化原有产品的优点，改良产品或提升技术，而且可以规避专利侵权风险。

一个成功的专利回避设计应当满足法律和商业两个层面上的要求：其一，在专利侵权判定中不会被判侵权。这是法律层面最基本的要求，也是专利回避设计最下限的要求。其二，必须考虑如何避免因成本过高导致产品失去竞争力和利润空间，确保回避设计的成果具备商业竞争力，满足获利要求。这是商业层面上的要求。按照这两个要求，如果回避设计做得好，即使没有申请取得自己的专利权，也可以避免侵权。操作上，可采取五种方法作专利回避设计，即分别借鉴专利文件中的技术问题、背景技术、发明内容和具体实施方案进行回避设计，或者借鉴专利审查相关文件或者借鉴专利权利要求进行回避设计。

以借鉴专利文件中背景技术进行回避设计为例，专利文件的背景技术部分往往会描述一种或多种相关现有技术，并指出它们的不足之处，审查员也会指出最接近的现有技术；而且，有些国家的专利文件中还会指出与该专利相互引证的专利文献。因此，"借助与该专利相近的技术文献，完全有可能通过对现有技术以及其他专利技术的改进，组合形成新的技术方案，来回避该专利。这样的回避设计利用了专利文件的信息，在此基础上创新出不侵犯该专利权的回避设计方案"②。这就说明，回避设计所吸收、采用的技术，其新

---

① 黄清华：《国际专利诉讼风险控制实战分析》，《投资北京》2011年第11期。
② 施炳轩：《专利回避设计策略研究》，浙江大学2006年硕士学位论文，第1页。

颖性或进步性是否足够，或者是否采用了没有专利权存在的已知技术，这些都不是问题的关键，关键点在于是否通过回避设计形成了新的技术组合，从而提升产品/技术的功效，使之与他人专利技术存在实质性差异。

必须注意的是，针对不同的法域，回避设计的思路和操作应根据相应国家的专利法特别是专利侵权判定原则确定，不能一概而论。例如，对美国专利进行回避设计，必须熟稔美国司法体系运作，掌握美国专利判例的最新发展动向，熟悉其侵权判断原则和操作，比如字面侵权、等同侵权（Doctrine of Equivalents）、全面覆盖原则（All Element Rule）、禁止反悔原则（Prosecution File History Estoppel）、等同三步测试（Tripartite Test：Function/Way/Result Test）、了解专利要件、专利权权利范围、最佳实施例（Best Mode）、可据以实施（Enabling）、功能界定技术手段（Means Plus Function）等专业知识[1]，这些方面都是基本的要求。

PCT 国际专利申请量是检验国家自主创新能力的一把标尺。"世界知识产权组织最新公布的数据显示：我国 2013 年通过《专利合作条约》（PCT）途径提交的国际专利申请量首次突破 2 万件，首超德国跃居世界第三。"[2] 2017 年，中国提交 PCT 国际专利申请量达 4.888 2 万件，跃居全球第二。其中，华为公司与中兴通讯分别以 4 024 件和 2 965 件 PCT 国际专利申请占据了全球申请人前两名的位置[3]。我国 PCT 国际专利申请量快速增长的主要原因，是企业的国际化市场驱动和政府激励政策引导的结果，尽管这些申请赖以存在的技术，其质量仍有大幅提升的空间。

（三）主动提起"不侵权确认之诉"

通常，许多企业发现他方有可能侵害自身专利权时，并不立即提起诉讼，而是在业界发出律师函"警告"。此时，收到警告函的企业如果认为律师函

---

[1] Arthur R. Miller, Michael H. Davis, Intellectual Property：Patents, Trademarks, and Copyright, Thomson West, 1999, 3rd Edition, p.56.

[2] 2013 年国际专利申请数量排在前五位的分别是：美国（5.723 9 万件）、日本（4.391 8 万件）、中国（2.151 6 万件）、德国（1.792 7 万件）和韩国（1.238 6 万件）。详见袁于飞：《2013 年中国国际专利申请量跃居世界第三》，《光明日报》2014 年 4 月 13 日。

[3] 吴珂：《去年我国 PCT 国际专利申请量排名跃居世界第二》，《知识产权报》2018 年 3 月 23 日。

"警告"的根据不足,可主动提起"不侵权确认之诉"(Declaratory Judgment of Invalidity),以明确讼争权利之实然状态。例如,"我国台湾地区的原相科技,自生产光电鼠标感测器件后,逐渐威胁美国 AGILENT 公司的独占地位,AGILENT 于 2003 年 5 月向公众释放原相科技的产品有侵权嫌疑之信息,声明有意起诉原相科技侵害其在美国取得之 6433780 号光电鼠标感测技术专利,并以警告信函方式告知原相科技之美国客户,使得原相科技业务发展受到阻挠"①,客户逐渐流失,市场份额下降。在经过是否存在专利侵权鉴定后,原相科技于 2003 年 10 月主动向美国加州北区地方法院提出"不侵权确认之诉",主张:① AGILENT 公司诉请保护的专利无效,请求通过法院裁决(judicial declaration)保护自己在光学鼠标上"设计、开发和销售适合作为运动传感器的导航传感器"(designing, developing and marketing navigation sensors suitable for use as motion sensor)的权利;② 原相科技的产品并未侵犯到对方的专利权,不存在任何侵权行为,包括字面的或者等同的(under the doctrine of equivalents),也不存在任何形式的直接侵权或间接侵权,包括共同侵权(contributory infringement)、诱导侵权(infringement by inducement)②。

本案中,原相科技公司主动提起"不侵权确认之诉",满足了这类诉讼的四个构成要件,即证明:原告实施了某行为;该行为被知识产权权利人认为侵权;原告(有根据)认为自己未侵权:要么讼争专利无效,要么不存在任何侵权行为;双方为解决此纠纷曾有过接触。

由此可知,主动提起"不侵权确认之诉"以企业牢固的专利技术基础为前提。企业如果"内功"不足,没有做好专利储备,反而会受其所累。为了避免出现这种情况,截至 2013 年,"中兴已积累 5 万余件全球专利、1.4 万件已授权专利,领先松下、华为等企业,甚至远超爱立信、诺西、阿朗等老牌欧美通讯厂商"③,为主动提起"不侵权确认之诉"积累了牢固的技术基础。与通信行

---

① 匿名:《CMOS 厂商原相科技向安华高提起(不侵权)确认之诉》,《电子报》2011 年 1 月 1 日。
② 匿名:《CMOS 厂商原相科技向安华高提起(不侵权)确认之诉》,《电子报》2011 年 1 月 1 日。
③ 王燕、林露:《中国企业屡遭国际专利大鳄诉讼袭扰 中兴如何破局》,《新华信息化》2013 年第 12 期。

业的"内功"相反，"国内 LED 企业的绝大部分发明专利都不是原创，都是在国际 LED 巨头原创专利的基础上做一些修补，其专利含金量也大打折扣。如果真正与国际 LED 巨头打起专利官司，国内企业 LED 发明专利近 70% 都可能无效"①。在这种情况下，主动提起"不侵权确认之诉"就是不明智的。

（四）发生国际侵权诉讼积极应诉

国际上，专利权的确权，都是以司法终审作为最终程序的。这意味着，通过了专利局审查并获得专利授权，并非就是毫无疑问不可推翻的。"尤其在美国，专利局授予专利权的（时间）条件比较宽松，而各个法院对于专利权无效的判定，则采取较为严格的条件。"② 鉴于此，中国企业在被控专利侵权后，应当立即作出是否构成专利侵权的鉴定与分析，根据鉴定报告，运用各种抗辩技术、技巧和主张③，如主张原告专利权无效、不正当竞争行为和滥用专利权等，来对抗原告的诉求。

为了打击竞争对手，维护竞争优势和市场份额，2003 年 1 月，全球最大的网络设备制造商思科系统公司和思科技术公司，向美国德州马歇尔联邦地区法院起诉华为技术有限公司及其在美国的两家子公司——华为美国公司和 Futurewe 技术公司，指责华为在多款路由器和交换机中抄袭思科 IOS 源代码、技术文档、"命令行接口"（这是思科 IOS 软件一个重要组成部件），"使得产品连瑕疵都存在雷同"，并侵犯路由协议等方面至少五项专利。状告的焦点，"一是源代码侵权；二是技术文件及命令接口的相似性，思科认为华为在开发这些接口的过程中采用了思科申请私有协议保护的技术"④。因此，此案的关键是，思科公司所拥有的私有协议究竟是一个受到法律保护的知识产权，还是被思科公司用来进行不正当竞争的手段。

---

① 孙燕飚：《中国 LED 企业或面临国际巨头专利诉讼》，https://www.yicai.com/news/854717.html。

② 李明德：《美国专利法中的等同理论——希尔顿化学公司案述评》，《外国法评译》1999 年第 2 期。

③ 专利侵权抗辩技术、技巧和主张等微观方法，可从初级、中级和高级三个层次上进行分类，各有其适用范围，十分复杂，不在本文讨论之列。

④ 张曙光：《从不构成侵权的侵权到中国第一反垄断案——对思科诉华为一案的评论》，《制度经济学研究》2003 年第 2 期。

对于思科的指责，华为进行了全面的反驳，认为思科并没有拿出其私有协议已在美国注册为专利的证据，相反却限定他人购买其指定的商品，排挤其他经营者的公平竞争，请求判决本案所涉思科专利权无效，主张华为对思科的专利不构成侵权，并反诉思科不公平竞争。根据案件审理情况，法庭驳回了思科申请下令禁售华为产品等请求，拒绝了思科提出的禁止华为使用与思科操作软件类似的命令行程序，但又颁布了有限禁令：华为停止使用有争议的路由器软件源代码、操作界面及在线帮助文件等①。本案最终以思科撤诉，双方和解收场。

值得关注的是，最近几年开始，在美国主张原告专利权无效，可"合理使用双方复审程序"（Inter Partes Review, IPR）。IPR 是在美国专利商标局提起专利权无效请求的新程序，是 2012 年美国专利法改革的成果，于同年 9 月 16 日生效，其主要特点是审理速度快。美国新《专利法》规定，美国专利商标局必须在启动双方复审程序 1 年之内作出最终决定。如果有合理的理由，美国专利商标局可以将此程序最多延长半年。"而美国法院在审理侵权诉讼时可以和美国专利商标局的无效程序同时进行。当事人可以要求法院中止诉讼案件，法官则有自由裁量权决定是否中止诉讼。因为双方复审程序的审理速度快，很多法官愿意中止同时进行的法院诉讼，以节省诉讼资源，这样也会为当事人节省诉讼费用。"②

截至 2015 年 10 月 31 日，美国专利商标局决定启动的 IPR 程序有 1 066 起案件，其中，作出最终决定的有 630 件，其余 436 件在审理过程中由于双方和解等原因终止。在这 630 件最终决定中，对所审理的权利要求，有 453 件案件的全部权利要求被认定无效，91 件案件的部分权利要求被认定无效，86 件案件的全部权利要求被认定有效，全部和部分权利要求被宣布无效的案件比例占最终审结的双方复审案件的 86%③。由于双方复审有明显较高的权

---

① 林江艳、薛海滨、熊伟：《思科华为之争调查》，《计算机世界》2003 年第 2 期。
② 陈维国：《应对美国专利诉讼的新策略——中国企业在美国之专利篇》，《中国知识产权报》2016 年 1 月 16 日。
③ 陈维国：《应对美国专利诉讼的新策略——中国企业在美国之专利篇》，《中国知识产权报》2016 年 1 月 16 日。

利要求无效比例,越来越多的被告采用 IPR 来对抗在美国的专利侵权诉讼。这些数据和事实既印证了美国"专利(商标)局授予专利权的条件比较宽松"的观点,也证明了中国企业积极应诉的必要性。

(五)诉讼期间寻机谈判专利授权

经过对讼争专利有效性的鉴定与对案情的综合判断,如果原告专利确实有效且质量或价值较高,可于诉讼期间寻机与对手商谈专利授权。本质上,专利侵权诉讼不过是一个商业机会、一次商业博弈。原告提起国际专利侵权诉讼的目的,很多情况在于向被告授权使用专利,从而获得专利收益。例如,在美国,"司法实践表明,有76%的专利侵权诉讼是以庭外和解结案的。因此,被告应当一面应诉,一面与原告洽谈,寻求庭外和解的机会,以减少高昂的诉讼成本"[1]。

然而,在国际竞争领域,这种和解是以被告积极应诉打"痛"原告为前提的。前述爱立信在欧洲三国状告中兴通讯专利侵权,在这三个欧洲国家使用了爱立信的手机专利,或网络基础设施专利,或同时使用了这两项专利。中兴通讯立即给予了强硬回应,称爱立信侵犯了中兴的知识产权,宣布在中国、西欧以及其他地区起诉爱立信,并率先在国内正式提出针对爱立信中国通信有限公司侵犯中兴通讯部分专利权的诉讼,涉及核心网、GSM及第四代移动通信系统相关的多项专利,该项诉讼被法院受理立案。经历长达一年多的较量之后,当事人双方最终达成和解并签署了全球范围内的专利交叉许可[2]。

从商法思维来看,(国际)专利诉讼是专利权人实现市场竞争优势或商业利益的手段之一,原被告双方并不恒定在对立立场上。因此,在诉讼过程中,讼争双方及其代理人应保持开放与合作的态度解决彼此间的争议,以双赢(Win-Win)的商法思维推动与促进争议解决。为此,在合法的前提下,甚至可适当考虑诉讼对手内部承办人与外部诉讼团队的利益,从而在讼争事件中

---

[1] 黄清华:《海外并购中的专利风险控制策略分析》,《科技与法律》2012年第4期。
[2] 王燕、林露:《中国企业屡遭国际专利大鳄诉讼袭扰 中兴如何破局》,《新华信息化》2013年第12期。

实现自身最佳效率和最佳收益。当然，需要将这个问题置于具体的商业伦理环境下另行深入讨论。

（六）通过参股收购原告公司化解诉讼

若原告的专利是相关领域的核心专利，被告经过专利侵权诉讼分析，估计很难获得胜诉却又不肯放弃市场，且被告实力雄厚、资金充沛，可以考虑参股原告公司，甚至直接收购原告公司来化解诉讼。

2001年9月19日，华立控股（美国）公司以500万美元正式收购飞利浦集团所属的在美国SANJOSE的CDMA手机芯片及手机整体解决方案设计部门，包括在美国达拉斯和加拿大温哥华的研发部分，获得了飞利浦在CDMA无线通信方面的全部知识产权、研发成果、研发设备、研发工具和一大批有经验的研发人员，以及飞利浦半导体开发的CDMA协议软件的独家授权。在此基础上，设立组建了美国华立通信集团公司，借助与飞利浦半导体的战略合作伙伴关系，专业从事CDMA手机芯片软件及手机整套技术解决方案的设计开发，并通过浙江华立通信技术有限公司直接面向中国市场，为中国的手机制造厂家提供核心芯片及整套技术的解决方案，成为中国首家完整掌握IT产业中核心技术的企业[1]。

华立集团大举收购IT产业核心技术，高起点高层次地进入移动通信行业，显示出战略远见。在美国《财富》杂志的印象中，中国企业与外国企业的合作，大多数是中国进口各种设备，进口生产线，而完全购买这种纯技术公司的比较少见，何况被收购方是世界通信领域居于尖端的巨大商户——有着100多年历史的世界大公司飞利浦，而买方则是中国浙江的一个民营企业。这一点尤其令《财富》杂志感到不可思议[2]。

（七）主动状告采取反制行动

中国企业在收到专利侵权诉讼的应诉通知书后，不应盲目地与原告协商和解，而应周详分析原告提出的诉讼请求和相应的事实依据、证据材料，进

---

[1] 马大强：《"中国制造"身陷知识产权困局》，《中国高新技术企业》2004年第1期。
[2] 王基建、勾丽：《收购企业的市场风险分析——华立集团收购飞利浦CDMA手机案例》，《经济管理》2003年第11期。

而形成抗辩主张和其他应对策略，收集、组织对自己有利的证据，必要时采取抗辩之外的反制行动。

我国拥有举世公认的巨大市场，且已完成一定的技术积累和专利布局，中国企业可用好这些优势，当在境外遭遇专利侵权诉讼时，向中国国家知识产权局专利复审委员会发起针对境外专利诉讼原告在华专利的无效诉讼申请，实施"报复"；或者向国家市场监督管理总局申请反垄断调查或其他相关的国际经济贸易纠纷调查，敦促竞争对手重新评估其对华企业的专利战略与策略，达到迫使对方境外收兵之目的。

2011年，美国专利运营公司——交互数字公司（InterDigital）对华为、中兴、诺基亚提起诉讼，诉称三家公司侵犯其六项专利。2012年，华为发起针对该公司的反垄断投诉，指控交互数字公司因对华为、中兴等国内通信设备制造商专利许可时设定的费率，较其对苹果、三星、诺基亚等公司的费率高出数倍乃至数十倍，并采用针对中国企业提起"337调查"等手段迫使这些企业接受其报价，涉嫌构成歧视性定价和垄断高价，而当时中国发展与改革委员会正在调查交互数字公司是否违反了中国的反垄断法。2013年，双方达成和解，相互撤回了相关的起诉[①]。

（八）要求败诉的原告承担律师费等

应对国际专利诉讼风险，要求败诉的原告承担高昂的律师费等支出也是有效的策略之一。这一策略特别适宜于应对来自美国的专利诉讼风险。

美国《专利法》第285条规定，"在特殊情况下"，法院可以要求败诉方赔偿胜诉方合理的律师费。以往，法院对于何谓"特殊情况"掌握颇严。在2005年的一起案件中，美国联邦巡回上诉法院确认该规定所称"特殊情况"，包括"严重的不正当的诉讼行为"或者"客观上无根据"和"主观上恶意"的诉讼[②]。关于第一种情况，法院认为，诉讼一方的不正当行为必须严重到《美国联邦民事程序法》第11条所述的"受到制裁的程度"，"包括故意侵权、

---

① 杨智全、刘美楠：《中国企业如何应对国际专利诉讼》，《新财富》2015年第2期。
② 陈维国：《应对美国专利诉讼的新策略——中国企业在美国之专利篇》，《中国知识产权报》2016年1月16日。

欺诈、专利申请中的不正当行为和诉讼中的不正当行为"等①。关于第二种情况，法院认为，"客观上无根据"和"主观上恶意"必须同时存在，才构成美国《专利法》第 285 条的特殊情况。其中，"客观上无根据"是指根据案件事实和法律，一个理性的诉讼主体不相信会赢得诉讼。"主观上恶意"是指原告实际上知道诉讼是"客观上无根据"的仍然提起诉讼。另外，法院还判定，根据美国《专利法》第 285 条主张律师费一方必须举证达到"明确和有说服力"的证据标准②。因此，根据这样的判例法，原告即使败诉，中国企业也很难要求其承担高昂的律师费等诉讼支出。

然而，2014 年 4 月，美国最高法院在一起案件中认定对于上述标准掌握得过于严格，因此推翻了这一判决。对于第一条标准，美国最高法院认为，"受到制裁的程度"过于严格，法院对于诉讼中不合理的行为，即使没有达到应该受到制裁的标准，也可以认定为美国《专利法》第 285 条中规定的"特殊情况"，从而要求败诉方赔偿对方的律师费。对于第二条标准，美国最高法院认为，法院也没有必要要求"客观上无根据"和"主观上恶意"必须同时存在。一个案件如果满足一个条件，即"客观上无根据"或者"主观上恶意"，就足以构成可以判定赔偿律师费的特殊情况。美国最高法院还否定主张律师费的一方必须举出"明确和有说服力"证据的标准，认定应该采用"优势证据标准"③。这一判决影响所及，美国很多地区法院在它们裁判的专利侵权诉讼案件中，尤其是在涉及非专利实施主体（NPE）提起的专利诉讼中，若认定原告提起的诉讼"没有合理的基础"，在被告胜诉后，均要求原告赔偿被告的律师费④。

美国判例法的这些动向，提示被告在应诉过程中可以向原告说明其诉讼

---

① 陈维国：《应对美国专利诉讼的新策略——中国企业在美国之专利篇》，《中国知识产权报》2016 年 1 月 16 日。
② 陈维国：《应对美国专利诉讼的新策略——中国企业在美国之专利篇》，《中国知识产权报》2016 年 1 月 16 日。
③ 陈维国：《应对美国专利诉讼的新策略——中国企业在美国之专利篇》，《中国知识产权报》2016 年 1 月 16 日。
④ 陈维国：《应对美国专利诉讼的新策略——中国企业在美国之专利篇》，《中国知识产权报》2016 年 1 月 16 日。

缺乏合理的基础，如果原告拒绝撤诉，被告胜诉之后有权要求原告赔偿被告的律师费等诉讼支出。这对原告可构成很大的威胁，有些原告可能会因此而撤诉。

（九）投保专利责任保险转移风险

除了以上八种针对性很强、有明确适用条件的具体策略，还有一种"兜底"的策略——专利保险，即投保人以授权专利为标的向保险公司投保，在保险期间，保险公司按照合同约定向投保人为专利维权而支出的调查费用和法律费用进行赔偿，对于防范和控制国际专利侵权诉讼相关风险，具有一定的价值。这是因为，这类诉讼法律关系复杂、技术性强、取证和举证困难、侵权种类形式多样、赔偿数额难以计算，因而诉讼周期长、费用支出大、诉讼成本高。这说明专利风险具有可险性。与（国际）专利侵权诉讼相关的保险，主要包括专利执行保险和专利侵权责任保险。前者服务于原告（包括本诉中的被告提起专利无效反诉或专利无效确认之诉，以及主动提起"不侵权确认之诉"的），而后者服务于（本诉）被告，"分别给予专利侵权纷争的当事人双方相对等的保障"①。

1. 专利执行保险

专利执行保险属于"攻击型"保险，适用于专利诉讼案件中专利权人为除去其执行专利权所受到的阻碍及可能的损失所投保的险种，适合因财力不足无法实施自身专利权的个人或企业。该险种的承保范围为主张被告侵权的所有专利诉讼之费用，律师费、和解费、出庭费、专家作证费等开支均包括在内，但并不包含败诉的损害赔偿费用②。主要保险条款：在保险期间或保险合同约定的追溯期内，第三方未取得授权而首次实施被保险专利，被保险人为获取证据在承保区域范围内进行调查，并在保险期间内，就其受到侵犯的专利权向法院提起诉讼请求，或向管理专利工作的部门提出处理请求，该请求被立案或受理的，对于被保险人的前述请求在立案或受理前发生的必要的、

---

① 详见由 Swiss Re International Business Insurance Co., Ltd. 提供的专利保险合同范本。
② 刘兴晨：《专利保险法律制度研究》，东北林业大学 2017 年硕士学位论文，第 10—11 页。

合理的调查费、公证费、交通费、住宿费、伙食补助费,以及应由被保险人支付的律师费、诉讼费用或行政处理费,保险人按照专利执行保险合同约定负责赔偿①。

前文提及,国际专利侵权诉讼应对策略包括专利无效反诉或专利无效确认之诉。在这两类诉讼中,被保险人为进行抗辩所支出的费用,也包含在诉讼费用内。但是,应当明确,就专利保险而言,专利无效反诉是指在专利侵权诉讼中,被告对被保险人的已保专利提起任何使该专利无效的法律程序,如被告主张其产品未侵权,或主张已保专利权无效。在这种情况下,保险人对抗辩费用的承担仅及于被保的专利,不包含与专利诉讼无关的任何反诉抗辩费用;而在专利无效确认之诉中,应明确专利无效确认之诉的原告为该国家专利侵权诉讼即本诉的被告,保险人才具有承保的义务。专利执行保险的这种特质,要求中方企业在专利战略布局中即有专利保险的考量。

2. 专利侵权责任保险

该险种是为无过错的侵权人而设立的,就被保险人为对抗(国际)专利侵权诉讼而需要的支出及可能遭受专利权人追偿合理赔偿金的风险给予保障,其保险标的是被保险人对第三人所负的赔偿责任。根据示范保险合同,承保的范围为保险期间内被保险人因制造、使用、进口、经销、广告、要约销售或销售被保险产品造成的无过错侵权行为,因第三者主张权利、请求赔偿时,保险人将承担其所需费用②。该示范合同明确,承保范围包含可能遭专利权人追讨的权利以及损失利益等,也包含为对抗专利侵权诉讼所支出的费用,其主要包含辩护费用、和解费用和损害赔偿费用,其中辩护费用又可分律师费、专家作证费及申请禁止令费用等。理赔金额大多固定,无效的抗辩会使理赔金耗费在诉讼费用上,而使其他赔偿的部分如损害赔偿的理赔额度减少,这提示中方企业应注意节省、管理诉讼费用。

除外(即不保范围)条款包括:被保险人犯罪或故意诈欺行为所导致的侵

---

① 刘兴晨:《专利保险法律制度研究》,东北林业大学2017年硕士学位论文,第10—11页。
② 详见由 Swiss Re International Business Insurance Co., Ltd. 提供的保险合同范本。

权、恶意侵权不保；政府机关的某些行为也可造成不保，如政府机关为其利益所造成的损害赔偿，保险人无须承担赔偿责任，这是防止政府机关"球员兼裁判"的双重身份影响保险业者的合法权益①。操作上，保险公司在专利产品首次生产或销售之前，通常会要求被保险人先获得专利律师"未侵犯其他有效专利"的法律意见，这样保险事件发生时才会给予理赔。我国保险公司目前刚刚开始尝试此项业务，这就更加要求中国企业了解西方发达国家处理相关问题的法律思路和具体做法。

以上是总结最新实践后提出的九种策略。需要说明的是，任何事物（的存在）都是有条件的，只有有条件这一点才是无条件的。唯物辩证法这一著名法则意味着，运用这九种策略，应掌握好它们各自的具体适用条件，否则，效果可能适得其反。中国企业应在全面分析对手和已方市场地位、经营模式、经营目标、经济实力、技术实力和专利水平等因素的基础上，制定自己的专利（竞争）战略，综合并灵活应用以上九种国际专利侵权诉讼风险控制策略。

四、了解西方发达国家相关法律的思路

前文所述，反映的实际上是中方企业站在已方或（和）对手（方）立场分析思考问题的过程和结果。这远远不够，还应当明确，无论是分析国际专利侵权诉讼的具体目的，还是运用国际专利侵权诉讼风险控制策略，都需要熟悉预防和处理国际经济贸易纠纷的西方法律思路②。

（一）关于事实问题的基本法律思路

内容包括：为什么产生争议？该争议（端）的基本事实（essential facts）、动因、利益冲突是什么？何种利益冲突？背后是否有政治压力？有什么样的政治压力？哪些政府部门已参与进来？这些政府部门是如何应对各国企业之间国际经济贸易投诉的？是否过分屈从于行业压力或者政府监管压力

---

① 详见由 Swiss Re International Business Insurance Co., Ltd. 提供的保险合同范本。
② Chad Damro, Cooperating on Competition in Transatlantic Economic Relations: The Politics of Dispute Prevention, Palgrave, 2006, pp. 34 – 36.

(regulatory capture)？是否有第三方（第三国）干预或参与争端解决的情况？它们可能的角色是什么？在将纠纷诉诸世贸组织争端解决程序（WTO dispute settlement procedures）之前、期间和之后，私企（人）利益（private interests，相对于国家利益）在争议的出现和解决方面所起的作用是什么？在争端中，私人利益或国家利益，何种才是决定性的？争端是由于可适用的实质性规则（substantive rules）不足产生的吗？例如，是否由于陈述于贸易影响谈判中"结果导向"的贸易规则（"result-oriented" trade rules）指导的不足所造成？

在这些基本法律思路中，尤其需要关注"私人利益或国家利益，何种才是决定性的"这一根本问题，因为这决定纠纷的性质和解决方法、途径。另外，明确"利益冲突是什么""冲突的背景是什么""是何种利益冲突"也非常重要。

（二）关于程序问题和法律适用的思路

内容包括：哪些国家和国际的政治和法律程序用于解决本争端？适用有关国家的实体法规则和程序规则，例如，美国《贸易法案》第 301 条款（section 301 of the US Trade Act）、欧盟《贸易壁垒规例》（EC's Trade Barriers Regulation），还是国际争端解决程序规则，例如，世界贸易组织内部和外部的程序，明确具体可能适用的规则，以及对于这些规则适用上不同的法律学说（doctrine），由此可能产生的不同结果，都应当有足够的分析和预见。在此基础上，还要明确：这些程序规则是否已经足够？欧盟、美国或其他国家是否在跨大西洋伙伴关系（Transatlantic Partnership）和/或在 WTO 采取联合行动，如何采取联合行动，以更好地预防或解决这种争议？或者思考：中国是否应该在 WTO 与其他国家采取联合行动？能否以友好的方式解决争端并获得一个不伤和气的解决方案（amicable solution）？实现这样一种解决方案的主要障碍是什么？可能来自哪些方面？最后，为了减少今后发生类似纠纷的风险，还要明确：哪些程序的改革将是必须的、可取的？为什么？

（三）关于纠纷预防的法律思路

内容包括：改变哪些可适用的实体性规则可以减少今后类似纠纷的风险？

是否需要创立新的额外的双边或多边规则（bilateral or multilateral rules）？跨大西洋或全面且先进的跨太平洋伙伴关系（Comprehensive Progressive Trans-Pacific Partnership）的相关机构是否有助于解决这种争议？谁应该启动任何这样的动议？例如，额外的双边协议，欧盟、美国与其他国家的机构之间是否有可能的合作？如何才能让可能造成这种争议的因素减少？国内政策的决策过程应当改变吗？例如，国内法院、立法机关、监管机构是否应更有力度地参与？或者，是否应更少地参与（干预）？当事国政府会如何认定国家利益、看待私人利益与国家利益的关系？等等。这些问题，都需要置于国际经贸纠纷预防的双边或多边法律框架下一并思考。

（四）对于中国政府和企业的启示

西方发达国家关于国际经贸纠纷预防处理的上述基本法律思路，是独立第三方的法律思路，可代表国际执法机构的专业思路，甚至在一定条件下可代表西方国家政府处理这类问题的法律思路。这些思路表明，西方发达国家至少早在十多年前，就已经在思想思维思路上为预防控制包括国际专利侵权在内的以欧美或者中美两国为主线的国际经济贸易纠纷，作好了思想理论准备。美国政府近期在国际经贸领域众所周知的各种所作所为，从宏观政策到具体个案的处理，恰恰印证了这些思路的前瞻性，值得我们高度重视。具体而言，这些西方法律思路给我们以下四点启示。

第一，对于包括国际专利纠纷在内的各种国际经贸纠纷，在不涉及国家战略安全利益的前提下，当事人之间，甚至当事国之间，还是应当"在商言商"，力争在双边或多边的国际法规则框架下，不伤和气地进行处理，并通过磋商采取进一步的预防措施，尽量避免将其政治化、复杂化，这样更易获得双赢的结果。

第二，加强科技开发和管理领域的国际合作，尤其是主动参与英美相关机构主导的国际科技交流活动，分享信息，促进了解。其积极效果，不仅在于为今后解决国际专利纠纷提供必要的技术信息和背景信息，而且在纠纷发生时容易找到为争议双方接受的第三方从中调停，可以避免"孤军奋战"。

第三，政府有关部门参与企业科技国际开发与合作、国际市场拓展与营销、国际纠纷处理和预防，这一类属于国际私法调整范围内的活动，应当有一个"度"。这个"度"，就是凡市场和民间组织能够解决的问题，政府就不必参与。为此，有必要在政策法律上明确国际经济活动中国家利益的底线和红线，这样，政府部门在确有必要参与时，反而有更大的活动空间。

第四，具体到某一个案件，除了应当熟悉这些西方法律思维，还需要从微观层面熟练运用专利侵权抗辩技术应对。例如，如果权利人的侵权指控满足全面覆盖原则，即被控侵权产品的全部必要技术特征，均落入了受保护专利技术的必要技术特征的保护范围，或者说，如果被控侵权产品的技术特征覆盖了受保护专利技术的全部必要技术特征，被指控人则"可考虑以保护范围不清楚抗辩、证据不可信性抗辩、发明实际范围抗辩、充分公开原则抗辩、法律/事实问题抗辩、撰写失误责任抗辩"①，这些角度以相应的法律技术应对。只有把宏观思维思路和微观抗辩技术结合起来，才能有效地预防和处理国际专利纠纷。

建议中方相关公司、机构和人士在预防和处理国际专利纠纷问题时，无论是在宏观层面制定战略策略，还是在微观方面应对具体的纠纷或者案例，逐一厘定以上所列的问题，不仅可为宏观层面运用好国际专利侵权诉讼风险控制策略，也可为在微观层面具体运用专利侵权诉讼抗辩技术切实控制诉讼风险，提供一个反映真实情况的国际经贸纠纷预防处理的法律环境和分析框架，以增强可预见性和自觉性。

五、结语：自主创新是根本之策

当事人提起国际专利侵权诉讼，不仅仅是维权的需要，也是参与国际技术市场竞争的需要，必须高度重视。这一类诉讼，由于当事人对对方或者第三方国家（或司法管辖区）的相关法制及其运作认识不清，应对难度（较）大，诉讼费用支出很高，相关的诉讼风险不仅仅是一种技术风险、商业风险，

---

① 闫文锋：《专家揭开国际专利纠纷致胜秘笈》，《中国知识产权报》2004年8月2日。

也是一种高昂的法律风险，中国企业应当在一定的专利战略目标指引下，按照国际经济贸易纠纷预防和处理中的西方法律思路，通过对诉讼目的的具体分析，审慎运用好控制该类经营风险的各种策略。

当然，必须认识到，在国际专利诉讼及相关行动中，无论具体案情、环境和国际规则怎样变化，自主创新是根本，是以不变应万变之策。仍以前述深圳燕加隆锁扣地板案为例，2005年7月1日，Unilin公司下属的两家企业指控32家国内外企业的地板锁扣产品构成专利侵权，其中有17家中国企业告至美国国际贸易委员会（ITC）。2005年7月29日，ITC投票决定对原产于我国的复合木地板进行"337调查"。这一侵权指控波及中国近5 000家复合木地板企业，所涉产品出口量达1.75亿美元。2007年1月24日，ITC公布了有关强化木地板"337调查"最终裁决的公开文本，裁决深圳燕加隆公司发明设计的"一拍即合锁扣地板"产品没有侵犯申诉方Unilin国际集团的任何诉争专利。这一结果意味着燕加隆公司成为我国12家应诉企业中唯一获得最终裁决胜诉的企业[①]。该公司之所以能够在该案中异军突起，杀出重围，成为17家被诉中国企业中唯一的胜诉者，与其自主创新取得"一拍即合锁扣地板"专利密不可分。

不独此案，燕加隆公司凭借一己之力，耗资3 000万元，打了6年"洋官司"，专利产品涉及加拿大反倾销反补贴、美国"337调查"、德国临时禁令，最终八连胜，成为国内唯一一家面对这三类国际官司均能依法维权且全胜的企业[②]。该公司围绕专利"一拍即合锁扣地板"产品在各种"洋官司"中屹立不倒的全胜经历，再次雄辩地证明，自主创新是中国企业有效应对国际专利侵权风险的根本之策。

[①] 《职业经理人》记者：《花三千万打国际官司八连胜后，这个民企老板想通了什么?》，《职业经理人》2016年第2期。

[②] 杨帆：《燕加隆：历时6年"洋官司"维权全胜企业》，《中国建材报》2011年7月12日。

我国任意当事人变更程序的适用困境及出路

——兼论日本制度的借鉴意义

韩 靖[*]

摘 要：我国目前一对一诉讼中任意当事人变更程序的适用面临着法官"不愿意变"和"不知如何变"的困境。困境形成的原因是目前没有一套完善的任意当事人变更程序，法官在适用任意当事人变更程序时扭曲适用了必要共同诉讼的制度，以及当下法官绩效考核体系的评价标准不利于激励法官选择变更不适格当事人。本文通过分析日本任意当事人变更制度的三种学说，探讨任意当事人变更制度在日本的适用现状，以及研究日本如何在制度设计中对"诉讼经济"与"程序保障"进行价值平衡。我国在设计任意当事人变更程序时应立足本土资源，注意不能过分倾向于保护"程序保障"价值，而应该加入对"诉讼经济"价值的考量，同时应该完善法官适用程序的司法职业环境。

关键词：任意当事人变更　一对一诉讼　诉讼经济　程序保障

在民事诉讼中，确定当事人十分重要。当事人作为民事诉讼的主体，其对一系列的诉讼程序都会产生重大的影响。但是，在诉讼的实际情况中，本来应该作为当事人的人没有参加诉讼，而在错误的当事人之间进行诉讼的情况是存在的。例如，本来应该将公司作为被告，却错误地将公司董事长作为被告。在这种情况下，任意当事人变更程序应运而生，其程序核心是在当事人发生错误时，可以将不适格的当事人替换为适格的当事人，保障民事诉讼在发生争议的民事法律关系主体之间进行。遗憾的是，在目前的司法实践中，我国任意当事人变更程序的适用面临重重困境，无法实现其核心价值。即便

---

[*] 韩靖，中山大学司法体制改革研究中心研究人员。

如此，迄今为止并无多少关于任意当事人变更程序的学术研究，结合目前司法实践的实证研究则是更为欠缺。基于此背景，笔者力图通过归纳任意当事人变更程序在我国司法实践中面临的困境，分析困境形成的原因，并借鉴日本关于任意当事人变更制度的探索经验，以期为解决我国任意当事人变更程序的适用困境贡献绵薄之力。

一、本文研究对象之明晰

所谓的任意当事人变更，是指在诉讼中出现了不适格的当事人时，通过一定的诉讼程序，使不适格的当事人退出诉讼，同时让适格的当事人加入到诉讼中。笔者认为，无论是在当事人双方均为一人的一对一诉讼①中，还是在当事人一方或者双方为二人或二人以上的共同诉讼中，都存在出现当事人不适格的可能性。由此可见，在这两种诉讼中均存在适用任意当事人变更程序的空间。但是，需要进行明晰的是，本文的研究对象仅限于当事人双方均为一人的一对一诉讼，具体原因如下。

一方面，在普通共同诉讼中，争议的诉讼标的为同一种类，所以普通共同诉讼在本质上是一种可分之诉，共同诉讼人之间没有共同的权利义务，既可以单独起诉，也可以共同起诉。笔者认为，在普通共同诉讼中出现当事人不适格的情况时，可以通过普通共同诉讼制度本身的诉讼程序去完成任意当事人变更程序的预期功能和价值目标。无论是原告不适格，还是被告不适格，变更当事人的程序都是通过使不适格的当事人退出诉讼程序，再让适格的当事人加入诉讼程序这两步完成的。

在普通共同诉讼中，当原告不适格时，法院不仅可以通过释明让不适格的原告自主申请撤诉，也可以通过直接裁定驳回起诉使其退出诉讼程序。然

---

① 此处的"一对一诉讼"指代双方当事人均为一人的主体单一之诉。为了表达上的直观化，笔者选择使用"一对一诉讼"进行表达。需要说明的是，张卫平老师与李浩老师在其著作中也使用了"一对一诉讼"这一表达（张卫平、李浩：《新民事诉讼法原理与适用》，人民法院出版社 2012 年版，第 101 页）。下文同。

后，因为普通共同诉讼本质上是一种可分之诉，所以适格的原告可以针对被告另行起诉。与之相对，当被告不适格时，法院既可以通过释明让原告针对不适格的被告自主申请撤诉，也可以直接判决驳回针对该不适格被告的诉讼请求。然后，原告可以针对适格的被告再进行起诉（如表1所示）。据此，在目前的司法实践中，普通共同诉讼已有的制度程序可以实现任意当事人变更程序的功能。

表1　普通共同诉讼变更当事人程序归纳

	退出诉讼程序	加入诉讼程序
原告不适格	经法院释明提交撤诉申请 法院直接裁定驳回起诉	适格原告另行起诉
被告不适格	原告经法院释明提交撤诉申请 法院直接判决驳回诉讼请求	原告针对适格被告另行起诉

另一方面，必要共同诉讼与普通共同诉讼相似，也可以通过制度本身的诉讼程序去完成任意当事人变更程序的预期功能和价值目标。但有一点不同，在必要共同诉讼中，其争议的诉讼标的同一，在本质上并不是一个可分之诉，因此在变更当事人的程序中与普通共同诉讼有一些区别。具体而言，当原告不适格时，不适格原告退出诉讼的程序与普通共同诉讼相同，然而，因为必要共同诉讼的诉讼标的同一，所以法院可以根据《中华人民共和国民事诉讼法》（以下简称《民诉法》）第一百三十二条[①]和《最高人民法院关于适用〈中华人民共和国民事诉讼法〉的解释》（以下简称《民诉法解释》）第七十三条和第七十四条[②]依法通知适格的原告参加诉讼。同样，当被告不适格时，

---

① 《中华人民共和国民事诉讼法》第一百三十二条规定："必须共同进行诉讼的当事人没有参加诉讼的，人民法院应当通知其参加诉讼。"

② 《最高人民法院关于适用〈中华人民共和国民事诉讼法〉的解释》第七十三条规定："必须共同进行诉讼的当事人没有参加诉讼的，人民法院应当依照民事诉讼法第一百三十二条的规定，通知其参加；当事人也可以向人民法院申请追加。人民法院对当事人提出的申请，应当进行审查，申请理由不成立的，裁定驳回；申请理由成立的，书面通知被追加的当事人参加诉讼。"第七十四条规定："人民法院追加共同诉讼的当事人时，应当通知其他当事人。应当追加的原告，已明确表示放弃实体权利的，可予追加；既不愿意参加诉讼，又不放弃实体权利的，仍应追加为共同原告，其不参加诉讼，不影响人民法院对案件的审理和依法作出判决。"

不适格被告退出诉讼的程序与普通共同诉讼相同,然后,法院也是依据《民诉法》第一百三十二条和《民诉法解释》第七十三条和第七十四条依法追加适格的被告(如表2所示)。

表2 必要共同诉讼变更当事人程序归纳

	退出诉讼程序	加入诉讼程序
原告不适格	经法院释明提交撤诉申请 法院直接裁定驳回起诉	法院依法追加适格原告
被告不适格	原告经法院释明提交撤诉申请 法院直接判决驳回诉讼请求	法院依法追加适格被告

综上所述,在共同诉讼中,已有相应的制度程序可以充分地替代任意当事人变更程序,实现使不适格的当事人退出诉讼,同时让适格的当事人加入到诉讼中这一程序功能。因此,本文无须再讨论任意当事人变更程序在共同诉讼中的适用困境及解决方案,只需将一对一诉讼作为研究对象。

二、我国任意当事人变更程序的适用困境现状及原因

(一)适用困境的具体表现:"不愿意变"和"不知如何变"

根据笔者的实证调研①,我国任意当事人变更程序的适用困境可大致归纳为法官"不愿意变"和"不知如何变"这两个方面。

一方面是法官"不愿意变"。根据调研结果,笔者发现,案件如果是在诉状送达前,法院发现或者当事人自己发现本案当事人存在不适格的情况,法院一般愿意与原告协商,让其向法院提交一个撤诉申请,法院再出具一个准予撤诉的裁定书,然后原告可以向适格的被告重新起诉或者等待适格的原告起诉。

但是,案件在诉状送达后,一般是已经将案件移交到审判庭甚至已经开

---

① 本文据以分析的实证调研资料主要来源于2018—2019年笔者对广东省惠州市惠阳区人民法院以及湖北省武汉市洪山区人民法院进行的调研,调研对象包括立案庭以及民事审判庭的法官和书记员,调研方法包括深度访谈、档案查阅、数据收集与统计等,以期从多个来源渠道收集资料。下文同。

庭审理了才发现案件存在当事人不适格的情况下，如果要进行当事人的变更，法官一般是通过追加适格的当事人，再让不适格的原告提交一个撤诉申请，或者让原告针对不适格的被告提交一个撤诉申请来处理。还有另一种做法是，法官追加完适格的当事人后，让不适格的原告或被告继续参与诉讼，最后针对适格的当事人作出一个判决书，针对不适格的当事人作出一个驳回起诉（不适格原告）的裁定书或者驳回诉讼请求（不适格被告）的判决书来处理（如图1所示）。在实务中，法官对此拥有自由裁量权，但往往都不愿意进行变更。

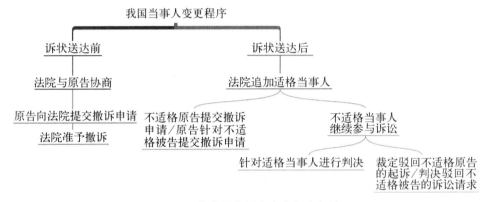

图1 目前我国变更当事人程序归纳

另一方面是法官"不知如何变"。关于任意当事人变更程序，我国现行的《民诉法》并无具体规定。这带来的好处是，法官对于该问题的司法适用拥有自由裁量权，可以自行决定是否进行变更。但是，因为没有法律的确切指引，法官在处理该类问题的时候无法进行较为准确的把握，造成该类案件在司法适用层面上的混乱。同时，因为学界关于此问题的理论探讨不多[①]，使得法官在处理任意当事人变更的问题上更为谨慎，往往选择直接终结案件。

---

① 关于任意当事人变更程序，我国学者主要有以下成果：王强义：《非正当当事人及其更换》，《法学研究》1991年第6期；张晋红：《非正当当事人及其更换理论的再探讨》，《现代法学》1997年第2期；肖建华：《正当当事人理论的现代阐释》，《比较法研究》2000年第4期；杨严炎：《当事人的概念与当事人的更换》，《政治与法律》2005年第4期；徐迪锋：《民事诉讼当事人概念与更换研究》，《西南政法大学学报》2013年第5期；宋春龙：《非正当当事人处理方式研究——兼论我国非正当当事人处理制度之构建》，《大连理工大学学报（社会科学版）》2017年第4期。

（二）适用困境的形成

1. 任意当事人变更程序的规范缺位

我国关于任意当事人变更程序的规定最早出现在 1982 年的《中华人民共和国民事诉讼法（试行）》第九十条："起诉或者应诉的人不符合当事人条件的，人民法院应当通知符合条件的当事人参加诉讼，更换不符合条件的当事人。"随后，1984 年的《最高人民法院关于贯彻执行〈民事诉讼法（试行）〉若干问题的意见》对该规定进行了细化："人民法院在审查起诉时，应当对当事人是否符合条件进行审查。在诉讼进行中，发现当事人不符合条件的，应当根据民诉法第九十条的规定进行更换。通知更换后，不符合条件的原告不愿意退出诉讼的，以裁定驳回起诉；符合条件的原告全部不愿参加诉讼的，可终结案件的审理。被告不符合条件，原告不同意更换的，裁定驳回起诉。"遗憾的是，1991 年修改的《中华人民共和国民事诉讼法》并未保留变更不适格当事人的规定。从此以后，我国的立法再也没有对任意当事人变更程序作出相应的规定。规范的缺位使法官在司法实践中无法得到明确的法律指引，进而直接影响到法官处理变更不适格当事人案件的方式。

2. 必要共同诉讼制度的替代适用

根据笔者的实证调研，在目前的司法实践中，法官在处理一对一诉讼的当事人变更问题时，本质上采取的是与必要共同诉讼变更当事人相同的程序（见图 1）。经过这样"一增一减"的程序，确实可以达到变更不适格当事人的目的，但在一对一诉讼中完全适用必要共同诉讼的制度程序，是否真的适合？共同诉讼是诉的主观合并，其意义在于缩短办案周期，提高办案效率，尽量减少当事人的诉讼费用，节省当事人的开支[①]。可见，共同诉讼主要的制度价值在于当民事诉讼的一方或双方当事人为两人以上时，通过诉的主观合并节省当事人的时间和法院的司法成本，其制度本身并没有蕴含变更不适格当事人的程序价值。在前文中，笔者提到在共同诉讼中可以通过其制度本身的程序完成不适格当事人的变更，这是在案件实现了共同诉讼本身制度价值的前

[①] 顾培东：《诉讼经济简论》，《现代法学》1987 年第 3 期。

提下，借程序设计之便实现变更不适格当事人的目标，实为折中之措。

但在一对一诉讼中，笔者并不能认同司法实践中的这种做法。如果为了实现变更不适格当事人的目标，就要在一对一诉讼中扭曲地适用共同诉讼制度，本质上是对共同诉讼制度价值的不适当理解。更重要的一点是，即便在一对一诉讼中适用必要共同诉讼的程序，实现了变更不适格当事人的目标，也无法体现出任意当事人变更程序的核心价值——诉讼经济。在目前司法实践的处理方式下，法官追加完适格的当事人后，需要重新进行诉状和传票的送达，重新安排开庭时间，庭审程序也需要重新进行，原来进行的诉讼程序对于新的当事人完全没有拘束与影响。也就是说，从本质上讲，其并没有节省司法资源和减少法官的工作量，没有体现出任意当事人变更程序的诉讼经济价值。

3. 司法职业环境的负面影响

笔者此处所指的司法职业环境主要指法官的绩效考核体系。目前来说，最高人民法院研究制定了《人民法院落实〈保护司法人员依法履行法定职责的规定〉的实施办法》（以下简称《办法》），并对其理解与适用提出了以下说明："我国幅员辽阔，地区差异大，不同地域、不同审级的法院情况各异，不可能用同一套法官绩效考核体系涵盖，因此，《办法》提出，对法官绩效'考核的指导意见由最高人民法院统一制定，各级人民法院结合辖区实际进一步细化，并报上一级人民法院备案'。最高人民法院已印发《法官、审判辅助人员绩效考核及奖金分配指导意见（试行）》，对绩效考核工作提出具体指导意见。"① 根据笔者的实证调研，一般来说，在任意当事人变更程序的适用中，影响法官是否适用该程序的主要绩效考核因素如下。

一是审限的影响。审限的影响主要体现在对法官的办案效率考核中，法官所负责的案件是否全部在法定（正常）的审执限内结案，对于法官的年度考核有非常重大的影响。在目前的司法实践中，法官追加完适格的当事人后，

---

① 《〈人民法院落实《保护司法人员依法履行法定职责的规定》的实施办法〉的理解与适用》，http://www.court.gov.cn/fabu-xiangqing-35592.html。

需要重新进行诉状和传票的送达，需要重新安排开庭时间，庭审程序也需要重新进行。在法官增加了工作量的同时，法律并没有赋予法官更长的审理期限。也就是说，法官要在相同的时间内完成几乎翻倍的工作。更何况，在目前"送达难"的司法实践形势下，更易使法官承受超过法定审理期限结案的风险。

二是结案率的影响。结案率的影响表现在对法官办案数量的考核，据笔者的调研结果，很多法院关于法官的办案任务和结案目标任务，不仅有年度考核，甚至有季度考核，所以，每一个法官都非常看重自己的办案数量。一方面，在变更不适格当事人的问题上，法官如果选择裁定驳回起诉（针对不适格原告）或者判决驳回诉讼请求（针对不适格被告），在绩效考核系统中已经能够认定法官审理完结一个案件。从激励角度，法官自然更愿意选择不进行当事人的变更。另一方面，目前基层法院法官所负责的案件相对来说比较多，压力比较大，如果法官选择不进行不适格当事人的变更，直接终结案件，那么当适格的当事人再进行起诉时，案件也会在承办法官间进行重新分配，未必会分配给自己。从减轻工作压力的角度，法官也更愿意直接终结案件。

三是当事人带来的信访投诉压力。当事人带来的信访投诉压力主要体现在对法官的办案效果考核中，具体来说，是指法官所负责案件的信访投诉率。在一个案件中，如果要进行不适格当事人的变更，除了双方当事人的同意，法官的主导更为重要。但在目前司法公信力仍然有待提升的阶段，法官如果在一个案件中进行当事人的变更，对于对法律并不了解和熟悉的当事人来说，很有可能会产生法官与对方当事人"勾结"的错误认知。当案件的判决结果并不如其意时，当事人很可能会因此而对承办法官进行信访和投诉。法官为了降低当事人产生误会的概率，自然宁愿直接终结案件，不愿意进行不适格当事人的变更。

通过对以上三点的思考可以看到，目前的法官绩效考核体系对于法官选择变更案件中的不适格当事人是存在负面影响的。就算法官可以在制度层面选择变更不适格当事人，但出于对绩效考核体系的考量，法官更愿意选择直接终结案件。令人深思的是，因为绩效考核系统给司法人员带来负荷，导致在司法实践中对程序制度进行扭曲适用是笔者在研究不少程序问题时发现的共性，值得对其中原因进行深入探讨。

综上所述，在目前的法官绩效考核体系中，变更不适格的当事人对于法官来说是一件"吃力不讨好"的事情，对于自己工作的开展有诸多的不便和不利影响。即使选择变更不适格的当事人，但因为在目前的法律规定中并无明确的制度指引，只能够适用与必要共同诉讼制度相同的程序进行变更。进行变更后，原来进行的诉讼程序对于新的当事人没有产生任何拘束，并没有节省司法成本，所以从诉讼经济层面上去理解，与直接终结案件并无多大区别。因此，实践中才会出现法官"不愿意变"和"不知如何变"的适用困境。

三、日本任意当事人变更制度的功能解析与价值追问

到目前为止，我国关于变更不适格当事人的程序研究仍然处于非常滞后的状态，既没有成熟的学说体系，也没有丰富的司法实践经验，因此从本质上来说，我国并没有真正意义上的任意当事人变更制度。与此相对，日本关于变更不适格当事人的程序研究非常深入，既发展出了三种相对成熟的学说，亦存在大量的司法实践判例。可以说，日本关于变更不适格当事人的研究已经不再停留于程序层面，而是建立在一个相对完善的制度层面上[①]。笔者认为，对日本的任意当事人变更制度进行研究，重点是思考如何为我国的任意

---

① 关于任意当事人变更制度，日本学者主要有以下成果：兼子一：《诉讼承继论》，载《民事法研究（第一卷）》；高根义三郎：《当事人的变更》《关于当事人变更的基希学说》，载《行政诉讼的研究》；高岛义郎：《当事人的变更》，载《关大法学论集（八卷六号）》，第 20 页，以及《任意的当事人变更》，载《综合法学（二十三号）》，第 40 页；铃木重胜：《任意的当事人变更的系谱》，载《早稻田法学（三十五卷三•四册）》，第 559 页，以及《允许任意的当事人变更的根据》，载《早稻田法学（三十六卷三•四册）》，第 165 页，以及《任意的当事人变更》，载《综合法学（五十二号）》，第 68 页；山木户克己：《追加的共同诉讼》，载《民事诉讼理论的基础研究》；饭塚重男：《任意的当事人变更》，载《上智法学论集（五卷二号）》，第 195 页；井田友吉：《当事人的表示的更正•任意的当事人变更》，载《判例时代（一八八号）》，第 70 页；尾中俊彦：《当事人的确定与任意的当事人变更》，载《实例法学全集（民诉篇上卷）》；元木伸：《关于当事人的变更•更正的判例》，载《司研（二十四卷）》；福永有利：《任意的当事人变更》，载铃木忠一、三月章主编《实务民事诉讼法讲座（第一卷）》，第 95 页。

当事人变更程序设计提供借鉴意义。

（一）日本关于任意当事人变更制度的三种学说

关于日本的任意当事人变更制度，根据如何看待导致当事人变更的行为的性质；是否被现行法律所允许；如果被允许的话，是在什么条件下被允许；已经发生的诉讼结果对于新的当事人产生什么效力等对其学说进行分类[①]。据此，日本关于任意当事人变更制度有以下三种学说："诉的变更说""新诉提起与旧诉撤销说"和"特殊行为说"。对于此三种学说，日本的民事诉讼法学界已经讨论得非常充分，对于每一种学说背后所承载的学理基础与优缺点已有详细的整理和归纳。

"诉的变更说"是指将诉的变更进行广义的理解，可以将当事人的变更视为诉的要素变更的统称。基于此见解，因为当事人是诉的要素之一，所以可以将当事人的变更视为诉的变更的一种。像这样将当事人的变更视为诉的变更的一种来看的话，允许当事人变更的条件应当准用诉的变更的条件，而且变更的效果必须与诉的变更的效果一致。也就是说，已经发生的诉讼结果对新的当事人产生全面的效果[②]。这种见解在德国被霍尔韦格和施泰因这两位权威的学者所主张，到现在仍在德国保持着通说地位[③]。

"新诉提起与旧诉撤销说"认为，基于不能将当事人的变更视为诉的变更的立场，继而将当事人的变更视为由新原告提出或者针对新被告进行的新诉提出，以及旧诉撤销这一复合诉讼现象的统称。话虽如此，所谓的复合现象，如果先进行旧诉撤销的话，诉讼过程就会结束，所以从理论上来说，要视为首先提出新的诉讼然后再撤销旧的诉讼。因此，当事人的变更是瞬间的，所以诉的主观合并必须存在。总而言之，这个学说将当事人的变更视为新诉的提起与旧诉的撤销这两个可分的现象，各自的条件与效果会被分别进行判断。因此，基于不允许诉的主观合并的立场，就不能允许当事人的变更。反过来，

---

① 福永有利：《任意的当事人变更》，载铃木忠一、三月章主编《实务民事诉讼法讲座（第一卷）》，第95页。

② Rosenberg, Die gewillkürte Parteiänderung im Zivilprozeß. ZZP Bd. 70 S. 2f.

③ Hellwig, System. Bd. I S. 375f., Gaupp-Stein, ZPO 9. Aufl. S. 614, Stein-Joans-Schönke, ZPO 18. Aufl. § 268 II, Schönke-Schröder-Niese, Lehrbuch. 8. Aufl. S. 145, u. 225.

如果从允许诉的主观合并的视点来看①，新诉除了符合诉讼的条件之外，还需要满足诉的主观合并的条件。此外，旧诉的撤销也需要满足旧诉撤销的条件。在新诉的提出与旧诉的撤销均有效的前提下，作为结果，虽然会产生当事人的变更，但是因为旧诉与新诉是完全独立的诉讼关系，所以已经发生的诉讼结果完全不会对新的当事人产生拘束。

"特殊行为说"认为，当事人变更是一种以变更当事人为目的的特殊单一现象。根据其理论，原告的变更与被告的变更的条件与效果是不相同的，必须将两者分别进行考虑。首先为了进行原告的变更，新旧两个原告的意思表示是必要的。在被告进行了关于本案的辩论之后，原则上都需要被告的同意。但是，在被告滥用拒绝权的情况下，作为例外，是不需要被告的同意的。此时，无论新旧两个诉讼中的诉讼标的是否具有密切关系，标的物所依据的事实关系是否同一或者具有密切联系，旧程序的辩论和证据调查结果在新诉中都依然具有效力。但是，新当事人并不一定完全被旧程序的辩论或者调查的结果所拘束，如诉讼条件必须进行新的调查。此外，新原告提出的新攻击防御方法，即使旧原告没有适时地提出，也不会因为期间经过而被驳回，而且，旧原告的自认也会被无条件地取消②。然后，在被告变更的情况下，原告必须要对新被告进行新的诉状送达。但是，新被告如作为旧被告的代理人出庭进行了口头辩论，主张口头辩论时的请求就足矣。虽然一审时不需要新被告的同意，但在二审时，其在已经发生的辩论中并不在场，因为对已经发生的诉讼结果没有产生任何的影响，所以此时需要其同意。但是，当该新被告滥用拒绝权时，作为例外，不需要其同意。此外，如果旧被告进行了关于本案的辩论，其同意也是必要的。同样，如果该旧被告滥用拒绝权，那么其同意亦为不必要。关于旧程序的辩论与证据调查结果对新被告具有的效果，与原告

---

① 兼子一：《新修民事诉讼法体系》，酒井书店1965年版，第388页；山木户克己：《追加的共同诉讼》，载《民事诉讼理论的基础研究》。此外，最高裁也承认诉的主观合并（参照最判昭和四十二年九月二十七日民集二十一卷七号，第1925页）。

② 福永有利：《任意的当事人变更》，载铃木忠一、三月章主编《实务民事诉讼法讲座（第一卷）》，第95页。

的变更的情况一致。

（二）日本关于任意当事人变更制度的适用现状

日本关于任意当事人变更制度的司法判例与学说的情况一样，出现了许多分歧。

首先，出现了一类将当事人的变更视为诉的变更的判例，其中，有的判例认为当事人的变更不合法，如东京高判昭和二十九年三月十日高民集七卷二号第 190 页、大阪高判昭和二十九年九月十六日高民集七卷八号第 627 页。也有的判例将其视为诉的变更，继而认为当事人的变更合法。例如，东京高判昭和三十三年九月三日下民集九卷九号第 1736 页，大阪地判昭和三十八年七月十八日讼务月报九卷九号第 1112 页。

其次，在将当事人的变更视为新诉提起与旧诉撤销的基础上，亦有许多判例允许进行当事人的变更。例如，大阪高判昭和二十九年十月二十六日下民集五卷十号第 1787 页，福冈高决昭和三十四年十月十三日下民集十卷十号第 2171 页，奈良地判昭和三十九年三月二十三日下民集十五卷三号第 586 页。此外，作为基于新诉提起与旧诉撤销说的立场而不允许当事人的变更的判例，有东京地判昭和三十一年八月六日新闻十八号第 12 页。

再次，也有像旧时一样，以当事人表示的更正来进行处理的判例。例如，神户地判昭和二十六年二月十五日下民集二卷二号第 202 页，东京地判昭和二十五年十二月十一日判例时代十号第 64 页，东京地判昭和三十一年三月八日下民集三卷七号第 559 页，广岛高冈山支判昭和三十三年八月二十九日判时一百六十三号第 13 页，名古屋高判昭和三十四年五月二十日下民集十卷五号第 1053 页，大阪高判昭和三十九年五月三十日判时三百八十号第 76 页，东京高判昭和四十一年五月二十六日东高时十七卷五号第 102 页，东京地判昭和四十二年三月二十八日判时四百八十四号第 56 页。此外，作为否决表示的更正的判例，有大阪高判昭和二十九年十月二十六日下民集五卷十号第 1787 页，神户地判昭和三十一年五月八日下民集七卷五号第 1151 页，福冈地判昭和三十四年十月十九日下民集十卷十号第 2199 页，大阪地命昭和三十八年三月七日下民集十四卷三号第 362 页，大阪高判昭和三十九年三月二十三日判例时代一百六十二号第 90 页,大阪高判昭和三十九年十二月二十三日金融法务四百零二号第 15 页等。

最后,有一部分判例在没有讨论任意当事人变更具有什么性质,没有从理论也没有从具体判例的特殊性出发的情况下,就直接不允许进行当事人的变更。

通过对这些判例进行总结归纳可以得出,在日本的司法实践中,作为允许进行当事人变更的条件主要有以下几点:

一是所有当事人的同意。例如,在仙台地判昭和二十八年七月二十七日下民集四卷七号第 1035 页的继承纠纷案件中,法官同意被告从遗产继承人变更为遗言执行者,其在判决书中写道:"被告的变更获得了被告、被告的诉讼代理人以及遗言执行者的同意。"

二是认同当事人的变更会带来实际上的便利以及符合诉讼经济。例如,仙台地判昭和二十八年七月二十七日下民集四卷七号第 1035 页,大阪高判昭和二十九年十月二十六日下民集五卷十号第 1787 页和东京高判昭和三十三年九月三日下民集九卷九号第 1736 页。

三是前诉与后诉的当事人在实际上是一致的。例如,仙台地判昭和二十八年七月二十七日下民集四卷七号第 1035 页,大阪地判昭和三十八年七月十八日讼务月报九卷九号第 1112 页,东京高判昭和二十九年三月十八日高民集七卷二号第 220 页。但是,存在反对的判例和学说,如东京高判昭和二十九年三月十日高民集七卷二号第 190 页和大阪高判昭和二十九年九月十六日高民集七卷八号第 627 页。尾中俊彦主张:"法律上的主体不相同的话,被主张的权利关系自然而然不相同,而且防御方法亦不相同,将实质上的人的同一进行一般化是危险的,如此过度简化将不能被接受。此外,承认公司与其代表人个人之间的诉讼关系的承继时,存在与商法第 256 条之间的关系产生冲突的可能性。"①

四是作为请求的基础法律关系在本质上是同一的,如在东京地判昭和三

---

① 尾中俊彦:《当事人的确定与任意的当事人变更》,载《实例法学全集(民诉篇上卷)》第 76 页。

十三年九月三日下民集九卷九号第1736页的公司诉讼案件和大阪地判昭和三十八年七月十八日讼务月报九卷九号第1112页中，在讨论能否将被告从公司代表人个人变更为公司本身时，法官同意了被告的变更，其理由是："在认同诉的变更的基础是法律关系的本质不变的前提下，基于当事人的变更是诉的变更，因此，当事人的变更认同作为请求的基础法律关系在本质上是同一的。"

五是不产生诉讼的延迟。例如，东京地判昭和三十三年九月三日下民集九卷九号第1736页。

六是在诉状送达前的变更，如福冈地判昭和三十四年十月十九日下民集十卷十号第2199页。相对的，大阪地命昭和三十八年三月七日下民集十四卷三号第362页持反对意见，其理由是损害了诉状受理相关程序的安定以及经济这一点。

与此相对，作为不允许进行当事人变更的理由，亦可总结出以下两点：

一是会变成允许基于不充分的调查的滥诉。例如，在大阪地命昭和三十八年三月七日下民集十四卷三号第362页的损害赔偿诉讼中，法官要求原告更正被告的正确住址以便进行送达，但原告在更正被告地址的时候，不是将错误的被告地址改为正确的地址，而是直接提交了新被告的地址。法官驳回了原告的起诉，其理由是："如果同意将会导致因为调查不充分而产生的滥诉增加。"又如，大阪地判昭和四十二年七月十三日判例时代二百一十三号第169页，其理由为：考虑防止那样的滥诉的对策，如基于对诚实信用原则和权利滥用法理进行审查，不就可以了吗?！

二是损害系属于确定的当事人之间的诉讼过程的稳定性，如大阪地判昭和四十二年七月十三日判例时代二百一十三号第169页。不管根据哪一个学说，允许当事人的变更时，因为已经发生的诉讼会由于诉讼的撤销或者根据撤销而被终止，可以认为，并不会特地损害原有诉讼过程的稳定。显然，不满足当事人变更的条件时，虽然已经发生的诉讼不会被终止，但该问题在诉的变更和诉讼撤销的情况下亦时常具有发生的可能性。仅仅将在当事人变更的情况下发生的对诉讼过程稳定性的损害当作问题，实属不妥。

(三) 日本关于任意当事人变更制度的价值平衡思考

笔者认为,在研究任意当事人变更制度这一问题上,如果仅对比分析三种学说的观点与优缺点,或者仅是总结归纳司法实践中的判例情况,并不能为我国的任意当事人变更程序研究提供切实的帮助。正确的做法应当是从外国法的具体民事程序技术规范中,解析其所承载的制度功能和所体现的价值目标[①]。基于此立场,回归到日本关于任意当事人变更制度的三种学说以及适用现状,可以发现,其研究核心实际上是在围绕两个问题进行探讨:其一,任意当事人变更制度是否具有程序上的利益;其二,原有的诉讼结果在新诉中具有什么效力。

笔者认为,对这两个问题的研究,实际上是在制度设计层面回答应当如何在任意当事人变更这一问题上去把握与平衡"诉讼经济"与"程序保障"两种核心价值,这也是日本任意当事人变更制度最值得我国借鉴与学习的地方。

其一,任意当事人变更制度是否具有程序上的利益。关于该问题的讨论,主要发生在"新诉提起与旧诉撤销说"以及"特殊行为说"这两个学说中。实际上,这两个学说最大的不同点是,"新诉提起与旧诉撤销说"认为在当事人不同时,诉讼关系也不同,因此已经发生的诉讼结果不能对新的当事人产生任何效力。与此相反,"特殊行为说"认为,新诉提起与旧诉撤销说的观点相当于认同任意当事人变更在程序上是没有实际利益的,所以,该说认为,虽然要设计一定的限制,如排除自认的拘束力等,但在原则上主张已经发生的诉讼结果理所应当能对新诉产生效力。

但是,"新诉提起与旧诉撤销说"是否真的不存在程序上的利益呢?或者说,程序上的利益是否只能狭隘地理解为原有诉讼结果在新诉中具有的效力呢?对此,日本学者福永有利教授提出不一样的意见。他认为,在日本民事诉讼中,一方面,不仅存在补正旧诉状并利用或者新诉状能够引用

[①] 傅郁林:《追求价值、功能与技术逻辑自洽的比较民事诉讼法学》,《法学研究》2012 年第 5 期。

旧诉状的情况①，而且只要新诉的诉讼标的物价额与旧诉相同，就不需要贴用印花②。如此对原告来说，无疑是节省了费用、劳力以及时间。另一方面，如果旧诉讼程序已进行到一定程度，负责旧诉讼的法院更容易把握新诉的案件概要，而且已经进行了的法律调查与研究也能直接被利用，因此，从国家的角度出发，在特定情况下，亦期望能够允许任意的当事人变更③。从此角度出发，即使已经发生的诉讼结果不具有对新诉的效力，允许当事人的变更也会带来充分的实际利益。事实上，存在相当多的当事人变更案例是在案件进入审理前的阶段被请求，如大阪高判昭和二十九年十月二十六日下民集五卷十号第1787页，福冈高决昭和三十四年十月十三日下民集十卷十号第2171页，福冈地判昭和三十四年十月十九日下民集十卷十号第2199页和大阪地命昭和三十八年三月七日下民集十四卷三号第362页，这些正是证明"新诉提起与旧诉撤销说"具有实际利益的最佳佐证。

其二，原有的诉讼结果在新诉中具有什么效力。对于这一问题的讨论，也主要集中在"新诉提起与旧诉撤销说"以及"特殊行为说"这两个学说中。前文已经提到，"新诉提起与旧诉撤销说"认为，已经发生的诉讼结果不能对新的当事人产生任何效力，而"特殊行为说"则认为，虽然要设计一定的限制，但在原则上主张已经发生的诉讼结果理所应当能对新诉产生效力。

从这个层面来看，我国目前的现状更趋向于认同"新诉提起与旧诉撤销说"，法官追加完适格的当事人后，庭审程序需要重新进行，原来进行的诉讼程序对于新的当事人不产生拘束与影响。话虽如此，在"新诉提起与旧诉撤销说"中，基于已经发生的诉讼的事实主张以及证据调查结果，只要不被新诉中的任何当事人所援用，确实就不能作为新诉的事实认定资料。但是，在

---

① 井田友吉：《当事人的表示的更正·任意的当事人变更》，载《判例时代（一八八号）》第72页；福冈地判昭和三十四年十月十九日下民集十卷十号，第2199页。

② 大阪地命昭和三十八年三月七日下民集十四卷三号，第362页；大阪地判昭和四十二年七月十三日判例时代213号，第169页。

③ 基希亦提出过同样的观点（参照 kisch, Parteiänderung im Zivilprozeß. 1912 S. 141）。关于这一点，根据其他的诉讼，若对已经发生的诉讼程序进行辩论的合并的话，虽然会得到同样的结果，但因为辩论是否合并是根据法院的裁量而决定的，所以对当事人的保护并不充分。

被新当事人援用的情况下，可以实现全部援用，而且，证人询问和检证还有证言都能作为证据。此外，在原当事人对新当事人进行援用的情况下，只要新当事人参与了之前的诉讼行为，此时无论新当事人是否同意，都可以进行与上述同样的处理。一般来说，在本案的审理已经进展到一定程度才发生当事人变更的情况下，在实际上是基本不存在任何一个当事人对已经发生的诉讼结果完全不援用的情况的。"特殊行为说"所认为的理所当然具有效力，只是将事件复杂化。这样看来，在"新诉提起与旧诉撤销说"中，已经发生的诉讼结果是能够适度地在新诉中被利用的，在此学说之下，不能认为即使允许当事人进行变更也不能产生实际利益。

通过对上述两个问题的探讨可以看出，任意当事人变更制度是否具有程序上的利益这一问题主要考量的是"诉讼经济"的制度价值，但却不可避免地影响对新当事人进行"程序保障"的程度。同理，在原有的诉讼结果在新诉中具有什么效力这一问题上，"程序保障"的制度设计亦不可避免地影响"诉讼经济"发挥价值的余地。如何在两者之间进行平衡，是设计我国任意当事人变更程序的关键。笔者认为，"新诉提起与旧诉撤销说"给我国提供了一个值得借鉴的范本，相信这也是其成为日本通说的原因。

四、立足于本土资源的任意当事人变更程序设计

通过对我国任意当事人变更程序的适用困境进行分析，笔者认为可以从两个方面寻求解决途径：一是设计出能够平衡"诉讼经济"与"程序保障"价值的任意当事人变更程序；二是完善法官绩效考核体系。因为对后者的讨论涉及另一个复杂的理论体系，因此在本文中不再进行深入研究，而是将重点放在建立一个符合我国民事诉讼程序价值目标的任意当事人变更程序上。

（一）我国任意当事人变更程序的立法需求

关于任意当事人变更程序，我国曾经在1982年的《中华人民共和国民事诉讼法（试行）》中进行了规定，其第九十条规定："起诉或者应诉的人不符合当事人条件的，人民法院应当通知符合条件的当事人参加诉讼，更换不符

合条件的当事人。"1984年颁布的《最高人民法院关于贯彻执行〈民事诉讼法(试行)〉若干问题的意见》对其进行了细化。通过对这些规定进行研读不难发现，其表现出强烈的职权主义特征，在发现不适格的当事人后，由人民法院通知适格的当事人参与诉讼，并对不适格的当事人进行更换。在此过程中，完全由人民法院的法官进行程序的主导，当事人几乎没有进行意思自治的余地。

笔者认为，在当时的时代背景下，一方面，我国面临着建立起一个完善法律体系的迫切需求；另一方面，在制定法律的时候我国主要对当时同是社会主义国家的苏联以及东欧等国进行学习和借鉴，很多规定的制定都非常粗糙且不符合我国的实际国情。因此，1991年修改的《中华人民共和国民事诉讼法》才删除了关于变更不适格当事人的程序规定，并在此后的立法中一直回避这个问题。但是，就目前来说，任意当事人变更确实已经成为我国司法实践中一个尚未解决的问题。笔者认为，在立法土壤相对成熟的今天和司法实践亦需要一个明确的法律指引的背景下，我国应当将任意当事人变更程序的立法提上日程，可以在1982年《中华人民共和国民事诉讼法（试行）》规定的基础上，结合目前司法实践的现状，借鉴日本制度的可行经验，对其进行修改。

（二）我国任意当事人变更程序的具体设计

我国任意当事人变更程序的设计应当分为实体条件的设计以及程序条件的设计两部分。笔者认为，我国任意当事人变更程序的设计应当建立在我国已有的制度程序基础上，通过对日本制度程序的学习与借鉴，将其可行之处吸收到我国的制度程序中，本质上是对我国已有制度程序进行改良而非对日本制度程序进行"搬运"。

第一步，笔者认为应该明确我国任意当事人变更程序的实体条件，核心问题有如下三个：

其一，在适用任意当事人变更程序时能否变更诉讼标的。对此，笔者认为原则上不可以，除非是出现请求权竞合的情形。如果在变更不适格当事人后，作为请求的基础法律关系在本质上不是同一的，那么，可以认为实际上变更不适格当事人是没有利益的。

其二，在适用任意当事人变更程序时能否变更诉讼请求。对此，笔者认为可以进行诉讼请求的变更。因为在变更了不适格的当事人以后，适格的当事人有权利针对该基础民事法律关系提出不同的诉讼请求，而且在进行不适格当事人变更后，法院需要进行诉状的更正或者更换，可以为当事人针对同一诉讼标的提出不同的诉讼请求提供程序条件。

其三，原有的诉讼结果在新诉中具有什么效力。在目前的司法实践中，在变更不适格当事人后，法院需要重新进行诉状和传票的送达，重新安排开庭时间，庭审程序也需要重新进行。笔者认为，保持这样的做法没有问题，但是，在重新开庭的时候，是否应该完全否认原来进行的诉讼程序对于新当事人的拘束力？对此，笔者持反对态度。我国的任意当事人变更程序设计可以借鉴日本的做法，可以考虑赋予新当事人一个选择权，让其自由选择是否援用已经发生诉讼的事实主张以及证据调查结果，在被新当事人援用的情况下，应当可以实现全部援用。而且，如果新当事人以其他身份，如作为证人或者法定代理人，参与了之前的诉讼行为，此时只要原当事人对新当事人进行援用，无论新当事人是否同意，都可以进行与上述同样的处理。至此，可以让"诉讼经济"价值在当事人变更的程序中发挥些许作用。

第二步，笔者认为应该明确我国任意当事人变更程序的程序条件，主要是涉及当事人是否同意进行变更。笔者认为，可以分为诉状送达前与诉状送达后进行考虑。在诉状送达前，如果要进行原告的变更，那么需要新旧原告的同意；如果要进行被告的变更，亦需要原告的同意。在诉状送达后，如果要进行原告的变更，除却新旧原告的同意，也需要被告的同意；如果要进行被告的变更，除却原告的同意，此时也需要新旧被告的同意（如表3所示）。之所以要在诉状送达后征求被告的同意，是因为诉状的送达意味着正式开始进行诉讼行为，此时被告获得了抗辩的权利，因此此时需要被告的同意。除了需要考虑当事人是否同意进行变更以外，任意当事人变更的程序条件还包括变更后需要重新进行诉状和传票的送达以及重新安排开庭时间。

表3 变更当事人程序中的原被告意思表示

	诉状送达前	诉状送达后
原告的变更	新旧原告同意	新旧原告同意 被告同意
被告的变更	原告同意	原告同意 新旧被告同意

除此之外,笔者认为,在任意当事人变更的问题上,整体来说,负责旧诉讼的法官在案情概要、证据类型、法律调查等方面对案件更为熟悉,我国在适用任意当事人变更程序的时候是否可以考虑在变更不适格当事人后不进行案件在承办法官间的重新分配,而是由原来的法官继续组成合议庭审理案件。这样的做法对于法院提高案件审理的效率与维护当事人的切实利益都具有重要的意义,也更能体现"诉讼经济"价值。

综上所述,表现为法官"不愿意变"与"不知如何变"的任意当事人变更程序适用困境实为我国民事司法实践的一大难题,长期以来一直未能得到较好的解决。这一困境的形成,除却归咎于在立法层面没有指引而导致必要共同诉讼制度的扭曲适用以外,更与目前的法官绩效考核体系息息相关:在审限、结案率和信访投诉率这三项核心规定上均不利于激励法官适用任意当事人变更程序。可以说,我国目前的司法实践在处理任意当事人变更问题上,过于倾向于保护制度的"程序保障"价值,在此过程中几乎体现不到制度的"诉讼经济"价值。有鉴于此,本文从日本的任意当事人变更制度出发,通过分析其三个学说与司法适用现状,进而提炼出两个核心问题,即"任意当事人变更制度是否具有程序上的利益"以及"原有的诉讼结果在新诉中具有什么效力",通过其来分析日本制度是如何平衡"诉讼经济"和"程序保障"价值,以及如何将此在制度中进行具体的体现的。最后,笔者提出,在设计任意当事人变更程序的时候,应该立足本土资源进行立法,并且思考如何在我国的程序中融入"诉讼经济"价值。除此之外,也应思考如何改善我国法官的绩效考核体系。当然,由于解决任意当事人变更制度的适用困境是一个庞杂的系统工程,尚需更多学者从不同进路来展开研究。

新时代中国刑事执行检察
创新发展与规范完善

——基于刑事执行检察建议的思考

林 沂 刘 忠 王 芸*

摘 要： 在党中央出台《关于全面推进依法治国若干重大问题的决定》、国家监察体制改革、检察机关职务犯罪侦查和预防职能整体转隶、司法体制改革、2017年《行政诉讼法》增加诉前检察建议、2018年《刑事诉讼法》赋予检察机关部分职务犯罪案件侦查权、《人民检察院组织法》明确检察建议监督方式和最高人民检察院颁布《2018—2022年检察改革工作规划》《人民检察院检察建议工作规定》等多重背景下，检察建议日益得到重视。本文以刑事执行检察建议工作实践为思考对象，从制发态度不刚性、主责主业不涵盖、立法供给不协调、诉讼特点不鲜明、工作手段不管用、形式内容不统一、作用发挥不理想和救济权利不保障等八个方面剖析了刑事执行检察建议创新发展不足的原因。在此基础上，从更新理念和思维、确定为主责主业、修正刑诉法内容、依托立法新规定、公开宣告和送达、巡回检察增刚性、严把文书质量关和完善权益救济权等八个方面提出了实现刑事执行检察建议创新发展之规范完善路径。

关键词： 刑事执行检察　检察建议　巡回检察

党的十八届四中全会《关于全面推进依法治国若干重大问题的决定》提

---

* 林沂，辽宁省检察院第五检察部部长，检察委员会委员，二级高级检察官；刘忠，法学博士，辽宁省台安县人民检察院代检察长，检察委员会委员，三级高级检察官；王芸，鞍山市检察院刑事执行检察处检察官助理，全国检察机关刑事执行检察业务能手。

出:"检察机关在履行职责中发现行政机关违法行使职权或者不行使职权的行为,应该督促其纠正。"① 习近平总书记在对《决定》的说明中专门强调:"作出这项规定,目的就是要使检察机关对在执法办案中发现的行政机关及其工作人员的违法行为及时提出建议并督促其纠正。"② 2018 年修改的《人民检察院组织法》将检察建议确立为人民检察院行使法律监督职权的方式之一③。最高人民检察院在 2019 年 2 月颁布的《2018—2022 年检察改革工作规划》中提到:"完善检察建议的制作、审核、送达、反馈及质量、效果评估机制,增强检察建议的刚性、精准性和可操作性。"最高人民检察院张军检察长提出,"要努力使检察建议体现刚性、做到刚性"④。如何努力使检察建议体现刚性、做到刚性,成为摆在检察机关新时代创新发展面前一道重要课题。长期以来,检察建议功能和作用发挥得并不尽如人意,建议发出了得不到回复,收到回复了却没有被采纳,采纳了但落实不到位,甚至个别地方存在检察建议被拒绝接受的尴尬与无奈等,这些现象和问题在一定程度、一定范围存在,影响了法律的权威和检察机关的公信力。如何应对和解决检察建议工作中存在的上述现象和问题,真正实现检察建议制度旨趣?本文立足刑事执行检察工作实际,以刑事执行检察建议工作实践为思考对象,同时结合相关立法规定、司法解释和工作制度,对如何摘掉检察建议"刚性不足,柔性有余"的帽子,树立检察建议权威,让检察建议真正成为"带牙的老虎",实现检察建议创新发展,开创检察建议工作新局面进行了粗浅的思考。

---

① 中国共产党第十八届中央委员会第四次全体会议:《中共中央关于全面推进依法治国若干重大问题的决定》,https://cpc.people.com.cn。
② 关于《中共中央关于全面推进依法治国若干重大问题的决定》的说明,https://cpc.people.com.cn.2019-02-28。
③ 《人民检察院组织法》第二十一条:人民检察院行使本法第二十条规定的法律监督职权,可以进行调查核实,并依法提出抗诉、纠正意见、检察建议。有关单位应当予以配合,并及时将采纳纠正意见、检察建议的情况书面回复人民检察院。抗诉、纠正意见、检察建议的适用范围及其程序,依照法律有关规定。
④ 张军:《深圳大检察官研讨班上的讲话》,《人民日报》2018 年 8 月 8 日。

一、创新发展不足之症状分析

(一) 制发态度不刚性

对刑事执行检察建议意义、功能和作用认识不到位,导致制发检察建议态度不刚性,制发的检察建议刚性效果不佳。司法实践中,一定范围、一定时期、一定程度存在着这样几种制发检察建议刚性态度不刚性的表征:一是形式主义,认为制发检察建议就是一种过场、一种形式,往往一发了之,对建议采纳、回复和落实情况不闻不问;二是保护主义,把制发检察建议当成保护自己的挡箭牌,出了问题作为推卸工作责任的一个搪塞理由;三是无用主义,认为制发检察建议没有实际用处,不仅对被建议单位没有任何强制约束力,对方不采纳毫无办法,而且还会让检察机关丢面子;四是功利主义,为了业绩考核或面子形象而刻意制发检察建议等。之所以存在上述几种表征,主要在于有的检察干警,甚至有的领导对检察建议思想认识不到位,对检察建议的意义、功能和作用认识有偏差,没有将检察建议看作体现和实现法律监督职能、参与社会综合治理的一种重要手段,没有树立起一种制发检察建议的刚性态度,导致检察建议成了"烂尾工程"①。特别在检察事业进入中国特色社会主义新时代底色下,在党中央决定、人大立法和最高人民检察院顶层设计日益完善、国家监察体制改革、检察机关职务犯罪侦查和预防职能整体转隶以及司法责任制改革不断深入推进等多重背景下,没有与时俱进地认识到制发检察建议的潜力和价值。

(二) 主责主业不涵盖

没有将制发检察建议作为刑事执行检察的一项主责主业。制发检察建议一直被当作刑事执行检察的一种辅助监督手段,而非一项主要业务。由于制发检察建议不是刑事执行检察的主责主业,导致有的检察干警对其的态度和做法是可做可不做,可发可不发,可口头的就不用书面的,随意性较大。时

---

① 《严防烂尾工程 检察建议要做到刚性》,https://baijiahao.baidu.com/s?id=1612584834926133171&wfr=spider&for=pc。

间长了，制发检察建议就被看成了一项可有可无的工作、一项可做可不做的工作、一项做好做坏无所谓的工作和一项被边缘化的工作，检察建议刚性不足、柔性有余和"不太好使"的形象就自然而然形成了。多年来，从最高人民检察院到基层人民检察院，制发刑事执行检察建议一直没有被视为一项主责主业，从1954年《人民检察院组织法》将检察建议确定为"一般监督"[①]工作方法，到2009年最高人民检察院制定《人民检察院检察建议工作规定（试行）》，刑事执行检察部门（原监所检察部门）一直没有对检察建议给予足够重视，缺少足够研究，这可以从最高人民检察院2015年《关于全面加强和规范刑事执行检察工作的决定》明确的刑事执行检察11项业务职能[②]、各地各级检察机关刑事执行检察工作计划、部署的专项活动以及具体工作落实中得到佐证。与之形成鲜明对比的是，近年来，检察建议在民事、行政和公益诉讼场域却得到快速发展。2013—2017年，全国检察机关在对民事诉讼和执行活动履行监督职责过程中，通过抗诉、检察建议等方式提出监督意见27.1万件[③]。

（三）立法供给不协调

2012年以来，检察建议立法供给主要体现在民事、行政和公益诉讼场域，对刑事执行检察场域关注不够，暴露出检察建议立法供给不协调的问题。例如，2012年修订的《民事诉讼法》和2014年修订的《行政诉讼法》在审判监

[①] 1954年《人民检察院组织法》第三条：最高人民检察院对于国务院所属各部门、地方各级国家机关、国家机关工作人员和公民是否遵守法律，行使检察权。第四条第一项第一款：地方各级人民检察院，依照本法第二章规定的程序行使下列职权：一、对于地方国家机关的决议、命令和措施是否合法，国家机关工作人员和公民是否遵守法律，实行监督。

[②] 《最高人民检察院关于全面加强和规范刑事执行检察工作的决定》第五条：（1）对人民法院、公安机关和监狱、看守所、社区矫正机构等执行机关执行刑罚活动和人民法院执行没收违法所得及其他涉案财产的活动是否合法实行监督；（2）对减刑、假释、暂予监外执行的提请、审理、裁定、决定、执行活动是否合法实行监督；（3）对监管被刑事拘留、逮捕和指定居所监视居住的犯罪嫌疑人、被告人的活动是否合法实行监督；（4）对犯罪嫌疑人、被告人的羁押期限是否合法实行监督；（5）对被逮捕后的犯罪嫌疑人、被告人进行羁押必要性审查；（6）对强制医疗执行活动是否合法实行监督；（7）对刑执行机关的监管活动是否合法实行监督；（8）查办和预防刑事执行活动中的职务犯罪；（9）对罪犯又犯罪案件审查逮捕、审查起诉、出庭公诉，对罪犯又犯罪案件的立案、侦查、审判活动是否合法实行监督；（10）受理刑事被执行人及其法定代理人、近亲属、辩护人、诉讼代理人的控告、举报和申诉；（11）其他事项。

[③] 张军：《关于人民检察院加强对民事诉讼和执行活动法律监督工作情况的报告——2018年10月24日在第十三届全国人民代表大会常务委员会第六次会议上》。

督程序中增加规定了再审检察建议[①]，2017年修改的《行政诉讼法》增加规定了诉前检察建议[②]这种监督形式和手段。除了刑事执行检察场域与民事、行政和公益诉讼场域之间的立法供给不协调，该问题还体现在刑事执行检察场域内部检察建议立法规定之间的不协调上，通过对刑事执行检察有关检察建议立法规定的梳理和分析可以得出这样的认识：一方面，有的立法规定体现出相对刚性的特点，如2018年《刑事诉讼法》第九十五条规定："犯罪嫌疑人、被告人被逮捕后，人民检察院仍应当对羁押的必要性进行审查。对于不需要继续羁押的，应当建议予以释放或者变更强制措施。有关机关应当在十日以内将处理情况通知人民检察院。"该法规定通过"应当"和"十日"的表述体现出捕后羁押必要性审查案件检察建议的刚性特点。另一方面，有的立法规定又体现出相对柔性的特点，如2018年《刑事诉讼法》第二百六十六条规定："监狱、看守所提出暂予监外执行的书面意见的，应当将书面意见的副本抄送人民检察院。人民检察院可以向决定或者批准机关提出书面意见。"该法规定中"可以"的表述以及书面意见回复期限的模糊又使得该规定刚性不足、柔性有余等。目前的《刑事诉讼法》及其规则存在着多处类似这样的规定，有的刚性，有的柔性，暴露出刑事执行检察场域内部检察建议立法供给不协调的问题。

（四）诉讼特点不鲜明

随着传统监所检察向现代刑事执行检察的嬗变，检察建议在刑事执行检察工作中的地位、功能和作用与往日相比，已不容小觑。检察建议不仅是刑

[①] 《民事诉讼法》第二百零八条：地方各级人民检察院对同级人民法院已经发生法律效力的判决、裁定，发现有本法第二百条规定情形之一的，或者发现调解书损害国家利益、社会公共利益的，可以向同级人民法院提出检察建议，并报上级人民检察院备案；也可以提请上级人民检察院向同级人民法院提出抗诉。各级人民检察院对审判监督程序以外的其他审判程序中审判人员的违法行为，有权向同级人民法院提出检察建议。《行政诉讼法》第九十三条第二款、第三款：地方各级人民检察院对同级人民法院已经发生法律效力的判决、裁定，发现有本法第九十一条规定情形之一，或者发现调解书损害国家利益、社会公共利益的，可以向同级人民法院提出检察建议，并报上级人民检察院备案；也可以提请上级人民检察院向同级人民法院提出抗诉。各级人民检察院对审判监督程序以外的其他审判程序中审判人员的违法行为，有权向同级人民法院提出检察建议。

[②] 《行政诉讼法》第二十五条第四款：人民检察院在履行职责中发现生态环境和资源保护、食品药品安全、国有财产保护、国有土地使用权出让等领域负有监督管理职责的行政机关违法行使职权或者不作为，致使国家利益或者社会公共利益受到侵害的，应当向行政机关提出检察建议，督促其依法履行职责。行政机关不依法履行职责的，人民检察院依法向人民法院提起诉讼。

事执行检察的一种重要监督手段，同时也应是其中一项需要系统思考和安排的重要诉讼业务工作。因此，制发检察建议应体现出鲜明的诉讼特点，即一份检察建议从始至终应包括立案、调查、核实、审核、批准、制发、回复、立卷、归档等体现诉讼特点的内容。但受传统监所检察理念和思维的影响，实践中的刑事执行检察建议诉讼化建设一直比较薄弱，诉讼特点始终不鲜明。

一是制发检察建议没有被视为一项诉讼业务，对检察建议没有形成独立的诉讼理念和思维，对检察建议在刑事执行检察中的地位、功能和作用研究不够；二是制发检察建议过程过于简单和随意，仅停留在制发环节，对制发前的立案、调查、核实、审核、批准以及制发后的监督落实和立卷归档等环节重视不够。

之所以存在刑事执行检察建议诉讼化建设比较薄弱、诉讼特点不够鲜明的问题，根本在于刑事执行检察建议一直未受到足够重视。长期以来，无论理论界还是实务界，对其专门的研究和探索始终处于粗浅层面和起步阶段，没能及时跟上检察制度、检察工作发展和变化的节奏。虽然2009年最高人民检察院制定了《人民检察院检察建议工作规定（试行）》，但该规定仅11条，一是过于原则和宏观，可操作性不强；二是没有能体现出检察建议诉讼特点的制度设计，所以该规定对推动刑事执行检察建议创新发展未产生实质性影响。

（五）工作手段不管用

以2017年11月5日全国人大常委会《关于在全国各地推开国家监察体制改革试点工作的决定》和2018年《刑事诉讼法》实施为节点，检察机关对职务犯罪的侦查权先后经历了全部有、全部无[1]和部分有[2]的转换过程。在检

---

[1] 全国人民代表大会常务委员会《关于在全国各地推开国家监察体制改革试点工作的决定》：三、在试点工作中，暂时调整或者暂时停止适用《中华人民共和国行政监察法》，《中华人民共和国刑事诉讼法》第三条、第十八条、第一百四十八条以及第二编第二章第十一节关于检察机关对直接受理的案件进行侦查的有关规定，《中华人民共和国人民检察院组织法》第五条第二项，《中华人民共和国检察官法》第六条第三项，《中华人民共和国地方各级人民代表大会和地方各级人民政府组织法》第五十九条第五项关于县级以上的地方各级人民政府管理本行政区域内的监察工作的规定。其他法律中规定由行政监察机关行使的监察职责，一并调整由监察委员会行使。

[2] 全国人民代表大会常务委员会关于修改《中华人民共和国刑事诉讼法》的决定：二、将第十八条改为第十九条，第二款修改为："人民检察院在对诉讼活动实行法律监督中发现的司法工作人员利用职权实施的非法拘禁、刑讯逼供、非法搜查等侵犯公民权利、损害司法公正的犯罪，可以由人民检察院立案侦查。对于公安机关管辖的国家机关工作人员利用职权实施的重大犯罪案件，需要由人民检察院直接受理的时候，经省级以上人民检察院决定，可以由人民检察院立案侦查。"

察机关对职务犯罪案件"全部有"侦查权时期,刑事执行检察建议工作可以依托查办案件优势和条件比较顺利地开展,但职务犯罪案件侦查权从检察机关剥离出去以后,就缺少比较管用的工作手段了。由于缺少"依托侦查权"这个管用的工作手段,导致检察建议工作有时会处于一种无奈无助的尴尬状态。例如,针对监狱、看守所等刑事执行单位暴露出来的倾向性和苗头性问题,检察干警在调查核实过程中就会遇到因对方不配合而无法进行下去的窘境;再如调阅卷宗、查阅账目等工作,如果对方不配合,检察干警往往无计可施,如果以办案角度开展工作,又存在执法不规范之嫌;等等。实践中之所以存在这样的问题,与缺少侦查权及与之相关的管用工作手段有直接关系,特别是缺少调查核实手段。检察建议同检察抗诉、纠正违法一样,需要有调查核实手段做后盾,在缺少调查核实手段的情况下,刑事执行检察建议质量不高、刚性不足、效果不好也就在所难免了。"建议对检察机关开展调查核实工作作出规定。"① "抗诉、纠正意见和检察建议是检察机关行使法律监督职权的主要方式,要求有关单位及时将采纳纠正意见、检察建议的情况书面回复人民检察院,对提升纠正意见、检察建议的监督实效具有重要意义。"②

(六) 形式内容不统一

"刚性的检察建议主要应包括内容刚性、形式刚性和监督措施刚性。"③ 刑事执行检察建议与民事、行政和公益诉讼等检察建议一样,也应是内容刚性、形式刚性和监督措施刚性三者的有机统一。长期以来,刑事执行检察干警在开展检察建议工作中,对三者应作为一个有机统一整体看待的认识不足,重视程度不够。

一是对内容刚性认识不足,重视程度不够。体现在文书写作质量上,虽然问题指出得准确,建议提出得合理,但是要么欠缺释法性、说理性、逻辑性,要么缺乏可行性、规范性、操作性,导致检察建议对被建议单位没有说服力和感染力,没有认同感。二是对形式刚性认识不足,重视程度不够。检

---

① 郑博超:《以立法形式巩固司法改革成果》,《检察日报》2018年10月24日。
② 姜洪:《新修订人民检察院组织法:检察制度新里程》,《检察日报》2018年10月27日。
③ 吴晨:《民事检察监督:判断标准与争议性质相符》,《检察日报》2018年11月12日。

察建议送达形式过于简单和随意,要么通过机要形式邮寄送达,要么通过派员形式直接送达,要么通过转交形式间接送达。不论通过哪种形式,都缺少仪式感、庄重感和权威感,检察建议质效无形中打了折扣,得不到彰显。三是对监督措施刚性认识不足,重视程度不够。没有学会借力监督,没有引入监狱、看守所等刑事执行单位主管或上级部门代表以及社会代表等参与的监督机制,未形成上级和舆论监督气场,对被建议单位未能形成压力传导效应。

之所以存在上述问题,与对检察建议形式刚性、内容刚性和监督措施刚性三者应作为一个有机统一整体认识不足、重视程度不够有着直接关系,刚性十足的检察建议不仅需要内容刚性,同时也需要形式刚性和监督措施刚性。

(七) 作用发挥不理想

2018年8月,最高人民检察院部署对监狱实行巡回检察试点以来,各试点省(区、市)检察机关高度重视,认真组织,细化方案,扎实推进,巡回检察试点工作取得初步成效。在看到成绩的同时,也应看到巡回检察中存在的问题,其中之一,就是有的试点单位检察建议作用发挥不够理想,刚性效果不够显著,影响了巡回检察质效。

之所以存在这样的问题,主要在于有的试点单位对最高人民检察院张军检察长提出的"要推进巡回检察试点深入健康开展,激发刑事执行检察新活力,增强检察机关法律监督实效,促进落实总体国家安全观"[①]的精神领会不到位,没有从本质上认识到检察建议是激发刑事执行检察新活力的重要手段,是增强检察机关法律监督实效的有力措施,是促进落实总体国家安全观的有力推手。这体现在巡回检察中,没有认识到巡回检察中发现的很多倾向性或苗头性问题,是需要通过口头或书面检察建议这种方式和手段进行纠正,特别是需要书面检察建议进行纠正的,书面检察建议在巡回检察中起着"清单"

---

① 张军:《敢闯敢试! 巡回检察试点要用这些方式提升巡回效果》,https://baijiahao.baidu.com/s? id=16099653450530856888&wfr=spider&for=pc。

"枢纽"和"杠杆"作用,是其他监督手段替代不了的。由于认识的局限性,有的试点单位制发的检察建议,无论在数量上还是在质量上,都与监狱暴露出来的显性问题和存在的隐性问题不相匹配,结果是"清单"不清晰,"枢纽"未运转,"杠杆"没撬动,一定程度上影响了巡回检察阶段性工作成效的取得。

(八) 救济权利不保障

监狱、看守所等刑事执行单位和相关人员复议复核救济权的缺失,也是刑事执行检察建议刚性效果不足的一个重要因素。司法实践中,不可避免地存在有的检察建议指出的问题不够准确,提出的建议不尽合理等现象;也不排除有的检察机关或检察干警滥用检察建议以达到部门或个人利益等问题。针对这样的检察建议,监狱、看守所等刑事执行单位和有关人员是不服气的。因相关检察制度设计中没有不服检察建议的复议复核救济权,无论是《刑事诉讼法》《人民检察院刑事诉讼规则(试行)》,还是2009年《人民检察院检察建议工作规定(试行)》等,对不服检察建议的复议复核救济权都未做出规定。这导致检察建议工作开展中,监狱、看守所等刑事执行单位和相关人员要么哑巴吃黄连,有苦说不出,心里对检察机关有意见;要么碍于检察机关监督地位,表面上照单全收,内心里并不真正接受,想办法在落实整改上打折扣、找平衡;要么在不同场合对检察建议内容品头论足,说三道四,刻意贬损,有损检察机关形象和权威。

实践中之所以存在这样的症状,在于检察建议制度设计存在一定的不科学和不合理之处,特别是缺少权益保障救济的制度安排和设计。当监狱、看守所等刑事执行单位和相关人员认为检察建议存在一定瑕疵或问题,有损自身正当或合法权益时,应当有向发出建议的检察机关提出权益保障的复议权,如果对复议结果仍然不服,还可以有向上级检察机关申请救济的复核权。唯有如此,制发的检察建议才能令监狱、看守所等刑事执行单位和相关人员心悦诚服,才能彰显和树立检察机关的公信力和权威,但在最高人民检察院2018年12月《人民检察院监狱巡回检察规定》印发前和2019年2月《人民检察院检察建议工作规定》出台前的相关制度设计中缺少这样的安排和设计。

二、实现创新发展路径之思考

（一）更新理念和思维

如前文所述，检察建议面临着人民检察发展史上前所未有之大好发展机遇，国家重视愈来愈凸显，立法支撑愈来愈牢固，顶层设计愈来愈完善。刑事执行检察干警要适应刑事执行检察工作新发展新变化新要求，及时更新检察建议工作理念和思维。

一要树立刚性理念和思维。在制发检察建议过程中，刚性理念和思维要具体转化为制发检察建议的刚性态度、刚性信心和刚性决心，要坚信检察建议能够做成刚性，能够做到刚性，能够通过立法支撑、模式改造和跟踪监督等实现检察建议刚性效果。二要树立系统理念和思维。应然状态下的检察建议绝不是简单的"写+发"，而是一项"N+写+发+N"的系统工作，是由事前调查、事中制发、事后跟踪及形式、内容和监督组成的有机统一整体。三要树立诉讼化理念和思维。刑事执行检察建议不仅是一种监督手段和工作措施，更是刑事执行诉讼过程的一个重要环节，它有确保相关法律得到统一正确实施及改变诉讼状态的实体、程序功能和作用。四要树立办案理念和思维。要将制发检察建议过程当作办理案件过程，制发一起检察建议就是办理一起监督案件。"要建立健全线索受理、立案、依法审查或调查核实、审批处理、复议复核、跟踪整改、结案归档等完备的司法程序。"① 五要树立双赢多赢共赢理念和思维。刑事执行检察建议也是检察机关参与社会综合治理、构建和谐社会、向社会输出优质检察产品的一种重要手段和渠道，是实现检察工作双赢多赢共赢的有力抓手。"确立这一程序和制度，在政治上，是社会治理水平和治理能力现代化在司法方面的重要体现。"②

---

① 王守安：《规范监督 加强办案 推动新时代刑事执行检察工作实现新发展——在全国检察机关刑事执行检察工作座谈会暨重点业务培训班讲话（2018年6月4日）》。

② 樊崇义：《理性认识"认罪认罚从宽"》，《检察日报》2019年2月16日。

（二）确定为主责主业

要抓住《人民检察院组织法》将检察建议确立为人民检察院行使法律监督职权方式之一，以及《2018—2022年检察改革工作规划》对检察建议制度作出顶层设计的历史机遇，把制发检察建议确定为刑事执行检察的一项主责主业，与强制措施执行、刑罚执行、强制医疗执行和刑事执行职务行为监督等工作同等对待，同等予以研究、部署和落实。

一要明晰主责主业的角色定位。从最高人民检察院条线范畴明确制发检察建议在刑事执行检察中的主责主业角色，以制度形式予以固定，建议适时修改最高人民检察院2015年制定的《关于全面加强和规范刑事执行检察工作的决定》，明确检察建议主责主业地位。二要制定或细化检察建议工作流程。建议各地结合刑事执行检察工作实际，根据最高人民检察院2019年2月颁布的《人民检察院检察建议工作规定》相关内容，进一步细化刑事执行检察建议工作流程，与监狱、看守所等刑事执行单位联合会签或出台检察建议落实机制和办法，明确检察建议适用范围、制发程序、工作方式、跟踪落实和责任追究等内容，使制发检察建议有章可循，规范开展。三要纳入宏观工作计划，要将制发检察建议作为今后刑事执行检察部门年度工作计划的一部分，通过绩效考核、案件评查、精品检察建议发布等保障措施确保检察建议工作常态化开展。四要更新统一业务应用系统执检子系统，将制发检察建议从其他业务中独立出来，对其进行网上流转、网上管理和网上监控。五要加强对制发检察建议作为主责主业的基础理论研究，通过总结实践认识和经验，将其上升为理论成果。然后通过理论成果再反哺检察建议工作实践，推动检察建议工作规范、科学和深入发展，不断夯实检察建议作为主责主业在刑事执行检察中的基础地位。

（三）修正刑诉法内容

修正《刑事诉讼法》及刑诉规则中刚性不足的刑事执行检察建议相关规定，赋予刑事执行检察建议刚性品质。例如，2018年《刑事诉讼法》第二百七十六条规定："人民检察院对执行机关执行刑罚的活动是否合法实行监督。如果发现有违法的情况，应当通知执行机关纠正。"从该规定可以看出，执行机关对于人民检察院通知纠正的形式（检察建议和纠正违法）及是否应当在规定期限内回复没有做出刚性规定，这使得该规定在实践中不具有可操作性，甚至形同虚设，只具有形式意义，而无实质意义。

笔者建议，在立法修改时，将最后一句话修正为："应当以检察建议或纠正违法形式监督执行机关纠正，执行机关应当在三十日或十日内将纠正情况书面回复人民检察院。"最高人民检察院张军检察长指出："无论是对公安机关、审判机关，还是对政府有关部门提出的检察建议，都要把问题指得精准，解决建议于法有据、合情合理，可行性、操作性要强，同时就落实检察建议的期限提出要求。"① 所以，《刑事诉讼法》中刚性不足的刑事执行检察建议相关规定应通过修正赋予其刚性特点，刑诉规则中的相关规定也应如此修正。其他刑事执行检察司法解释或工作规定中刚性不足的检察建议规定也应适时进行修改完善，让刑事执行检察建议"长牙""带电"。"检察建议作为检察监督的重要手段，应在立法层面进行更加系统高位的规范。"② 在修正《刑事诉讼法》和刑诉规则刑事执行检察建议相关规定基础上，相应地对《最高人民法院关于适用〈中华人民共和国刑事诉讼法〉的解释》以及公安部《公安机关办理刑事案件程序规定》等内容作出修正，使之形成较完整的检察建议立法链条。

（四）依托立法新规定

要依托 2018 年《刑事诉讼法》赋予检察机关的部分职务犯罪案件侦查权和新《人民检察院组织法》增加的调查核实权两个管用手段，实现刑事执行检察建议创新发展。

一要依托部分职务犯罪案件侦查权管用手段。查办案件是实现刑事执行检察建议刚性效果最有效的手段，检察干警应充分用好与刑事执行检察有关的职务犯罪案件侦查权，在独立或配合相关部门查办滥用职权、玩忽职守、徇私舞弊减刑假释暂予监外执行、虐待被监管人等案件过程中，自始至终贯

---

① 张军：《深圳大检察官研讨班上的讲话》，《人民日报》2018 年 8 月 8 日。
② 郑学磊：《增强检察建议刚性　充分发挥监督作用》，《检察日报》2018 年 10 月 22 日。

穿检察建议理念和思维,关注案件背后存在问题的深层次原因,在查清有关事实和固定相关证据的基础上,精准指出存在的问题并提出检察建议。二要依托调查核实权管用手段。"调查核实是检察机关履行法律监督职责的一个有力保障,检察机关只有通过相关的调查核实才能确定违法情况,并据此提出督促意见和检察建议。"① 针对存在的问题,检察干警要充分利用2019年《人民检察院检察建议工作规定》明确的七项调查核实权②,通过调阅案卷材料和其他文件资料,查询、调取、复制相关证据资料,向有关单位及其工作人员了解情况,向当事人或者案外人询问取证和委托鉴定、评估、审计等调查核实手段,确保问题查清,原因找准,在此基础上,制发高质量检察建议。发出检察建议后,要督促和监督监狱、看守所等刑事执行单位认真落实检察建议并在规定期限内书面回复人民检察院,让2018年《人民检察院组织法》第二十一条③规定真正落到实处。

(五)公开宣告和送达

根据2019年公布的《人民检察院检察建议工作规定》第十八条④关于现场宣告送达相关规定,借鉴公益诉讼诉前检察建议公开宣告和送达成功做法,探索刑事执行检察建议公开宣告和送达方式方法,建立符合刑事执行检察建议公开宣告和送达特点的工作制度,以实现刑事执行检察建议刚性效果。

一要设立公开宣告室。设立刑事执行检察建议公开宣告室,宣告室可以

---

① 郑博超:《以立法形式巩固司法改革成果》,《检察日报》2018年10月24日。
② 《人民检察院检察建议工作规定》第十四条:检察官可以采取以下措施进行调查核实:(一)查询、调取、复制相关证据材料;(二)向当事人、有关知情人员或者其他相关人员了解情况;(三)听取被建议单位意见;(四)咨询专业人员、相关部门或者行业协会等对专门问题的意见;(五)委托鉴定、评估、审计;(六)现场走访、查验;(七)查明事实所需要采取的其他措施。进行调查核实,不得采取限制人身自由和查封、扣押、冻结财产等强制性措施。
③ 《人民检察院组织法》第二十一条:人民检察院行使本法第二十条规定的法律监督职权,可以进行调查核实,并依法提出抗诉、纠正意见、检察建议。有关单位应当予以配合,并及时将采纳纠正意见、检察建议的情况书面回复人民检察院。
④ 《人民检察院检察建议工作规定》第十八条:检察建议书应当以人民检察院的名义送达有关单位。送达检察建议书,可以书面送达,也可以现场宣告送达。宣告送达检察建议书应当商被建议单位同意,可以在人民检察院、被建议单位或者其他适宜场所进行,由检察官向被建议单位负责人当面宣读检察建议书并进行示证、说理,听取被建议单位负责人意见。必要时,可以邀请人大代表、政协委员或者特约检察员、人民监督员等第三方人员参见。

设在刑事执行场所，也可以设在检察机关办公场所，或者在其他适宜场所。二要明确参加人员。鉴于刑事执行检察建议有其自身的特点和价值追求，检察长或副检察长为宣告方代表，刑事执行单位主要领导为被宣告方代表，监狱、看守所等刑事执行单位上级或主管机关应派员参加。同时，可以邀请人大代表、政协委员、人民监督员、执法监督员、律师代表、新闻媒体代表等参加，必要情况下，还可以安排部分刑事被执行人代表或家属代表参加。三要公开送达检察建议。公开宣告后，由检察长或副检察长在宣告室公开送达检察建议，以增加检察建议仪式感、庄重感和权威感。四要公开接受落实情况回复。对于检察建议落实情况的回复，原则上采取与公开宣告和送达相同的方式进行。采取公开方式接受落实情况回复，目的是不仅要接受检察机关的检验和验收，更要接受社会各界的检验和验收，以此倒逼监狱、看守所等刑事执行单位的重视，推动检察建议刚性效果的实现。实践证明，公开宣告和送达是实现刑事执行检察建议刚性效果的一个有效办法。山东省德州市检察院在对德州监狱巡回检察中，针对发现的隐患和存在的问题制作的检察建议，进行公开宣告、示证和送达，在实现检察建议刚性效果的同时，构建了双赢多赢共赢工作格局①。笔者所在的辽宁省鞍山市人民检察院在对监狱巡回检察中也进行了类似的探索和尝试，同样也取得了良好的政治效果、社会效果和法律效果。

（六）巡回检察增刚性

2018年9月，最高人民检察院下发通知，决定在山西、辽宁、黑龙江等12个省（区、市）全面推开检察机关对监狱实行巡回检察试点工作②。试点省（区、市）检察机关应充分用好对监狱巡回检察试点契机，大胆探索和尝试检察建议刚性效果实现路径。

一要学深悟透最高人民检察院张军检察长关于"激发刑事执行检察新活

---

① 匡雪、高忠祥、王亚可：《"文来文往"变为"人来人往"——山东德州：公开宣告送达检察建议》，《检察日报》2018年11月20日。

② 徐日丹：《12省区市全面推开监狱巡回检察试点工作》，《检察日报》2018年9月21日。

力，增强检察机关法律监督实效"①，"改'派驻'为'巡回'，就是主动从'供给侧'进行结构性改革，强化监督刚性，促进更好地改造罪犯，预防监狱在改造罪犯中可能存在的违纪违法问题，努力提供更好的法治产品，满足新时代人民群众在民主、法治、公平、正义、安全、环境等方面新的更高需求"②的讲话精神，找准实现检察建议刚性效果与落实张军检察长讲话精神的结合点和切入点。二要"尝试对于严重违法情况或者存在可能导致执法不公和重大事故等苗头性、倾向性问题，需要向监狱发出纠正违法通知书或者检察建议书的，应当作为监督案件办理，依法提出纠正意见或者建议并落实专人跟踪督促纠正"③。在监督过程中，应突出制发检察建议立案、调查、核实、审核、批准、制发、回复、立卷、归档的诉讼化特点。三要将检察建议刚性效果实现与否作为巡回检察质效评估的一个重要指标。四川省检察院在试点中就明确提出"要把没有硬性要求的检察建议做成刚性，做到刚性"，"对落实检察建议的期限要进行明确，对被监督单位不落实又没有讲清理由的，要层报省院做好接力监督，检察机关在向党委、人大报告工作时，也要如实反映、客观报告"④。其他试点单位都应如四川省检察院一样，努力让每一份检察建议在巡回检察中都发挥积极有效作用，形成检察建议强则巡回检察强的正向反应机制。

（七）严把文书质量关

检察建议文书质量亦是影响检察建议刚性效果实现的一个不可忽略的重要因素。检察建议文书质量应体现问题的准确性、过程的论证性、叙事的说理性、内容的逻辑性、建议的针对性、落实的可行性和用语的规范性。

一要有问题的准确性，问题指出得要精准，要有充分事实和确凿证据予

---

① 张军：《敢闯敢试！巡回检察试点要用这些方式提升巡回效果》，https://baijiahao.baidu.com/s?id=16099653450530856888&wfr=spider&for=pc。
② 张军：《敢闯敢试！巡回检察试点要用这些方式提升巡回效果》，https://baijiahao.baidu.com/s?id=16099653450530856888&wfr=spider&for=pc。
③ 彭波：《8省区市试点监狱巡回检察》，《人民日报》2018年6月1日。
④ 冯健：《冯健检察长在全省检察机关对监狱全面实行巡回检察试点工作部署会上的讲话》，http://www.gj.pro/search/search.html?p=2&pg=10&q=%E5%B7%A1%E5%9B%9E%E6%A3%80%E5%AF%9F&q_or=&q_not=&area=1&pos=1&date=1&fi=p_118。

以支撑。二要有过程的论证性，要运用法律、事例、数字和对比等论证方法，对指出的问题释法论证，使文书具有强烈说服力。三要有叙事的说理性，要结合刑事执行检察工作促进社会公平正义实现的价值追求和目标，用平和贴切的语言叙事说理，使文书具有强烈感染力。四要有内容的逻辑性，文书内容要结构严谨，层次分明，从问题的发现、立案、调查、审核、批准到建议提出，做到环环相扣，顺理成章。五要有建议的针对性，针对问题提出的检察建议要指向明确，具有针对性。六要有落实的可行性，检察建议对于监狱、看守所等刑事执行单位具有即时或一定期限内整改落实的可行性。七要有用语的规范性，检察建议文书遣词造句要严谨规范，平和贴切，避免出现词句瑕疵。最高人民检察院向国家教育部发出的2018年第1号检察建议，就体现出问题提出的准确性、过程的论证性、叙事的说理性、内容的逻辑性、建议的针对性、落实的可行性和用语的规范性。该文书以一起成功抗诉案件为背景，就案件背后暴露出来的校园安全普遍存在的四个问题提出三条整改建议，被教育部采纳并落实。

（八）完善权益救济权

如前文所述，刑事执行检察实践中，检察建议也有可能会出现瑕疵或错误，甚至也有可能会被滥用。为保证检察建议权威和公信力，防止检察建议剑走偏锋，"应赋予监管场所对检察官提出的纠正意见进行复议或复核的权利，以制约检察权"[1]。应赋予监狱、看守所等刑事执行单位和相关人员复议复核救济权。"建立被建议单位的异议机制或者申辩机制，保障其对于不认同的检察建议能自主提出异议，维护其合法权益。"[2] 复议复核救济权不仅不是对检察建议刚性效果的削弱和否定，相反是实现刚性效果的有力保障。2018年11月30日，最高人民检察院第十三届检察委员会第十次会议审议通过的《人民检察院监狱巡回检察规定》，在人民检察史上首次对监狱对检察建议如

---

[1] 李弘：《对监狱进行巡回检察试点的思考》，http：//www.gj.pro/search/search.html?q=%E5%B7%A1%E5%9B%9E%E6%A3%80%E5%AF%9F&area=1&pos=1&date=1&p=1&pg=10&fi=p_118。

[2] 周长军、杨舟：《检察建议的刚性提升与范围控制》，《人民检察》2018年第16期。

有异议的复议复核权做出规定①。2019年2月颁布的《人民检察院检察建议工作规定》第二十三条②也对检察建议异议权做出规定。

笔者认为,检察建议异议权在实践中可分三种情形:一是监狱、看守所等刑事执行单位和相关人员认为检察建议指出的问题或提出的建议存在较大问题时,应当允许其在一定期限内向发出建议的检察机关申请复议,检察机关应当受理、审查并重新调查核实,经过审查并重新调查核实后,检察机关可以做出维持原检察建议、修正原检察建议或撤销原检察建议的决定。二是监狱、看守所等刑事执行单位和相关人员对复议结果不服的,可以向发出建议的上级检察机关申请复核,上级检察机关应当受理、审查,经过审查,上级检察机关应当做出维持原检察建议、撤销原检察建议或发回重新调查核实的决定。三是在监狱、看守所等刑事执行单位和相关人员申请复议复核期间,原检察建议应保持有效状态。可见,赋予监狱、看守所等刑事执行单位和相关人员复议复核救济权,既是检察建议运行机制的不断完善,又是对检察建议监督制约,实现检察建议刚性效果的一个必不可少的手段。

三、结语

除上述实现刑事执行检察建议创新发展路径之思考外,笔者认为,建立和完善向人大常委会报告制度、与监察委员会衔接制度,在人民检察院案件信息公开网建立刑事执行检察建议文书库等,都是实现刑事执行检察建议创新发展应予考虑的必要手段。总之,作为检察建议的一个类别,刑事执行检察建议不同于民事行政检察的再审检察建议和公益诉讼的诉前检察建议,也

---

① 《人民检察院监狱巡回检察规定》第十八条:监狱对人民检察院的纠正违法通知书和检察建议书如有异议,可以向人民检察院要求复议。人民检察院应当进行审查并提出复议意见,报经分管检察长审核后,向监狱发出复议决定书。监狱对于复议决定仍有异议的,可以向上一级人民检察院提请复核。上一级人民检察院应当进行审查并提出复核意见,经分管检察长审核后,报检察长决定。

② 《人民检察院检察建议工作规定》第二十三条:被建议单位对检察建议提出异议的,检察官应当立即进行复核。经复核,异议成立的,应当报经检察长或者检察委员会讨论决定后,及时对检察建议书做出修改或者撤回检察建议书;异议不成立的,应当报经检察长同意后,向被建议单位说明理由。

有别于捕诉部门的量刑检察建议等,有其自身存在和发挥作用的时空、特点和要求。尤其是检察建议刚性效果实现不仅关乎刑事执行检察权威和公信力,更关乎社会治理体系和治理能力现代化总目标的实现、刑事执行法律的统一正确实施和刑事被执行人员合法权益的保障。"完善检察建议制度是新时代中国特色社会主义检察制度创新发展的重要内容,也是今后一个时期检察机关法律监督工作的重要着力点。"[1] "在司法体制改革深化背景下,如何调整检察建议的内容以及行使方式,使检察机关的职能转型成为发展的转机,在新时代中更好地履行法律所赋予的职责,是需要研究的重要问题。"[2] 从最高人民检察院到基层人民检察院,从理论界到实务界都应该对此予以高度重视。

---

[1] 戴佳、徐日丹:《2018年提出检察建议25万余件 采纳率超八成》,《检察日报》2019年2月27日。

[2] 王敏远:《检察建议工作面临的新情况与新思路》,《人民检察》2018年第16期。

[案例分析]（本栏目主持：刘颖）

家庭自用车辆从事网约车营运导致"危险程度显著增加"的判定

——程春颖诉张涛、中国人民财产保险股份有限公司南京市分公司机动车交通事故责任纠纷案评释

王　甜　于骥冲[*]

摘　要：通过"程春颖诉张涛、中国人民财产保险股份有限公司南京市分公司机动车交通事故责任纠纷案"这一公报案例，表达出法院面对以家庭自用名义投保的车辆从事网约车营运活动，判定为危险程度显著增加的肯定态度。突出发生使用性质改变在判定"危险程度显著增加"中的核心地位。但囿于家庭自用车辆从事网约车营运的不同情形的复杂性与引发保险赔付的交通事故发生时点的差异性，使得概括抽象的认定由家庭自用性质向营运性质转变引发的"危险程度显著增加"，有必要逐渐细化不同情境下针对危险程度的具体评价，亦提出作为"危险程度显著增加"与保险责任承担之间承接关联点的近因原则的说明与对通知义务的思考。

关键词：危险程度显著增加　使用性质　近因原则　通知义务

一、案例梳理

1. 基本案情

2015年7月28日下午，张涛通过打车软件接到网约车订单一份，订单内

---

[*] 王甜，上海大学法学院硕士研究生；于骥冲，上海政法学院法律学院本科生。

容为将乘客从南瑞集团送至恒大绿洲小区。张涛驾驶苏 A×××××号轿车至南瑞集团，接到网约车乘客。17 时 5 分许，张涛驾驶苏 A×××××号轿车搭载网约车乘客，沿前庄路由西向东行驶至清水亭东路丁字路口往南右转弯过程中，遇原告程春颖驾驶电动自行车沿清水亭东路由北向南通过该路口，两车碰撞，致程春颖受伤、车辆损坏。南京市公安局江宁分局交通警察大队以无法查清程春颖遵守交通信号灯的情况为由，出具宁公交证字〔2015〕第 0018 号道路交通事故证明。

苏 A×××××号轿车所有人为张涛，行驶证上的使用性质为"非营运"，该车在被告中国人民财产保险股份有限公司南京市分公司（简称人保南京分公司）投保了机动车交通事故责任强制保险（简称交强险）、保额为 100 万元的商业三者险及不计免赔率险，保险期间均自 2015 年 3 月 28 日起至 2016 年 3 月 27 日止。保单上的使用性质为"家庭自用汽车"。

原告程春颖向法院提出的诉讼请求为：判令被告张涛、人保南京分公司支付医药费、住院伙食补助费等，合计 255 339.75 元。

被告张涛辩称，张涛承认原告主张的事故发生及投保的事实；张涛驾驶的轿车在被告人保南京分公司投保了交强险和商业三者险，应当由人保南京分公司在交强险和商业三者险内赔偿。

被告人保南京分公司辩称，人保南京分公司承认原告主张的事故发生及投保的事实；被告张涛驾驶家庭自用车辆从事客运经营活动，属于改变车辆用途，导致保险标的危险程度显著增加，且未通知保险公司，保险公司根据保险法规定和商业三者险条款约定在商业三者险内予以免赔。

法院经审理后认为，被告张涛驾驶机动车向右转弯应当避让原告程春颖驾驶非机动车直行，其存在过错，且未能举证证明原告存在过错行为，故认定张涛负事故全部责任，程春颖因本次交通事故产生的损失首先应由被告人保南京分公司在交强险责任限额内予以赔偿。

同时，认定张涛的营运载客行为使被保险车辆危险程度显著增加，张涛应当及时通知人保南京分公司却未履行其通知义务，且其营运行为导致了本次交通事故的发生,故人保南京分公司在商业三者险内不负赔偿责任[1]。

2. 案件争点

涉案的使用性质为"家庭自用"的事故车辆用于网约车营运能否导致保险标的危险程度显著增加,进而使得保险公司在商业险范围内免赔?即在网约车交通事故责任纠纷案件中,保险标的危险程度显著增加的判定及其所导致的法律后果问题。

3. 裁判结果及裁判理由

(1) 裁判结果。

原告程春颖因本次交通事故产生的赔偿费用由被告人保南京分公司在交强险责任限额内赔偿12万元,剩余部分由被告张涛赔偿。人保南京分公司在商业三者险内不负赔偿责任。

(2) 裁判理由。

第一,依据《中华人民共和国道路交通安全法》(简称《道路交通安全法》)第七十六条[2]规定,认定本次交通事故责任划分。本案中,被告张涛由于存在违反转弯避让直行的过错行为且不能证明原告方存在过错,故基于《道路交通安全法》第七十六条的规定,被告张涛负事故全部责任,首先由保险公司在交强险责任限额内赔偿原告遭受的损失。

第二,通过对比营运活动与家庭自用是否具有营利目的、服务对象是否存在特定关系两处区别,得出被告张涛通过打车软件接网约车订单的行为,符合营运特征;同时,由于保险费与车辆的危险程度为对价关系,营运车辆相较家庭自用车辆而言,运行里程多、使用频率高、发生交通事故的概率也更大,故营运车辆的保费显著高于家庭自用车辆。依据《中华人民共和国保

---

[1] 《程春颖诉张涛、中国人民财产保险股份有限公司南京市分公司机动车交通事故责任纠纷案》,《最高人民法院公报》2017年第4期。

[2] 《道路交通安全法》第七十六条:"机动车发生交通事故造成人身伤亡、财产损失的,由保险公司在机动车第三者责任强制保险责任限额范围内予以赔偿;不足的部分,按照下列规定承担赔偿责任:……(二)机动车与非机动车驾驶人、行人之间发生交通事故,非机动车驾驶人、行人没有过错的,由机动车一方承担赔偿责任;有证据证明非机动车驾驶人、行人有过错的,根据过错程度适当减轻机动车一方的赔偿责任。"

险法》(简称《保险法》)第五十二条①规定,认定家庭自用性质的汽车改变使用性质为营运车辆,显著增加了被保车辆的危险程度,张涛应当及时通知人保南京分公司,人保南京分公司可以增加保费或者解除合同并返还剩余保费。张涛未履行通知义务,且其营运行为导致本次交通事故发生,故人保南京分公司在商业三者险内不负赔偿责任。

4. 本案判决思路

(1) 交强险限额范围内的保险责任承担。

在机动车交通事故责任纠纷案件中,法院首先通过调查取证,以此划分交通事故责任,明晰各方的责任承担的轻重与大小。交强险具有法定性和强制性,其功能在于对不特定的第三人受害者的损害给以基本的保障,具有明显的公益性和社会保障性质。依据《机动车交通事故责任强制保险条例》第二十一条②、第二十二条③规定情形,本案尚不存在保险公司拒赔的情形,故针对原告程春颖所遭受的损害依法在交强险责任限额范围内予以赔偿。

(2) 商业三者险限额范围内的保险责任承担。

法院将本案以适用《保险法》第五十二条规定为核心,论证符合适用此规定的条件。强调车辆的危险程度与保费是对价关系,区分家庭自用车辆和营运车辆,营运车辆运行里程多,交通事故发生概率高,进而承保风险大,故支付的保费高。从本案中看,被告张涛从事网约车收费营利服务,导致保险标的危险程度增加,且交通事故发生于服务过程中,如若支持被告张涛通过投保家庭自用使用性质车辆保险,享受相对保险公司承保风险更大的营运

---

① 《保险法》第五十二条:"在合同有效期内,保险标的的危险程度显著增加的,被保险人应当按照合同约定及时通知保险人……被保险人未履行前款规定的通知义务的,因保险标的的危险程度显著增加而发生的保险事故,保险人不承担赔偿保险金的责任。"

② 《机动车交通事故责任强制保险条例》第二十一条:"被保险机动车发生交通事故造成本车人员、被保险人以外的受害人人身伤亡、财产损失的,由保险公司依法在机动车交通事故责任强制保险责任限额范围内予以赔偿。"

③ 《机动车交通事故责任强制保险条例》第二十二条:"有下列情形之一的,保险公司在机动车交通事故责任强制保险责任限额范围内垫付抢救费用,并有权向致害人追偿:(一)驾驶人未取得驾驶资格或者醉酒的;(二)被保险机动车被盗抢期间肇事的;(三)被保险人故意制造道路交通事故的。有前款所列情形之一的,发生道路交通事故,造成受害人的财产损失,保险公司不承担赔偿责任。"

车辆保险赔偿，将显失公平，故利用《保险法》第五十二条规定来矫正失衡的局面。同时，保险合同中多为格式条款，依据《中国保险行业协会机动车辆商业保险示范条款》第二十五条第四款规定①，同样可以支持保险公司在商业三者险内不负赔偿责任。

二、现行法律和学说状况

1."危险程度显著增加"基本认定标准通说

保险公司的本质是经营风险的主体，承保风险的大小根本决定了承保险别和保险费的多少。自 2018 年 9 月 1 日起施行的《最高人民法院关于适用〈中华人民共和国保险法〉若干问题的解释（四）》（简称《保险法司法解释四》）第四条②规范了认定构成"危险程度显著增加"的综合考虑因素，概括了影响危险程度评价的主要方面，但此规范列举内容的综合考量仍在很大程度上依赖于法官的自由裁量，面对具体案件时的规范意义并不大。理论与实务界现已基本达成构成《保险法》第五十二条适用的前提，即"危险程度显著增加"判定标准的概括三要素。主要内容如下：

（1）程度要求——重要性。

某要素事实的转变对应的危险必须足以影响保险人决定是否承保或者以何种保险费率承保，实质属于事实判断问题。危险增加的量变达到某一质变程度，方可构成法律或合同基础所不能容忍的质变状态③。

德国《保险合同法》第 27 条规定，如果承保危险并未实质性增加，或者

---

① 《中国保险行业协会机动车辆商业保险示范条款》第二十五条："下列原因导致的人身伤亡、财产损失和费用，保险人不负责赔偿：……（四）被保险机动车被转让、改装、加装或改变使用性质等，被保险人、受让人未及时通知保险人，且因转让、改装、加装或改变使用性质等导致被保险机动车危险程度显著增加。"

② 《最高人民法院关于适用〈中华人民共和国保险法〉若干问题的解释（四）》第四条："人民法院认定保险标的是否构成保险法第四十九条、第五十二条规定的'危险程度显著增加'时，应当综合考虑以下因素：（一）保险标的的用途改变；（二）保险标的的使用范围的改变；（三）保险标的的所处环境的变化；（四）保险标的的因改装等原因引起的变化；（五）保险标的的使用人或者管理人的改变；（六）危险程度增加持续的时间；（七）其他可能导致危险程度显著增加的因素。"

③ 樊启荣：《保险契约告知义务制度论》，中国政法大学出版社 2004 年版，第 339 页。

基于当时的具体情况可以推定增加的危险也应当属于保险合同的承保范围时，该法第 23 条至第 26 条不予适用。这体现出德国保险立法中亦将重要性作为保险标的危险程度增加的判定标准。

车险承保车辆分为家庭自用汽车、非营业用车、营业用车和特种车四大类，基于各类使用车辆的风险程度的不同配备不同的保险费率，故被保险车辆使用性质的转变将是评估危险程度变化的重要影响因素。这也导致在网约车盛行之下，众多家庭自用车主私自转变使用性质从事网约车营运行为发生交通事故纠纷后，基于对危险程度评估的不同进而导致处理结果的不统一。

（2）时间要求——持续性。

某要素事实转变导致的危险程度变化需持续一段期间。持续时间长可能认定为危险程度增加更确定些①。唯有危险的状况具有持续性，通过《保险法》第五十二条来矫正不公失衡进行抗辩方具有合理性。如果危险只是一时的变化，继而又恢复原状的，也不属于危险增加②。因为危险的及时修复和消失对于原有既存状态的影响并不大，如果缺乏此要素的认定，认可极其短暂的危险程度显著增加，这不仅加剧了被保险人的及时通知义务，亦会成为保险公司免赔的滥用理由。

这一标准也同《保险法司法解释四》第四条的认定"危险程度显著增加"中"危险程度增加持续的时间"内容相符合。

（3）范围要求——未被评估性。

发生在保险期间的危险程度增加是保险人在订立合同时未曾估计或未曾预料的情况③，即指事实的转变引发的危险超出了原有承保估算的危险范围，不为原始险别计量保费等所囊括。

如果保险公司同投保人订立保险合同时已经预见到承保的危险，自然保险公司在计算收取保险费时会予以考量，双方合意前提下，此时便不存在对

---

① 胡廷梅：《保险法司法解释（四）（征求意见稿）逐条解读》，《中国保险报》2017 年第 3 期。
② 温世扬：《保险法》，法律出版社 2007 年版，第 110 页。
③ 樊启荣：《保险法》，北京大学出版社 2011 年版，第 90 页。

价失衡、超越评估的危险程度显著增加的情况①。

通过重要性、持续性和未被评估性三项内容构成的基本判定标准,也成为法院司法判决中论证"危险程度显著增加"的有力支撑。

2. 从事网约车营运是否导致保险车辆"危险程度显著增加"

保险公司以投保人或被保险人导致"危险程度显著增加"为由,从而主张拒赔的汽车保险条款依据,见于我国《保险法》及其司法解释和当事人所签订的保险合同的相关格式条款中。除了《保险法司法解释四》第四条提供了构成"危险程度显著增加"的抽象综合考量因素外,未有其他针对此内容的详细规定。这给予理论探讨以及司法实践很大的思考判定空间。

(1) 以"使用性质改变"为核心判定"危险程度显著增加"。

坚持理论与实际相结合的思考研究方法,从我国司法实践中针对网约车运营产生交通事故后的保险赔付结果来看,绝大部分皆是围绕汽车使用性质改变,即从非营运(家庭自用)转变为营运性质,进而导致危险程度显著增加的判断流程。

保险公司作为职业的"风险分析师",依靠其专业的风险评估能力与复杂的计算公式将不同使用性质的车辆,根据各自风险评估结果的大小不同配以高低不等的保险费率,一旦汽车使用性质转变必然伴随以危险程度的改变。

第一,根本性的使用性质改变——登记为家庭自用性质的车辆以从事网约车营运为主,将其作为生活来源的主要谋生手段。从事网约车营运为主,其运行里程多,使用频率高,发生交通事故的概率也自然更大,这既是社会常识,也是保险公司的预估。

此根本性的转变过程中,车辆显然已不属于保险合同所约定的家庭自用性质。无论交通事故发生时间为何,由于保险标的实质已属网约车营运性质车辆,故保险公司以被保险机动车改变使用性质,导致被保险机动车危险程度显著增加为由拒赔商业险,无可厚非。

第二,附条件的使用性质改变——偶尔(或少数)从事网约车营运的不

---

① 参见王静:《保险合同中危险增加的通知义务》,《人民司法》2015年第15期。

同情境下"危险程度显著增加"综合判定。区别于上述根本使用性质的转变情形，因其并非以从事网约车营运为生，故无法将其平常的路上通行过程作为网约车营运整体中的部分看待。此时，便需要结合具体的情境去分析讨论。

一方面，可以通过区分交通事故发生时车辆从事的为顺风车还是网约车服务，可排除部分导致"危险程度显著增加"的情形。

2016年7月，交通运输部、工信部等七部委联合发布的《网络预约出租汽车经营服务管理暂行办法》第二条[①]规定，网约车是具有营利性质的网络预约出租汽车，而第二十八条[②]以及第三十八条[③]明确了顺风车并非提供网约车经营服务的主体，且由各城市人民政府另行规定执行。《北京市私人小客车合乘出行指导意见》、上海市《关于规范本市私人小客车合乘出行的实施意见》等，皆对"合乘出行"（也称拼车、顺风车）予以定义，即是由合乘服务提供者事先发布出行信息，出行路线相同的人选择乘坐驾驶员的小客车、分摊合乘部分的出行成本（燃料费和通行费）或免费互助的共享出行方式，进而奠定了网约顺风车非营利性的基调。同时，网约顺风车运行方式由于其以车主既定到达地点为终点，车辆的行驶范围和路线可控，实质上就囊括于车主家庭自用的目的范围，并未超出车辆的使用性质，更不会导致保险标的车辆的危险程度显著增加。

表1 网约车和顺风车的比较

	营利性	服务性质和资源利用	搭乘出行方式
网约车	以营利为目的	商业运营模式——出租车业务	乘客需求为主
顺风车	分摊出行成本	共享经济——不额外增加道路资源消耗	车主需求为主

[①] 《网络预约出租汽车经营服务管理暂行办法》第二条："本办法所称网约车经营服务，是指以互联网技术为依托构建服务平台，整合供需信息，使用符合条件的车辆和驾驶员，提供非巡游的预约出租汽车服务的经营活动。"

[②] 《网络预约出租汽车经营服务管理暂行办法》第二十八条："任何企业和个人不得向未取得合法资质的车辆、驾驶员提供信息对接开展网约车经营服务。不得以私人小客车合乘名义提供网约车经营服务。"

[③] 《网络预约出租汽车经营服务管理暂行办法》第三十八条："私人小客车合乘，也称为拼车、顺风车，按城市人民政府有关规定执行。"

从表1网约车和顺风车的比较可以看出，无论从营利性、服务性质和资源利用、搭乘出行方式上，顺风车都与网约车存在差别。如若名为网约顺风车，却在分摊费用、出行目的等方面与其要求相背离，则此时可认定网约顺风车具有营运的性质，出行危险程度显著增加。

另一方面，在排除网约顺风车可能性的情况下，面对偶尔从事网约车营运车辆是否构成"危险程度显著增加"问题的处理，不可一概而论。结合实务中许多案例可以看出，主要从以下两点进行分析：

其一，以存在营利目的为基础，辅以其他相关因素的考虑，包括车主同车内所载乘客有无特定关系、是否增加了车辆的使用频率、行驶范围等。如若不以存在营利目的为基础，那么，首先在家庭自用向营运使用性质的转化就无法实现，更不具有打破保险合同中对价平衡的可能性。

其二，适用近因原则最终判定此危险的增加是否属于保险公司可用以拒赔抗辩的显著增加的危险范围，具体至导致交通事故发生时的最直接原因来判断当时的具体情境。例如，被告当事人虽同时注册网约快车业务和网约顺风车业务，但由于其从事快车接单行为数量极少且涉诉事故发生于顺风车运行过程中，故案件中当事人网约快车营运的行为并不足以导致车辆使用性质改变、危险程度显著增加[①]。

通过查阅众多我国相关网约车交通事故责任纠纷类案件，我国目前的做法是，未将事故发生时间点与危险程度增加的判断相关联。无论车主当时处于连接网约车装置等待接单、接单后前往、载客服务中、完成订单行程后返回途中任一阶段，皆将其统一视为网约车营运的一部分。虽然这样的做法或许达致司法上的统一，提高了处理类似案件的效率，但此做法的不合理性也是显而易见的。因为，对于偶尔从事甚至是极少从事网约车营运的车辆，将即使处于等待接单状态或者完成订单后退出网约车装置后的返回途中也视为网约车营运性质，则无论是从营运性质的构成要件还是对保险合同中双方利益影响分析，都不足以支持认定为影响保险人决定是否承保或者以何种保险

---

① 参见北京市第三中级人民法院民事判决书（2018）京03民终2038号。

费率承保的"危险程度显著增加"。同时,保险合同作为典型的格式合同,双方专业水平、信息摄取等方面的不平等,这种不加区分时间点的危险增加的判断更会加剧双方地位的不平等,无法保障投保人、被保险人的保险利益。亦有可能出现混淆根本性使用性质改变与附条件使用性质改变,模糊两者区分意义的风险。

对此,美国合理区分时期并适用不同保险规定的做法,对我国现阶段处理转变使用性质车辆保险赔付问题具有借鉴意义。尤其是考虑到车辆危险程度与保险费的对价关系,通过不同时期对应不同的保险,就能够将不同时期的危险程度差异予以体现,进而引导我们在网约车类案件中规范合理地判定"危险程度显著增加"。

根据自用小客车身份的转换期间,将车主驾驶该车的时期合理区分为四个循环发展时期:自用期、等待期、迎接期和载客期(见图1所示)①。由美国 Metromile 保险公司与 Uber 合作推出的做法,在自用期以及等待期时段,保费总额为基础保费与按行驶里程计算的保费之和;在迎接期和载客期时段,则由 Uber 为网约车乘人员购买商业保险。

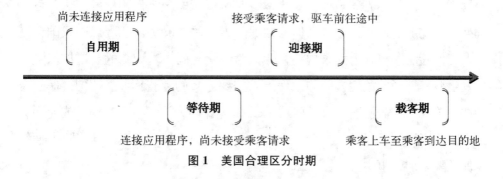

图 1 美国合理区分时期

这种区分不同阶段的保费收取标准明确区分了家庭自用汽车自用和网约车营运阶段,通过不同的保费收取标准对应不同阶段的风险程度大小。这种做法对风险程度的判断更加细化精确,更关注车主自身的风险大小,保费计

---

① 胡云腾:《法院改革与民商事审判问题研究——全国法院第 29 届学术讨论会获奖论文集(下)》,人民法院出版社 2018 年版,第 1029 页。

算更加精准，对车主也更加公平①。同时，将网约车的等待期同自用期适用同样的保费额，在我国同样具有适用的可能性和必要性。因为依据《网络预约出租车经营服务管理细则》第二条的规定，网约车属于非巡游出租汽车。也就是说，网约车是不能够像日常的巡游出租车一样巡游揽客、站点轮排候客的。所以，网约车即使处于营运的等待期，往往车辆趋于定点等待，并不会由于车辆巡游导致运行里程增大、事故发生风险提高，所以同自用期间适用同样的保费具有合理性。

（2）"危险程度显著增加"的通知义务定性。

依据《保险法》第五十二条的规定，保险标的的危险程度显著增加的，被保险人应当按照合同约定及时通知保险人。针对此通知义务究竟为法定义务抑或合同约定义务，学界观点不一。

有的学者严格依据法条的文义解释出发，认为既然法律明确规定被保险人应当按照合同约定负通知义务，那么如果合同未约定，则被保险人不负有基于危险程度显著增加的相应的具体通知义务②。我国司法实践亦有法院判决论证承认了约定义务的性质。有的学者则从保险合同的双方对风险变化的掌控程度以及保险标的危险程度变化本身对于保费的决定作用出发，认为危险程度显著增加的通知义务应当作为被保险人的法定义务。此观点同我国台湾所谓"保险法"第五十九条规定，即认为保险合同中未记载的会增加保险事故发生概率情形的危险亦作为被保险人需要通知的范畴相似。德国《保险合同法》第23条的规定表明，只要投保人未经保险人许可自己实施了或允许第三人实施了增加承保风险的行为后发生上述事实，就应当立即向保险人通知承保风险增加的事实。

笔者认为，车辆危险程度与保险费的对价平衡关系为危险程度显著增加的通知义务作为一项法定义务提供了前提。危险承担是一种持续性的债务行为，其经营技术要求能够对承保危险进行控制，需要投保方在危险增加时履

---

① 孙宏涛、王静元：《我国网约车保险制度构建研究》，《浙江金融》2018年第5期。
② 彭乾芳：《论危险增加通知义务在新〈保险法〉实践中的适用》，《上海保险》2010年第11期。

行通知义务①。一方面,危险程度显著增加的情形不可能为合同约定所完全囊括,甚至通过约定会不合理地加重被保险人的义务。故有学者认为,不能赋予合同中对特定事项须负危险增加通知义务的约定以绝对效力②。另一方面,保险合同作为格式合同,依据《中国保险行业协会机动车综合商业保险示范条款》《机动车交通事故责任强制保险条例》等的规定,诸如此类"改变机动车使用性质,被保险人未及时通知保险人且导致危险程度显著增加"等内容条款,俨然已成为保险合同的必备条款,具备法定性、强制性的特征。而面对通知义务的具体履行内容、履行时间等,则可以通过双方的保险合同予以具体约定。

(3) 怠于履行通知义务的法律后果。

依据《保险法》的规定,对于因保险标的危险程度显著增加而发生的保险事故,保险人不承担赔偿保险金的责任。在危险增加怠于通知时,由于危险增加使合同双方的对价平衡状态被破坏,且应通知而未通知破坏了诚信原则③,故基于此,法律后果主要从以下两个方面分析。

一方面,近因原则作为连接"危险程度显著增加"与保险人拒赔结果的关系点。在机动车交通事故纠纷中,须最终损害的发生是由增加的危险所直接导致的。比如,在某机动车损失险中,保险合同明确约定车辆从事普通非危险货物的运输,并且双方约定如果从事危险货物的运输应当通知保险人。但被保险人改变用途,用以运送危险气体,且未通知保险人,由于驾驶员疲劳驾驶,造成了车辆损失。那么此时,保险人仍应当承担保险金赔付责任,因为该保险事故中被保险人改变用途而导致的危险程度的增加与保险事故的发生之间并不存在因果关系。

另一方面,保险人最终免于承担责任的范围限于商业险范畴。交强险作为机动车的强制保险,其主要目的在于保障机动车交通事故中第三人的合法

---

① 马天柱:《被保险人之保险保障利益的法律特征与相关规则构建》,《保险研究》2017 年第 1 期。
② 徐卫东:《保险法学》,科学出版社 2004 年版,第 198 页。
③ 徐卫东、高宇:《论我国保险法上危险增加的类型化与危险增加的通知义务》,《吉林大学社会科学学报》2002 年第 2 期。

权益，具有一定的社会保障作用。故即使机动车主擅自从事营运活动改变车辆使用性质，造成保险标的危险程度显著增加，站在维护第三者权益的社会保障性质出发，应首先由交强险来予以赔偿，且此情形的出现亦非交强险的免责理由。相反，机动车主自愿投保的商业保险，其性质本身具有营利性，且依据《中国保险行业协会机动车综合商业保险示范条款》的规定，改变使用性质，怠于履行通知义务成为商业险的免责理由。故在司法实践中，即使认定车主改变使用性质导致危险程度显著增加，从而导致交通事故发生时，保险公司仍然需在交强险范围内承担保险责任。

三、相关案例状况

1. 以"改变使用性质"为判定核心——根本性的使用性质改变

案例1：梅发红与中国太平洋财产保险股份有限公司苏州分公司保险纠纷案[①]

2017年4月13日，梅发红驾驶车辆发生交通事故时，并未从事滴滴网约车业务。自2016年10月15日开始从事滴滴网约车业务，截至2017年4月13日发生交通事故时，在此期间，梅发红共完成2990单滴滴业务。

法院认为，梅发红将案涉车辆注册从事滴滴网约车业务，自2016年10月15日至2017年4月12日共计完成2990单网约车业务，平均每天完成的网约车业务达16.6次。该车辆显然已不属于保险合同约定的家庭自用性质。因此，中国太平洋财产保险股份有限公司苏州分公司（简称太保苏州分公司）主张被保险机动车改变使用性质且导致被保险机动车危险程度显著增加，可以成立。

法院在本案中明确了将车辆主要以从事网约车营运为业所导致的车辆使用性质的根本性转变、车辆危险程度显著增加。由于保险标的实质已属营运性质车辆，故车辆道路运行阶段可概括认定营运整体的一部分。

---

① 江苏省苏州市中级人民法院民事判决书（2017）苏05民终10549号。

2. 以"改变使用性质"为判定核心——附条件的使用性质改变

(1) 区分网约车与顺风车使用性质,可排除部分判定保险标的"危险程度显著增加"的情形。

案例2:中国太平洋财产保险股份有限公司北京分公司与李朋财产保险合同纠纷案①

法院认为,李朋虽有将涉案车辆用于快车业务的行为,但在事故发生时,车辆并非用于快车业务而是用于顺风车接单。顺风车无论在是否具有营利目的、出行路线范围、搭乘出行方式等方面都与网约车营运区别开来。基于顺风车以车主既定需求为主,故客观上是否有合乘乘客不会导致投保车辆使用频率增加,且因顺路搭乘,故行驶范围、行驶路线亦在合理可控范围内;亦未有证据显示李朋超出平台计费,即不具有营利目的;接单数量上显示以从事顺风车为主,接受的快车订单极少;基于近因原则约束,事故发生时正处于网约车订单运行中。综上所述,法院得出即使李朋曾从事快车接单行为不足以导致本案形成车辆使用性质改变及车辆危险程度显著增加的结论。本案中,法院通过区分网约车与顺风车使用性质不同,结合相关因素,综合判定车辆使用性质未改变、危险程度无显著增加。

案例3:机动车交通事故责任纠纷案②

法院认为,"危险程度显著增加"必须是当事人订约之初未曾预料到,未在保险人估算危险之内,如果危险的加重程度轻微,并未动摇当事人之间的对价平衡关系,则被保险人无须履行通知义务。故此,法院进一步以本案中以顺风车车主预设路线与合乘者达成出行意向,与网约车行驶路径不确定有本质区别,以及接单数量少的实际,判定不属于导致保险标的危险程度显著增加的情形。

案例4:张砚胜与杨猛、众诚汽车保险股份有限公司山东分公司机动车交通事故责任纠纷案③

法院认为,被告当事人从事滴滴顺风车业务,该种形式的网约车与一般

---

① 北京市第三中级人民法院民事判决书(2018)京03民终2038号。
② 浙江省金华市中级人民法院民事判决书(2017)浙07民终1315号。
③ 河北省衡水市桃城区人民法院民事判决书(2017)冀1102民初4010号。

专门从事客运经营的专车、快车等网约车性质有所不同，该种形式网约车业务量少，且行使线路为长途，路线较为固定，更多地体现社会的互助、共享。其同以营利为目的的网约车营运存在根本区别。

（2）以顺风车名义行网约车营运之实，判定车辆使用性质改变、危险程度显著增加。

案例5：中华联合财产保险股份有限公司天府新区中心支公司、黄邓刚财产保险合同纠纷案①

本案中，法院提出区分车辆为网约车或者顺风车应主要通过营利性、服务性质和资源利用、搭乘出行方式三方面综合考量。黄邓刚虽通过"滴滴打车"软件的顺风车平台接受订单，但基于法院调查取证，此从事名为顺风车的行为却在出行目的、行使线路、出行频率、费用分摊上出现迥异的情况，契合营运网约车的事实。

法院在该案中区分网约车与顺风车的实质差别，不仅仅考量行为外观，亦从行为背后目的、内容方面着手，实质判断车辆使用性质，进而得出以顺风车之名行网约车营运之实的行为，导致车辆使用性质改变、危险程度显著增加的结论。

（3）以存在营利目的为基础，辅以车辆使用频率、行驶范围、车主与所载乘客间有无特定关系等相关因素综合判定。

案例6：天安财产保险股份有限公司南充中心支公司与杜晓蓉、蒲伟、任秀明机动车交通事故责任纠纷案②

法院认为，判定车辆使用性质改变、危险程度显著增加，应首先判断交通事故发生时车辆从事营运活动或者家庭自用活动。区分的首要因素便是营运以收取费用为目的，同时营运的服务对象是不特定的人。基于此，首先认定车辆从事营运活动。

其次，通过比较车辆运行里程、使用频率、发生交通事故的概率，肯定

---

① 四川省成都市中级人民法院民事判决书（2018）川01民终203号。
② 四川省南充市中级人民法院民事判决书（2017）川13民终672号。

了家庭自用性质向营运性质的转变伴随着车辆危险程度的显著增加。

最后,通过适用《保险法》第五十二条以及保险合同的规范约定条款,判定保险标的危险程度显著增加,支持保险公司以此为由拒赔商业险的主张。

案例7:山东梵天商贸有限公司与华海财产保险股份有限公司济南中心支公司保险纠纷案①

一审法院及二审法院皆认为,车辆危险程度评估与保险费的收取以对价平衡为前提,保险公司根据被保险车辆的用途设置了不同的保险费率;相较家庭自用性质车辆而言,从事网约车营运过程以营利为目的、运行里程大、范围广、车辆使用频率高,进而导致车辆交通事故发生频率更高;由家庭自用向营运性质的转变,属于"导致车辆危险程度显著增加"的情形。

(4)未将事故发生时点与判断危险程度显著增加相关联,概括认定属于网约车营运过程的一部分,车辆使用性质改变、危险程度显著增加。

案例8:李德胜与中国平安财产保险股份有限公司北京分公司财产保险合同纠纷案②

李德胜关闭网约车订单客户端后一小时,因眼睛疲劳、操作不当,直接导致了本案交通事故的发生。同时,法院查明,在李德胜关闭客户端前的三个小时内,曾从事滴滴网约车订单五单。

法院认为,李德胜从事网约车载客运输行为属于具有重要性、持续性的车辆使用性质改变,在关闭客户端前处于接单营运状态,因眼睛疲倦、操作不当直接导致本案事故的发生,可谓从事网约车营运行为导致了本案事故的发生。故法院判定保险车辆危险程度显著增加,保险人在商业险范围内不承担保险责任。

法院认定是否构成危险程度显著增加时,不区分发生的阶段,即使关闭客户端,仍概括认定处于网约车营运阶段。法院基于司机持续接单引发眼睛疲倦导致事故发生的近因涵盖至营运阶段予以评价。

---

① 山东省济南高新技术产业开发区人民法院民事判决书(2017)鲁0191民初2910号。
② 北京铁路运输法院民事判决书(2017)京7101民初104号。

案例 9：曹广萍、曹迁元与杨清波、中国太平洋保险股份有限公司澧县支公司机动车交通事故责任纠纷案①

2017 年 5 月 28 日下午，杨清波驾车一直从事网约车运营。事故发生前，杨清波驾车送网约客人后，在返回途中发生交通事故。

法院认为，本案中送网约客人后返回途中是网约车营运过程的一部分，在从事网约车营运过程中发生交通事故，车辆投保的商业险保险公司可以拒赔。

本案中，虽事故发生时尚处在返回途中，但对于车辆危险程度的判断是综合、持续性的判断，欠缺持续性的危险增加不属于影响最终保险责任承担的"危险程度显著增加"。因事故发生前一直处于营运状态，故事故发生时与此营运状态间紧凑且持续，可将其评价为网约车营运过程的一部分，判定保险标的危险程度显著增加。

案例 10：屈久傲保险人代为求偿权纠纷案②

本案交通事故同样发生于车辆送达网约客人后，法院认为：一方面，因行驶途中高架拥堵导致订单提前结束，但从被保险车辆行驶轨迹看，其仍在原订单行驶路线上运行，被保险车辆行驶路径与该订单路线紧密相关，故该笔订单业务与系争保险事故的发生具有因果关系，此处涉及近因原则的约束。另一方面，网约车的接单和承运是一个连续动态的过程，故即使订单结束后至下一单接单前的过程，也可概括属于网约车营运过程的一部分。

（5）适用近因原则认定属于保险公司可用以拒赔抗辩的"危险程度显著增加"

基于保险标的危险程度显著增加，进而影响到最终保险责任的赔付问题，依据《保险法》第五十二条以及《中国保险行业协会机动车综合商业保险示范条款》的有关条款规定，"对于因保险标的危险程度显著增加而发生的保险事故"，保险人不承担赔偿保险金的责任，强调导致交通事故发生时的最直接

---

① 湖南省常德市武陵区人民法院民事判决书（2018）湘 0702 号民初 151 号。
② 上海市第二中级人民法院民事判决书（2018）沪 02 民终 4555 号。

原因必须是显著增加的危险所导致。

关涉家庭自用车辆从事网约车营运发生交通事故的案例，无论是否支持保险公司拒赔商业险主张，其中都必然涉及认定事故发生时近因原则的约束评价，以此来支持法院对保险公司保险责任赔付的最终判决，故此处对近因原则在"危险程度显著增加"判定中的规范适用不再予以列举案例。

3. 举证责任分配——保险公司针对"危险程度显著增加"举证不能将承担不利后果

案例11：裴雪莲、裴雪松等与中国平安财产保险股份有限公司、张小春机动车交通事故责任纠纷案①

通过本案分析可以得出，"谁主张谁举证"同样适用于对保险车辆"危险程度显著增加"的主张，举证责任当然由保险公司承担。虽存在所提供的有关责任认定书、保险条款等相关证据，但尚缺乏佐证事故发生时车辆处于网约车营运的有效证据，法院最终仍会认定，保险人以车主从事网约车过程中发生交通事故拒绝在商业保险项进行赔偿的辩解缺乏证据，法院不予支持。

4. "危险程度显著增加"的通知义务

案例12：马爱顺与仝伟、中国人民财产保险股份有限公司天津分公司机动车交通事故责任纠纷案②

法院认为，保险公司未能举证证明其与被保险人的保险合同中约定了被保险人的家庭自用汽车如用于网约车营业运输，属于导致承保车辆危险程度显著增加的情形，保险人有权及时知悉这一情况并调整保费，否则不予承担赔偿责任。鉴于此，保险公司主张不予承担商业险保险责任的抗辩意见，法院不予支持。

通过本案，法院支持了基于"危险程度显著增加"的具体履行通知义务内容属于约定义务。保险公司若想以保险标的危险程度显著增加又未及时履

---

① 北京市丰台区人民法院民事判决书（2017）京0106民初29324号。
② 天津市东丽区人民法院民事判决书（2016）津0110民初8139号。

行通知义务为由主张拒赔,需要同投保人于保险合同中明确约定才可。

5. 简要评析

从以上案例可以得知:

第一,在司法实践中,面对以家庭自用车辆从事网约车营运活动的"危险程度显著增加"的判定,主要以车辆使用性质是否改变为核心展开讨论。通过判断车辆使用性质改变的具体情形不同,可抽象概括为根本性的使用性质改变和附条件的使用性质改变。实质转化为营运车辆的根本性使用性质改变的判定情形简单,结合持续时间段内的接单数量以及营利目的等综合分析,认定危险程度显著增加无可厚非。附条件的使用性质改变情形纷繁复杂,现阶段案例中多集中于顺风车使用性质的介入以及以营利目的为基础辅以其他相关因素综合判断的过程。

车辆危险程度的判断本就是结合众多相关因素综合判断的结果,是对车辆持续时间段内危险变化的评价。重要性、持续性、未被评估性作为"危险程度显著增加"的基本认定标准通说,也被许多法院判决论证理由中所使用。

第二,通过分析司法案例可以看出,我国法院未将事故发生时点与判断危险程度显著增加相关联,概括认定属于网约车营运过程的一部分,车辆使用性质改变、危险程度显著增加。这种做法或许达到了司法上的统一,提高了处理类似案件的效率,但也可能会引发加剧保险合同双方地位不平等,加重投保人、被保险人负担的风险。

第三,我国法院相关判决的论证理由中多对"危险程度显著增加"的通知义务予以回避,未表明是基于保险合同的明确约定抑或法律的强制规定,对此往往依靠的是简单地套用法条规定,模糊其性质,将重点转移至最终保险责任的承担上。仅有极少数案例会在判决作出的论证理由中明确表明,通知义务的履行有赖于保险合同的明确约定。

第四,以《保险法》第五十二条为核心适用的规范内容,单从条文的文义解释出发即可体会其中近因原则的约束,无论是法条中对近因原则的规范体现,还是司法实践中分析判定危险程度显著增加对最终保险责任承担的影响,皆肯定了近因原则存在的地位。

四、本案效力范围

第一，本案审理裁判的论证过程，通过列明对比家庭自用与营运车辆在运行里程、使用频率以及交通事故发生概率等方面的不同，指出保险公司面对两种不同使用性质车辆的承保风险差异，肯定了承保车辆由家庭自用转变为营运性质这一改变使用性质的过程，伴随着保险标的危险程度的显著增加。

第二，本案规范适用了《保险法》第五十二条，明确了适用此规范的前因后果，为积极应对现代社会中越来越多的改变使用性质的网约车交通事故责任纠纷案件中保险赔付问题处理提供了规范依据。

五、本案判决遗留问题

第一，本案交通事故发生时间恰好处在车辆营运载客过程中，故可直接将事故的发生归因于营运行为造成的危险程度显著增加，但未明确此因果关系的推理是否涵盖车辆从事营运过程中的等待载客、前往载客途中以及行程结束后返回途中各个阶段，欠缺具体时间点的风险程度判断，这在很大程度上依赖于法官的自由裁量。

第二，本案未明确定性危险程度显著增加的通知义务，是属于约定义务还是法定义务。本案中，只是将通知义务简单套用至《保险法》第五十二条规定中，案件分析也未表明保险合同中是否含有此条款内容的约定，使得指导各级法院审判具体案件过程中，对通知义务的评价不统一，进而可能影响最终裁判结果。

六、结语

本案对以家庭自用名义投保的车辆从事网约车营运活动，是否会造成保险车辆危险程度显著增加的问题给予了肯定的答复。通过《保险法》第五十二条规定的适用，在被保险人不积极履行通知义务的情况下，同时受到近因原则的约束，因从事网约车营运发生的交通事故，作为商业险的免赔事由，保险公司免赔，既为各级法院面对日益增多的类似网约车案件提供了指导，亦指引了保险合同双方的行为。

虽案件明确了家庭自用与营运车辆的区别，但由于存在私家车同时兼具此双重性质的情况，在以设定车辆使用性质唯一的前提下，对车辆危险程度的判定是否有必要细化车辆运行阶段以具体评价有待进一步思考。同时，对危险程度显著增加通知义务的定性，将会对保险合同双方的权利义务产生重要影响。

推荐语：

案例评释方法是个案研究的一种重要方法，学生可以根据案例评释的模式和框架对经典案例的某一个问题进行评析，既可以锻炼学术研究思维，也可以训练案例收集和分析能力。王甜、于骥冲同学这篇《家庭自用车辆从事网约车营运导致"危险程度显著增加"的判定——程春颖诉张涛、中国人民财产保险股份有限公司南京市分公司机动车交通事故责任纠纷案评释》论文选题非常具有现实意义，并结合《保险法》第五十二条对不同法院关于家庭自用车辆网约车是否构成"危险程度显著增加"的观点进行剖析，也具有理论价值。（刘颖，上海大学法学院讲师，法学博士）

顺风车模式下多方主体间法律关系分析

——以滴滴顺风车为例

张明泉　宣继安[*]

摘　要：顺风车的发展，在带给乘客便利、促进资源共享的同时，也因为权利义务关系的不明确，极易发生纠纷。不应该将顺风车的服务定位为好意施惠，顺风车司机和平台之间存在劳务服务关系，而平台和乘客之间构成营运合同关系。

关键词：顺风车　滴滴营运　居间合同　劳务合同　运输服务合同

一、问题的提出

2018年8月24日，乐清女孩乘坐滴滴出行旗下的顺风车遇害，这一事件将网约车再次带入了大众的视线，成为公众热议的话题，而这距离滴滴出行因空姐遇害案整改，仅仅相隔了三个月的时间。案件引起了地方以及交通运输部门的高度重视，网约车的安全成为当前亟待解决的问题。

网约车作为新型交通运输方式，是"互联网＋"在交通运输领域的产物，从某种意义言之，也可以将网约车服务理解为互联网技术和大数据信息技术的整合。其主要的运营模式，便是通过精确的定位以及大数据的综合处理，用户通过手机客户端的网约车App软件进行操作开始行程。这一系列的操作，极大地方便了人们的出行，网约车也成为大多数人出行的最佳选择。相关数据表明，截至2017年底，中国网约车的活跃用户达4.4亿人，而滴滴出行以

---

[*] 张明泉，上海市宝山区公证处副主任；宣继安，上海大学法学院硕士研究生。

58.6%的渗透率位居网约车平台之首，远超其他平台①。

当下，网约车的运行模式主要分为两类：一类是C2C模式，也就是个人与个人之间的商务交易。在这种模式下，网约车平台作为中间商，为交易的双方提供了沟通连接服务；另一类是B2C模式，也就是企业直接向消费者提供服务②。显然，滴滴出行属于第一种模式。以滴滴平台为例，乘客可以选择的出行方式主要有四种：快车、专车、出租车、顺风车。其中顺风车无论是从价格层面还是便捷性的角度来看，都不失为一种出行的较优方式，因此很快成为众多年轻人的选择，但由于其平台的约束力较弱，引发的安全性问题最多，引发的争议也最大。

顺风车，用最简单的话来讲，就是搭便车或者拼车。以滴滴出行旗下的顺风车为例，其运行模式具体流程主要是，由乘客通过滴滴平台发送初始位置与目的地，同时可以选择是否拼单，网约车的车主通过平台进行接单。这种模式作为一种便捷的出行方式，其在很多发达国家相对来说已经发展得比较成熟，被大众普遍接受。其主要的优势在于：一方面从资源的节约以及分配不足的角度来讲，通过对闲置车辆的使用，提高了闲置资源的利用率，继而缓解了交通方面的紧张。相关数据表明，截至2017年底，中国私家车的保有量已高达2.17亿辆，汽车驾驶人员达3.42亿人③。在日常的生活中，这些私家车除了车主乘车出行的时间外，均处于闲置的状态，是社会的闲置资源。如果将这些闲置的私家车带入到网约车中，能够很好地解决大家的出行难问题。另一方面，网约车平台可以通过精确的手机定位使得乘客可以随时查看车辆的运行轨迹，对自己的行程了如指掌，很好地保障了乘客的出行安全；在支付方面，行程结束后的账单由乘客对费用进行核实并进行移动支付——这些人性化的设计，减少了乘客操作的麻烦。而且，通过拼车这种方式，可

---

① 参见艾媒报告：《2017—2018 中国网约车行业研究专题报告》，http://report.iimedia.cn/report.jsp?reportId=2423&acPlatCode=IIMReport&iimediaId=61053。
② 张慧：《"互联网+"模式下滴滴专车服务的合法性法律研究》，《楚天法治》2015 年第 5 期。
③ 中国公安部数据，https://baijiahao.baidu.com/s?id=15896486464589854189&wfr=spider&for=pc。

以将油费等成本降低,从而减少司机出行的成本;多人结伴出行有助于加强人们之间的沟通与交流,形成良好的社会风气。可以说,顺风车相比于传统的出租车,是一种同时有利于司机、乘客、政府的服务。因此,在发达国家,网约顺风车作为一种便捷的出行方式,不仅得到了人们的欢迎,也得到了政府的普遍支持和鼓励。比如在韩国,政府鼓励全民拼车的行为,除了私家车可以做顺风车之外,出租车也被允许搭载多名顺路的乘客;在美国,搭载三人以上的私家车可以行驶"快速通道",相比于一般的车道,快速通道更节省时间,明显少有拥堵的现象[1]。

但在国内,顺风车这种模式,其合法性却一直受到专家和学者们的质疑。新事物与科技的两面性,导致顺风车这一新型模式游走在法律的边缘,不断面临各种各样的问题与挑战。反对者认为,无偿的顺风车出行,合理合法,值得提倡。但在有偿顺风车模式下,存在金钱交易,而且收益人不曾纳税,也缺少相关部门的监管,实际上属于非法营运的变相黑车,违反我国客运管理的相关规定。

二、顺风车司机对乘客来说不属于好意施惠

顺风车营运司机和乘客之间是不是存在合同法律关系?这个问题引发了专家学者们的争议。在实践中,部分学者认为,滴滴顺风车模式,司机按照约定的路线接送乘客,由乘客支付不超过车辆损耗的报酬,其特征主要是无偿、顺路,这样的行为不产生法律效果,而属于好意施惠关系,其不属于法律规范的范畴,也不产生法律的拘束力[2]。

但是,笔者认为,顺风车司机和乘客的关系,已超越了好意施惠关系的调整范围,应属于一种合同法律关系,主要原因包括以下几个方面。

首先,从概念上来讲,好意施惠的核心侧重于提供帮助,系助人为乐行

---

[1] 张春普、张兴斌:《存在与虚位:游走于法律边缘的"顺风车"》,《学术交流》2007年第3期。
[2] 梁慧星:《民法总论》,法律出版社2008年版,第183页。

为,当事人之间并无契约上约束的意思表示,施惠者缺乏意思表示构成中的效果意思,即施惠者并不愿意为自己创设债务的枷锁,更谈不上承担违反约定的责任。但在网约顺风车模式下,网约顺风车的乘客与平台、车主存在着权利义务的意思表示,车主即司机本身既收取了一定的费用,也愿意为此承担一定的义务,并且,双方在行程开始之前,经过反复的接触、磋商,确定其出行的时间、地点以及是否选择拼车的出行模式,对于各自的权利义务进行过协商,完全符合法律行为的构成要件,超出了好意施惠的范围。

其次,从调整的范围来讲,好意施惠这种事实行为,其调整的范围较广,背后的含义在于当事人一方基于良好的道德,实施的行为使另一方受恩惠,旨在增进双方的情谊。如将邀请参加宴会以及爬山等之类的情谊,定性为好意惠施并无大碍。这些行为不会引发不良的社会影响,也无须法律这种强制的手段进行规范与调整[①]。但是,网约车模式已完全超越了好意施惠旨在保护的背后价值,结合实践发现,在网约顺风车的运行模式下,私家车主按照乘客发送的相关约定的路线接送乘客,乘客向车主以及平台支付报酬,这种付费的行为以及收费标准已经超过了纯粹的好意施惠的合理费用分摊范围,网约顺风车的驾驶员和平台仍然是营利的,只是相比于其他而言,利润率较低而已。

最后,从法益的保护以及社会效果上来讲,由于好意施惠不属于法律调整的范围,如果将市场上的网约顺风车全部纳入纯粹情谊行为,进入法外空间,即使车主违反约定,也不需要承担违约责任,不利于督促约束顺风车司机和平台提高服务水平和监管水平,也会让网约顺风车丧失可信赖性,最终毁掉顺风车的发展。

三、网约顺风车司机和平台之间应属于劳务服务合同关系

从上文可知,网约车有不同的运行模式,则不同的网约车模式下,司机

---

① 张海英:《好意施惠与无偿合同之比较》,《法制与经济》2014年第3期。

与平台之间的法律关系存在着差异。

首先是 B2C 模式，这主要有两种情况：

第一种是平台自有车辆＋平台驾驶员模式。在此种模式下，毫无疑问，平台与司机之间存在劳动合同关系，网约车驾驶员与网约车平台签订劳动合同，成为平台的受雇人，接受平台的指派，定时定量为平台提供服务，由平台向网约车司机发放工资以及奖励，两者形成劳动合同法律关系。

第二种是汽车租赁公司汽车＋租赁公司聘用专职的驾驶员，由租赁公司和网约车平台之间签订服务合同，网约车平台向汽车租赁公司传递乘客的订单信息①。在这种模式下，平台与汽车租赁公司之间的关系是信息服务关系，平台只是通过网络将乘客的订单信息传递给租赁公司或者驾驶员，以提供信息服务方式从中抽取相关的信息服务费。此时网约车司机与租赁公司之间形成劳动合同关系。由用人单位汽车租赁公司对其聘用的驾驶员实行全面综合的劳动管理，包括向司机支付劳动报酬、缴纳社会保险，并对司机在行驶过程中造成的损害承担责任②。

在 B2C 模式下，法律关系应该说是比较清晰的。以神州专车为例，神州专车属于网约车平台公司，神州专车平台的车辆来源于神州租车公司，神州租车是车辆租赁公司，两个公司均属于神州优车集团。在神州专车的整个营运的过程当中，由神州专车平台专业聘用司机负责司机的指导与培训，司机按照平台公司规定的时间工作，并按公司规范为客户提供驾驶。租车公司与网约车平台，两者相互配合，共同服务于神州优车集团。在这种模式下，最主要的特点是公司控制整个交易的过程。

其次是 C2C 模式。在这种模式下，私家车主在平台通过注册成为用户。此时，私家车主为挂靠人，平台为被挂靠人，通过平台，以平台的名义驾驶自己的私家车独立地进行网约车服务。滴滴出行就是运用的 C2C 模式。在这种模式下，网约车平台往往被认为是一个信息交流平台，由平台负责向司机

---

① 周梦思：《对"专车"的相关法律问题探讨》，《法制博览》2015 年第 7 期。
② 侯登华：《共享经济下网络平台的法律地位——以网约车为研究对象》，《政法论坛》2017 年第 5 期。

提供乘客的交通出行信息。以滴滴顺风车为例，拥有车辆的私家车车主通过注册，用拍照的方式上传车辆的行驶证和个人的驾驶证，通过滴滴软件的审核后，就可以成为顺风车司机。

在滴滴顺风车运行模式下，司机与平台之间的关系的认定存在较大的争议。部分学者认为，在这种模式下，平台只是在司机与乘客之间扮演着中间人的角色。所谓顺风车，就是拼车或者搭便车，车主在日常的出行中捎带与自己行程相同或者相近的乘客。在日常生活或者工作中，顺风车的司机自身一般都有各自独立的劳动关系，其作为顺风车车主也仅仅是一种非主要的工作，甚至是兼职。滴滴平台其本身的作用就是提供互联网信息服务，平台方将用户的用车需求以及车主的车辆信息进行整合，让乘客在平台上选择是否搭乘，撮合两方的交易，并没有相应的指派行为，平台也只是扮演着居间人的角色，平台公司与司机之间不存在劳动关系[①]。平台的义务，也就是作为信息交互服务者应当承担的义务，比如保障司机与乘客的信息真实准确，确保司机与乘客的个人信息和相关的隐私不被泄露。

笔者认为，平台与司机之间并不仅仅是居间的关系，或者说已经超越了居间的关系。理由如下：

第一，从居间的定义来讲，居间人不是合同关系的当事人，其主要的任务是向委托人报告订立合同的机会，在整个过程当中，居间人起到的作用仅仅是牵线搭桥，传达双方的意思，没有实质的介入权，其服务的对象是特定化的。但是网约车平台与之不同，网约车交易平台以共享经济模式为依托基础，经济共享的服务对象具有广泛性、不特定性，在订立合同的过程中，由平台自动为网约顺风车司机和用车乘客进行订单匹配，网约车平台代表双方订立运输合同。

第二，从地位来看，网约车平台可以制定相关的交易规则以及服务的定价，在网约车交易的过程中，平台要审核准入的司机和乘客，并且在过程中对交易进行全面的监督，同时在行程结束后对网约车服务实施管理和信用评

---

① 李晨瑜：《打车软件的法律监管》，中国社会科学院2015年硕士学位论文。

级,在交易的过程中对交易的组织、开展具有一定的支配力,并不是像居间人那样无介入的权限。因此,在 C2C 模式下,网约顺风车平台表面上看具备一般居间人的外观,但在交易的过程中其职权的行使已经远远超越了居间人的限制①。

笔者认为,在顺风车模式下,司机与平台之间的关系符合劳务关系的认定。首先,劳务关系不同于劳动关系,在劳动关系中,劳动者与用人单位之间存在着管理与被管理的隶属关系。在工作的过程中,劳动者要接受用人单位的工作安排与指派,遵从劳动规章和制度,由单位定期按时向劳动者支付报酬以及奖金等其他待遇。而劳务关系相对劳动关系来说,其自由可支配性更强,在劳动者提供劳务过程中,劳动者与单位之间不存在监督与被监督的隶属关系,劳动者与单位之间是平等的关系;劳动者提供的是一次性的或者特定的劳动服务,这样的服务具有一次性和短期的特点。另外,在提供劳务的过程中,如果无其他特殊的约定,生产资料是由劳动者提供的②。结合顺风车的运行模式,网约车的司机与平台间并不存在着管理、组织上的从属性,在运行的过程中网约车司机可以依照自己的意愿,灵活地选择是否接单、接什么样的单,同时可以自由地选择自己的工作时间、工作地点,接单成功并完成任务后,司机才能从平台上获取相应的报酬,因而两者之间只有经济关系,而无管理、组织上相关的隶属关系。其次,司机获得报酬的主要依据是由其接单的数量决定的,具有短期和临时性的特点。再次,司机提供的行程服务所需生产资料车辆是由司机自行提供的,平台只负责提供相关的乘客信息。最后,从社会效果以及法益的保护角度来讲,针对目前顺风车市场的混乱,将网约顺风车车主与平台之间定义为劳务服务关系,一方面有利于平台根据协议对司机进行约束管理,完善管理上面存在的漏洞;另一方面,因为司机的服务是根据司机和平台的协议提供的,属于第三方履行,而乘客之所以选择平台服务,是基于对平台的信任而非对司机个人的信任,一旦发生乘

---

① 尹欣、张长青:《网约车服务与出租汽车市场的法律规制》,《城市交通》2015 年第 4 期。
② 杨立新:《网络交易平台提供服务的损害赔偿责任及规则》,《法学论坛》2016 年第 1 期。

客利益受损情形，乘客可以首先要求平台承担责任，而平台再根据和司机的协议，追究司机的责任。这样更有利于保护乘客作为消费者的权益。

另外，从出台的《网络预约出租汽车经营服务管理暂行办法》来看，比照对于出租车的管理，对网约车的管理完全符合劳务关系这样的说法，因为从司机注册网约车开始，平台就需要对相关的信息进行一定的审核，比如车辆的状况、司机的驾龄和驾驶水平、曾经的生活经历等。在网约车顺风车的司机加入平台之后，平台需要运用相关的监控包括行车记录仪等一整套的管理办法，对网约车以及司机进行相关管理。在行程结束以后，网约车司机并不能立即获得利润，而是乘客通过平台进行支付，将运费支付给网约车平台，平台按照规则收取一定的费用之后再将报酬支付给司机。结合上述的流程，网约顺风车司机与平台之间的关系在法律特征上更接近于事实上的劳务关系。

四、乘客与平台之间存在运输服务合同关系

顺风车模式下乘客与平台的法律关系，部分学者将其定义为居间合同关系，认为网约车平台是为促成乘客与汽车租赁公司、乘客与劳务派遣公司交易的居间中介人。在实践中，居间关系的认定，导致网约车平台一方在违约或者侵权事件发生之时，往往为了规避自己的责任，不承认自己的雇主关系，从而逃避自己的责任，将自己置身事外。网约车作为一种新出现的经济模式，是一种新型的客运形式。为了维护市场的秩序以及多方主体之间的权益，出台的《网络预约出租汽车经营服务管理暂行办法》规定了相关的细则，其中第十九条规定，网约车平台公司应公布符合国家规定的计价方式，明确服务项目和质量承诺，建立服务评价体系和乘客投诉处理制度；第二十条规定，网约车平台公司应当合理确定网约车运价，向乘客提供相应的出租汽车发票[1]。结合上述相关法条，笔者认为，平台与乘客之间的关系应该是客运服务合同关系。

---

[1] 彭岳：《共享经济的法律规制问题》，《行政法学研究》2016年第1期。

首先，从客运合同的定义上来看，客运合同是指承运人与旅客签订协议，由承运人将乘客及时安全运送到目的地，乘客为此支付相关的运费。客运合同属于诺成合同。在网约车合同过程中，客运合同的标的并不是运送的乘客，而是网约车司机的运送行为本身，只要网约车平台、司机和乘客之间达成合意，该客运合同即成立。其次，从双方的权利义务来看，网约车平台在整个客运合同过程中，其主要的权利义务包括：网约车平台是运输服务合同规则的制定者，网约车的计费规则、收益分配规则、服务内容、标准和规范以及服务质量保障等均由网约车平台制定。以滴滴平台为例，2015年3月，滴滴平台发布《互联网专车服务管理及乘客安全保障标准》，对滴滴网约车平台的车辆、司机、出行服务以及当事故发生时责任的分配和处理等进行全方位规范。不难看出，滴滴平台在整个交易的过程中起到主要的支配和控制作用。最后，结合整个网约顺风车的流程进行分析，网约车运行程序包括：网约车的乘客首先通过软件、电话等方式向网约车平台发出包含运输时间、地点、价格、出行方式的具体要求的要约，相应的网约车平台给出承诺，寻找附近符合条件的顺风车，顺风车司机给出承诺，同时在约定的时间到达乘客指定的地点。司机根据平台的授权，针对乘客的要约，具体给出承诺，缔结并履行合同。具体的合同缔结和履行过程中，乘客信赖的始终是平台。网约车平台有价格规则的制定权，乘客到达目的地后，由平台向乘客收取议定的价格，甚至以平台自己的名义开具出行发票。在整个行程的过程中，平台将乘客的行程需求与符合的车辆进行匹配，并直接指派具体车辆提供服务，在运输合同关系中双方的权利义务关系明确具体，乘客有享受平台提供运输服务的权利，同时对平台的运输服务支付合理的对价；平台作为承运人有权利收受报酬，也有义务将乘客安全、及时地送达约定地点，同时在整个行程的过程中保障乘客的人身安全和运营安全，在运输的过程中当事故发生之时，对乘客也有相应的救助义务并承担赔偿责任。因此，网约车平台起着整个支配控制的作用，扮演着调度者、支配者的角色，是全权的责任人，完全符合运输合同的构成要件。

从社会效果的角度来看，将网约车平台定位为运输服务的提供者，是网约车行业能够健康发展的前提。只有将网约车平台认定为运输服务提供者，平台才能对网约车实施有效的监督管理，如果不这样进行管理，将会引发网约车市场的混乱，乘客的合法权益得不到应有的保障，最终影响网约车的健康发展，使其难以为继。在实践中，乘客乘坐网约车发生伤亡的案件时常发生，在整个诉讼的过程中，网约车平台往往会以其与乘客之间的关系为居间关系为由逃避责任，从而拒绝承担赔偿责任，而此时，在保险求偿的过程中，保险公司则以网约车非法营运为由，拒绝承担赔偿责任，最终导致乘客的权益得不到任何的保护[1]。若将乘客与平台之间的关系认定为运输合同关系而不是居间关系，网约车平台承担着承运人的责任，则当网约车服务过程中出现事故时，网络平台作为指导者，才有能力履行运输服务合同中规定的义务，并在出现服务异常时予以紧急的处理。这样既可以加大网约车公司的责任感，引起网约车平台对于司机管理的高度重视，使其更好地对司机进行管理从而提供更为优质的服务，使企业在认识到不足的同时尽全力去弥补漏洞，而不是在灾难发生的时候选择逃避，置身事外。同时，当消费者的权益受到侵犯的时候，其也能够获得更好的救济，而不是"流血又流泪"。

五、结语

面对新事物的出现，不能一味地以禁代管，也不能因噎废食，我们应该鼓励更多的新鲜活力进入市场。当前形势下，共享经济的发展是必然趋势，当新鲜事物出现时，我们应该先让其在市场上发展，然后根据现实过程中出现的问题制定政策措施规范新事物的成长。到目前，我国的网约车市场仍处于不够成熟的阶段，对网约车进行立法完善，明确各方法律关系，已经迫在眉睫。

---

[1] 参见侯登华：《网约车的相关争议及其监管建议》，《政觉视野》2016 年第 3 期。

工伤保险与第三人侵权赔偿责任竞合研究

张利余*

摘　要：法律将工伤保险赔偿拟制为用人单位的无过错责任，因此当劳动者受到第三人侵权或其他伤害又被认定为工伤时，可分别提起侵权赔偿之诉与工伤保险赔偿之诉，但两类诉讼的法律基础不同，在赔偿项目上会发生竞合。审判实践中用人单位和劳动者往往会对工伤赔偿与侵权赔偿是否成立、两类诉讼是否存在先后顺序、谁是赔偿主体、能否重复赔偿、用人单位能否追偿等问题产生争议。要正确处理此类争议，需要理清不同的赔偿诉讼所依据的法律基础。

关键词：工伤保险　第三人侵权　赔偿责任　竞合

一、认定为工伤的第三人侵权案件发生赔偿责任竞合

赔偿责任竞合是指由于某种法律事实的出现，导致两种或两种以上的法律责任产生，而这些责任之间相互冲突的现象。第三人侵权损害赔偿属于民事侵权损害赔偿范畴，而工伤保险赔偿属于劳动法调整的范畴，两者为不同的法律关系，劳动者有权在法律允许范围内分别主张赔偿。第三人侵权包括在工作时间、工作场所因履行用人单位安排的工作任务遭到用人单位以外的第三人侵权，造成劳动者人身损害的情形。因存在第三人侵权，根据《侵权责任法》的规定，根据各自的过错责任，劳动者可向实施侵权行为的第三人或赔偿义务人主张侵权损害赔偿。同时，根据《劳动合同法》《社会保险法》《工伤保险条例》的规定，此种情形如果被认定为工伤的，劳动者可以依法享

---

* 张利余，上海市第二中级人民法院民三庭法官助理。

受工伤保险待遇，可以向用人单位和社会保险部门主张工伤保险赔偿。但由于两种请求权的法律基础不同，在赔偿项目上会有竞合。

第三人侵权与工伤赔偿竞合案件中双方容易发生纠纷的情形包括：乘坐本单位车辆在履行工作任务时遭受本单位以外的机动车责任事故伤害、在上下班途中与非本单位车辆发生交通事故且劳动者承担非主要责任的[1]、履行工作任务中受到第三人人身伤害（第三人包括本单位员工以及本单位员工以外的其他人员）等。

二、劳动者受到本单位原因人身损害，只能按工伤处理

（一）因工伤事故遭受人身损害的只按《工伤保险条例》的规定处理，不再按民事赔偿处理

审判实践中，有的受伤劳动者认为客观上受到他人的人身侵害，只要被认定为工伤的，都可以提起工伤赔偿和第三人侵权赔偿诉讼，这一认识存在错误。根据法律规定，依法应当参加工伤保险统筹的用人单位的劳动者，因工伤事故遭受人身损害的只按《工伤保险条例》的规定处理，不再按民事赔偿处理[2]。该条文内容虽然简短，但包含的法律意思可以剥离出四层：第一层，存在遭受他人人身损害的客观事实；第二层，损害实施人在履行工作任务；第三层，劳动者受到的伤害被认定为工伤；第四层，受伤劳动者只享受工伤保险待遇，不能再向他人主张侵权责任。该规定将员工受到本单位原因的人身伤害排除在第三人侵权赔偿之外。

（二）审判实践中劳动者人身受到损害只按工伤处理的常见争议点

受伤员工在履行工作任务时受到本单位其他员工在履行工作任务时的伤害[3]、乘坐本单位车辆发生道路交通事故以及受本单位其他意外伤害（事故责

---

[1] 2013年1月1日《上海市工伤保险实施办法》第十四条第六款；《工伤保险条例》（国务院2010年12月20日修订）第十四条第六款。

[2] 2004年5月1日《最高人民法院关于审理人身损害赔偿案件适用法律若干问题的解释》第十二条。

[3] 2010年7月1日《侵权责任法》第三十四条。

任人同为本单位员工时）是审判实践中常见的只按工伤处理的情形，用人单位与受伤劳动者也容易发生此类纠纷。上述情形虽然客观上存在侵权对象，但被社保部门认定为工伤的，劳动者可以享受工伤保险待遇，只按工伤保险赔偿处理，不能再主张人身损害赔偿。该条文的立法意图在于劳动者在履行工作任务时产生的风险应当受到同等保护。受伤员工向侵权人、驾驶员、用人单位主张侵权损害赔偿的，由于实施侵害行为的劳动者在正当履行工作任务时对意外发生的职业风险，属于用人单位应当承担的经营风险，享有豁免权。《侵权责任法》规定，因侵权人、驾驶员为本单位员工，除非员工存在故意行为（故意行为不属于履行工作任务），否则不承担赔偿责任，用人单位为最终的责任承担人。因此，此类纠纷的法律关系只发生劳动者与工伤保险基金、用人单位间的工伤保险赔偿法律关系，不产生竞合问题。

（三）容易与第三人侵权混淆的特殊情形

根据最高院的解释，劳动者在上下班途中受到非本人主要责任的交通事故伤害，按工伤处理。而此种情形因本就属于道路交通事故侵权损害赔偿案件，现有最高院的按工伤处理解释，受伤劳动者享有了两种诉权，因此产生赔偿责任的竞合。但该肇事方如果恰为本单位车辆时，情况将变的更为复杂，双方往往产生是否仍能提起侵权损害赔偿诉讼的纠纷。该类案件在客观上虽存在侵权人，但该侵权行为的实施方实为用人单位，如果劳动者以驾驶员为侵权人提起第三人侵权之诉，由于用人单位是最终的侵权责任承担者[①]，单位既承担侵权赔偿责任又承担工伤保险赔偿责任，根据最高院的解释按工伤处理。因此，受伤劳动者只享受工伤保险待遇。

如果前述其他员工系故意行为导致员工受到伤害，对受害人而言其系履行工作任务受伤，可以享受工伤保险待遇。而对侵权人而言其并不是执行单位的工作任务[②]，用人单位无需为其承担无过错的替代责任，其故意致人伤害的行为，属于第三人侵权，由《侵权责任法》调整，此时出现工伤保险赔偿

---

① 2010年7月1日《侵权责任法》第三十四条。
② 2010年7月1日《侵权责任法》第三十四条。

与第三人侵权的竞合问题。

三、用人单位的财产保险理赔款,并不当然属于劳动者的侵权损害赔偿金

司法实践中用人单位除为员工缴纳社会保险费外,为进一步降低经营风险,往往投保各类商业险种。其中的责任险在性质上属于财产保险。在员工发生工伤时,用人单位除依法得到工伤保险的责任分担外,还可以根据商业保险合同的约定,向保险人理赔。获赔的保险理赔款,劳动者也往往向劳动仲裁和法院主张分得该款项。受伤员工是否有权获得该理赔款,还需要从责任险的法律关系进行分析。

(一) 责任险的法律关系依据保险合同当事人的双方约定或法定

所谓责任保险是指以被保险人对第三者依法应负的赔偿责任为保险标的保险。责任保险包含两层法律关系:一是被保险人与保险人的保险合同关系,二是被保险人与第三者的赔付关系。常见的有雇主责任险。雇主责任险是为了保障被保险人因其雇员遭受意外事故或患职业病,而依法应承担的经济赔偿责任能够获得补偿的一种商业保险责任。雇主责任险的被保险人是企事业单位,而非雇员。因此,雇主责任险系保险人与被保险人间的保险合同法律关系。但由于被保险人与第三者之间存在赔偿关系,投保责任险时双方可以约定或据于法定,保险人直接向受到事故伤害的第三者支付理赔款。但第三者并不是该理赔款的直接权利人,只是在因用人单位的原因劳动者不能完全得到工伤保险赔偿时,据于被保险人与第三者之间存在的赔偿关系,第三者依法可以向保险人主张。但保险理赔款性质上属于对该用人单位承担工伤保险赔偿部分的补偿,如果劳动者获得用人单位足额的工伤赔偿,则无权再主张该保险赔偿[①]。

因此,雇主责任险的作用在于补偿需用人单位支付的工伤赔偿部分费用,

---

① 参考上海市第一中级人民法院(2014)沪一中民三(民)终字第2130号民事判决。

以分担或转嫁单位的经营风险。赔付方式是保险公司先赔付给企业，由企业赔付给雇员。根据法律规定，责任保险的被保险人给第三者造成损害，被保险人对第三者应负的赔偿责任确定的，根据被保险人的请求，保险人应当直接向该第三者赔偿保险金。被保险人怠于请求的，第三者有权就其应获赔偿部分直接向保险人请求赔偿保险金[1]。当然也不存在工伤职工必须通过雇主责任险先行理赔，之后才能向用人单位主张工伤保险赔偿的先后顺序。

（二）单位投保的机动车第三者责任保险、车上人员险性质上等同于雇主责任险

雇主责任险属于财产保险险种，而单位投保的机动车第三者责任保险（含交强险、商业三者险）、车上人员险为专列的财产险种。因员工受到本单位车辆的伤害，被认定为工伤的员工只享受工伤保险待遇。如果劳动者向车辆驾驶人、用人单位、保险人主张侵权损害赔偿，用人单位依法应承担的经济赔偿责任部分或全部由保险人替代，因此在赔偿性质上属于雇主责任险。员工如果同时还主张工伤保险待遇的，根据不同的法律基础，法院应分别受理，但劳动者获得的保险理赔款应在工伤保险赔偿中予以扣除而不是竞合，且赔付款不应超过劳动者可以享受的工伤保险待遇[2]。

（三）劳动者在履行工作任务时因本人原因受到伤害只有工伤保险赔偿法律关系

驾驶员本人因驾驶单位车辆发生单车事故或发生两车以上交通事故受到伤害，本人负全部责任的，因无侵权人，不发生侵权损害赔偿法律关系，被认定为工伤的享受工伤保险待遇。如果用人单位投保了商业险，被保险人可根据单位与保险公司间的保险合同关系，据于保险标的损害可以提起财产保险合同纠纷之诉，要求保险公司赔付车上人员险赔偿金。因此用人单位从保险公司获得的保险理赔款在性质上系对用人单位赔偿损失的补偿，也属于雇主责任险范畴。

---

[1] 《保险法》（2015年4月24日修订）第六十五条第二款；《最高人民法院关于适用〈民事诉讼法〉若干问题的意见》。

[2] 参考上海市第二中级人民法院（2017）沪02民终7345号民事判决。

四、出现赔偿责任竞合时该如何处理

（一）劳动者提起侵权损害赔偿之诉和工伤保险待遇之诉的，法院应分别受理

侵权之诉和工伤保险之诉的请求权基础不同，工伤赔偿请求权基础是劳动者因发生工伤事故获得的一种社会保险利益，工伤保险损害赔偿实行无过错责任原则；第三人侵权损害赔偿请求权基础则为劳动者因第三人侵权致害而取得，侵权损害赔偿实行的为民法之填平原则、过错原则及过失相抵原则。故在劳动者人身权受到第三人侵害的同时又被社保部门认定为工伤时，如劳动者分别提起侵权损害赔偿之诉及工伤保险赔偿之诉，法院应分别依法作出处理。但用人单位或工伤保险经办机构有追偿权。

（二）工伤保险赔偿不以侵权赔偿为前置条件

虽然 2013 年施行的《上海市工伤保险实施办法》规定，由于第三人的原因造成工伤的，由第三人支付工伤医疗费用。第三人不支付工伤医疗费用或者无法确定第三人的，由工伤保险基金先行支付。工伤保险基金先行支付后，社保经办机构有权按照规定向第三人追偿。但该规定并不以受伤劳动者向第三人提出支付工伤医疗费用为前置条件。由于劳动者分别提起侵权之诉和工伤保险之诉的请求权内容不同，既有重复赔偿的项目，也有可以兼得的项目和专属于一种请求权的赔偿项目，劳动者可按照自己的权益实现情况有选择或分别提起。

需要指出的是为劳动者缴纳社会保险系用人单位的法定义务，如果用人单位未履行该法定义务而使劳动者或其家属无法自社会保险基金获得应得之赔付的，用人单位应当对其损失承担相应的赔付责任。①

（三）工伤保险赔偿和侵权损害赔偿竞合案件中的竞合赔偿项目

工伤保险赔偿和侵权损害赔偿竞合时，由于工伤和侵权案件适用不同的

---

① 参考上海市第一中级人民法院（2013）沪一中民三（民）终字第 2119 号民事判决。

赔偿制度，两种赔偿制度有各自的特点和功能。工伤保险赔偿和侵权损害赔偿中相同并存在重复的项目主要有：工伤保险赔偿中的原工资福利待遇（侵权损害赔偿中的误工费）、医疗费、停工留薪期间的护理费和生活护理费（侵权损害赔偿中的护理费）、住院伙食补助费、交通费、外省市就医食宿费（侵权损害赔偿中的外省市就医住宿费和伙食费）、康复治疗费（侵权损害赔偿中的康复费、康复护理费、适当的整容费、后续治疗费等）、辅助器具费（侵权损害赔偿中的残疾辅助器具费）、供养亲属抚恤金（侵权损害赔偿中的被抚养人生活费）、丧葬补助金（侵权损害赔偿中的丧葬费）等费用，侵权损害赔偿实行填平原则和实际损失赔偿原则。故对上述项目，采取同一赔偿项目按照就高原则进行认定的方式来处理比较合理。即上述侵权损害和工伤保险相同并重复的赔偿项目，按照各自的计算标准，确定两者之中数额较高的作为劳动者应获得的赔偿数额的计算原则①。

因此，在处理工伤保险待遇纠纷与第三人侵权纠纷时存在竞合的问题，除了重复项目不可兼得外，其他项目均不属于重复赔偿，劳动者可以分别主张。

（四）用人单位或工伤保险经办机构对劳动者已实际获得的重复赔偿部分取得追偿权

劳动者人身权受到第三人侵害的同时又被劳动行政部门认定为工伤时，如劳动者分别提起侵权损害赔偿之诉及工伤保险赔偿之诉，法院分别依法作出处理。用人单位或工伤保险经办机构根据裁判履行了相应赔偿义务后，可就劳动者已实际获得的重复赔偿部分取得追偿权。用人单位或工伤保险经办机构可以在扣除按照就高原则确定的劳动者应获得的赔偿数额后的剩余部分进行追偿，但其追偿的数额不得超过其实际支付的重复赔偿项目的总数，并且应以用人单位或工伤保险经办机构、侵权人实际支付或案件进入执行程序后实际执行到的数额为准②。

---

① 《关于审理工伤保险赔偿与第三人侵权损害赔偿竞合案件若干问题的解答》，《上海市高级人民法院民事法律适用问答》2010 年第 10 期。

② 参考上海市浦东新区人民法院（2012）浦民一（民）初字第 20290 号民事判决；上海市嘉定区人民法院（2012）嘉民四（民）初字第 410 号民事判决；上海市第二中级人民法院（2017）沪 02 民终 6653 号民事判决。

出版资助单位介绍

金茂凯德律师事务所（Jin Mao Partners）是一家为了更好地服务于境内外中高端客户而成立的综合性合伙制专业法律机构，拥有国家工商行政管理总局商标局核准的"金茂凯德"服务商标。著名法学家、上海市人民政府参事室原主任、上海市高级人民法院原副院长、复旦大学法学院原院长李昌道教授为该所负责人。该所拥有执业律师、律师助理和工作人员150名左右，总部位于上海，并在我国的北京、青岛、广州、武汉、烟台、乌鲁木齐、珠海、厦门、长沙、芜湖和香港特别行政区、澳门特别行政区以及台湾地区的台北、高雄等地，日本的东京、福冈、大阪、名古屋，荷兰的阿姆斯特丹，意大利的米兰、罗马，英国的伦敦，美国的纽约，瑞士的日内瓦，还有德国、新西兰等设有分所或者办事处，"一带一路"法律研究与服务中心已在亚洲、非洲、欧洲、大洋洲、美洲等地区设有20个工作站。

该所是金砖国家律师服务联盟和G20律师服务联盟的主发起人。该所多年名列上海律师业综合排名前十位，是商务部《国际商报》评选的"最具活力服务贸易企业50强"中唯一的律师机构，是上海市高级人民法院认定的企业破产案件管理人，也是中国上市公司协会、中国银行间市场交易商协会、中国保险资产管理业协会、中国证券业协会、上海上市公司协会、上海股权投资协会、上海市国际服务贸易行业协会、上海服务外包企业协会等会员单位或理事、常务理事单位。

成立以来，金茂凯德律师事务所杰出的业务能力体现在全方位的法律服务上，无论是在传统优势领域，如一般公司法律业务、银行业务及融资、外商投资、房地产及工程建设、国际贸易、争议解决以及证券业务等，还是在新兴的业务领域，如兼并收购、资本市场、反垄断、风险投资和私募基金、知识产权与信息技术等，金茂凯德律师事务所为许多国内外知名的企业提供了全方位的法律服务。金茂凯德律师事务所的合伙人均毕业于国内外著名的法律院校，其中许多人都曾有在世界 500 强跨国公司法律部工作或国际知名律师事务所执业的经历，多人被国际权威的法律评级杂志评为"亚洲领先律师"。

金茂凯德律师事务所的法律服务理念是以德育人、团队合作、客户为要、永奏凯歌，为境内外不同需求的客户提供着优质的全方位法律服务。

地址：上海市淮海中路 300 号香港新世界大厦 13 层
邮编：200021
电话：(021) 6335 3102
传真：(021) 6335 3618
网址：www.jinmaopartners.com
邮箱：jmp@jinmaopartners.com

上海东方环发律师事务所成立于 2006 年，是一家经国家司法行政部门批准设立的合伙制律师事务所，以建筑工程、房地产和城市基础设施建设法律服务为主。东方环发建所以来，以"专业、审慎、诚信"为服务宗旨，结合专业特点，对建筑法、房地产法、公司法、金融法、外商投资企业法、项目投资融资、保险法、知识产权法、环境保护法、劳动合同法等相关法律进行了深入的研究，积累了丰富的办案经验，在上海乃至全国各地承办了一大批案情复杂、标的巨大且具有典型意义的案件，在法律界和建筑房地产业内产生了重大影响。作为一家在中国建筑房地产领域有较高知名度，以提供建筑工程、房地产和城市基础设施建设法律服务为主的专业律师事务所，该所律师团队多由兼具建造师、造价工程师、监理工程师、注册会计师、注册评估师等专业技术资格或职称的复合型专业人员组成，并长期为大连万达（集团）、中粮集团、中建七局、中建八局等多家大型房地产开发建设公司提供常年法律顾问服务。该所律师团队多具有建筑业相关从业经历，尤善于建筑专业和法律专业的有机接合，在建设工程法律服务领域中具有更加专业的服务技能。

《产权法治研究》征稿启事

《产权法治研究》，虽名法治，其实需要经济学、社会学、政治学、历史学、法学等各学科的交叉研究。我们希望以《产权法治研究》为平台，汇集专家学者，通过对中国产权问题的交叉研究，打破学科藩篱，形成制度共识，共同推进中国的法治建设和经济、社会转型。现谨邀海内外贤达不吝赐稿，不论学科，不分畛域，不限观点，不拘字数，能与产权相关且言之成理者，均属欢迎之列。

《产权法治研究》设有产权基础理论、产权与宪政、部门法产权制度、产权保护与司法救济、产权经典译评、产权时评等栏目。

稿件相关要求如下：

1. 稿件应为未公开发表的作品，字数不限。

2. 来稿请附中文摘要及关键词。摘要字数应在300字以内。概括论文主要内容，一般应包括目的、方法、结论等，结论部分须多着墨且明确。排版格式及体例等请参照上海大学出版社出版的《产权法治研究》。

3. 来稿请附作者简介，包括姓名、所在单位与职称、职务以及联系方式。若有基金项目，请填写项目名和编号。

4. 文责自负。作者应保证对其作品享有著作权，译者应保证其译本未侵犯原作者或出版者任何可能的权利，编辑部或其任何成员不承担由此产生的任何法律责任。凡来稿，均视为作者、译者已经阅读或知悉并同意本声明。

5. 只接受电子投稿，来稿请发至专用邮箱：lawshu@163.com。

6. 凡投稿在两个月内未收到编辑部采用通知者，可自行处理。来稿一律不退，请作者自留底稿或做好备份。

7. 来稿一经采用，酌付稿酬。

为扩大《产权法治研究》及作者知识信息交流渠道，除非作者在来稿时作出相关声明，《产权法治研究》编辑部拥有以非专有方式向国内外相关数据库授予已刊作品电子出版权、信息网络传播权和数字化汇编、复制权以及向《中国社会科学文摘》《高等学校文科学术文摘》《新华文摘》和中国人民大学书报复印资料等文摘类刊物推荐转载已刊作品的权利。同时,《产权法治研究》编辑部欢迎相关组织依照《著作权法》的规定对本刊所刊载的论文进行转载、摘登、翻译和结集出版,但转载时请注明来源。

《产权法治研究》编辑部通信地址:上海市宝山区上大路 99 号上海大学法学院《产权法治研究》编辑部陈敬根(邮编:200444　电话:18321295670)

《产权法治研究》编辑部敬启
2019 年 9 月